Erdrosselnde Abgaben als staatliches Interventionsinstrument

Europäische Hochschulschriften
Publications Universitaires Européennes
European University Studies

Reihe II
Rechtswissenschaft

Série II Series II
Droit
Law

Bd./Vol. 4054

PETER LANG
Frankfurt am Main · Berlin · Bern · Bruxelles · New York · Oxford · Wi

Anne-Kathrin Fenner

Erdrosselnde Abgaben als staatliches Interventionsinstrument

Eine verfassungsrechtliche Untersuchung der Erdrosselung im Abgabenrecht

PETER LANG
Europäischer Verlag der Wissenschaften

Bibliografische Information Der Deutschen Bibliothek
Die Deutsche Bibliothek verzeichnet diese Publikation in der Deutschen Nationalbibliografie; detaillierte bibliografische Daten sind im Internet über <http://dnb.ddb.de> abrufbar.

Zugl.: Berlin, Humboldt-Univ., Diss., 2004

ISSN 0531-7312
ISBN 3-631-53058-7

www.peterlang.de

Vorwort

Die Arbeit entstand während meiner Zeit als wissenschaftliche Mitarbeiterin am Lehrstuhl von Prof. Dr. Michael Kloepfer an der Humboldt - Universität zu Berlin und wurde im Jahr 2003 abgeschlossen. Herrn Prof. Dr. Kloepfer gilt mein Dank für die lehrreiche und wertvolle Zeit, die ich an seinem Lehrstuhl verbringen durfte, sowie für die Unterstützung und die wissenschaftliche Freiheit, die er mir bei der Erstellung der Arbeit gewährte.

Zu danken habe ich auch Herrn Privatdozent Dr. Jens Kersten für die rasche Erstellung des Zweitgutachtens.

Ohne die Hilfe und Unterstützung meiner Freunde und meiner Familie wäre diese Arbeit nicht begonnen und sicherlich nicht fertiggestellt worden. Ihnen allen gebührt mein Dank für die Geduld, mit der sie Gespräche über die Arbeit ertragen, mich immer wieder unterstützt oder auch einmal abgelenkt haben. Hier möchte ich insbesondere Herrn Dr. Guido Wustlich hervorheben, der mit mir Freud und Leid in einem Büro teilte und durch viele Gespräche aufkommende Demotivation zu beheben wußte. Ebenso habe ich Frau Anne Starke sowie den Herren Dr. Matthias Rossi und Tim Weber zu danken, die die Zeit am Lehrstuhl besonders angenehm für mich haben verlaufen lassen.

Danken möchte ich auch meinen Eltern, die mich in meiner Studien- und Berufswahl immer unterstützten und mir großzügig die finanzielle Sicherheit gaben, die notwendig ist, um eine juristischen Ausbildung zu absolvieren. Meinem Vater schulde ich zudem Dank für die mühevolle Durchsicht der Arbeit auf Rechtschreib- und Zeichensetzungsfehler.

Den größten Dank aber schulde ich Herrn Stephan Schulz; ohne seinen fachlichen Rat und seine liebevolle Unterstützung wäre die Arbeit sicher nicht beendet worden.

Hamburg, im Juli 2004 *Anne-Kathrin Fenner*

Inhaltsverzeichnis

I. Einleitung

„Eine Steuer, die vom Steuergesetzgeber darauf angelegt ist, daß ihre Zahlung unmöglich ist, verliert ihre Finanzierungsfunktion, die durch eine reine Verwaltungsfunktion mit Verbotscharakter ersetzt wird." So definieren das Bundesverfassungsgericht und die herrschende Lehre eine erdrosselnde Steuer, die nach bisher herrschender Ansicht, ebenso wie erdrosselnde Sonderabgaben oder Gebühren, verfassungswidrig ist.[1]

So eindeutig die herrschende Ansicht die Frage nach der verfassungsrechtlichen Zulässigkeit der erdrosselnden Abgaben heute verneint, wurde sie in der Vergangenheit nicht immer beantwortet; vielmehr wurde die Steuer in ihren Ursprüngen als doppelfunktional angesehen: Zum einen als Finanzierungsmittel, zum anderen aber auch als Steuerungsinstrument. Diese selbstverständliche Betrachtung der Steuer als zweideutiges Mittel des Staates muß vor dem Hintergrund der geschichtlichen Entwicklung der Steuer gesehen werden. Der Siegeszug der Steuer als Finanzierungsmittel ging einher mit dem tiefgreifenden Wandel, den die mittelalterliche Gesellschaft im Laufe des 17. Jahrhunderts erfuhr. Mit den durch die neuen Aufgaben des Staates gestiegen Kosten, z. B. für die Unterhaltung eines stehenden Heeres, für das neu begründete Berufsbeamtentum zur Verwaltung der absolutistischen Art des Staates und freilich auch für die Hofhaltung, wurde eine andere Form der Finanzierung notwendig, die zunächst neben die eigene staatliche Wirtschaftstätigkeit trat.[2] Auf diesem Wege wurde die Steuer die wichtigste Einnahmequelle des modernen Staatswesens.

Neben der Entdeckung der Steuer als Finanzierungsmittel erkannte man bereits zu diesem Zeitpunkt das Potential der Steuer als Gestaltungsmittel und wendete sie als solches an: Sie wurde als Mittel angesehen, „den Staat zu bilden und einzurichten, wie es den Ansichten einer weisen Regierung gemäß sei."[3] Bereits *Justi* forderte die verstärke Anwendung einer Steuer, „wodurch man ein Poli-

---

1 BVerfGE 14, 76 (99); BVerfGE 16, 147 (161); BVerfGE 29, 327 (331); BVerfGE 31, 8 (23); BVerfGE 38, 61 (81); vgl. im übrigen *Stern*, Das Staatsrecht der Bundesrepublik Deutschland, Band II, § 46, S. 1103 m. w. N.

2 Siehe zur Geschichte auch *Schwalm*, Die Grundsätze der Steuerpolitik im Wechsel der staats- und wirtschaftspolitischen Anschauungen im Zeitalter des Kameralismus bis zur Gegenwart; *Schmölders*, StuW 1953, Sp. 249; *Mayer*, Geschichte der Finanzwirtschaft vom Mittelalter bis zum Ende des 18. Jahrhunderts, in: Handbuch der Finanzwissenschaft, Band I, S. 236 (242); *Häuser*, Abriß der geschichtlichen Entwicklung der öffentlichen Finanzwirtschaft, in: Handbuch der Finanzwissenschaft, Band I, S. 382 (385).

3 *von Justi*, System des Finanzwesens, nach vernünftigen aus dem Endzweck der bürgerlichen Gesellschaften und aus der Natur aller Quellen der Einkünfte des Staates hergeleitete Grundsätze und Regeln, 1766, § 721.

zeiübel oder Gebrechen abzustellen suchet."[4] Der Gebrauch der Steuer als Lenkungsmittel war nicht nur im deutschsprachigen Raum geläufig: Das „dictum" des amerikanischen Chief Justice *Marshall* in *McCulloch vs. Maryland* von 1819: „The power to tax is the power to destroy."[5] zeigt, daß auch in der neuen Welt die Gestaltungswirkung der Steuer erkannt wurde. Aus beiden Zitaten wird deutlich, daß sowohl *Justi* als auch *Marshall* in der Steuer eher ein Instrument der Drosselung sahen als nur ein Lenkungsmittel. Zu Beginn des Steuerstaates war die Steuer folglich nicht allein in ihrer Finanzierungsfunktion anerkannt und gebräuchlich, sondern wurde auch als staatliches Interventionsinstrument angewendet, das über reine Lenkung hinaus ging. Verdeutlicht wird dieses andere Verständnis der Steuer auch durch einige plakative Beispiele aus der Geschichte: So führte Peter der Große eine Bartsteuer ein, die durch ihre exorbitante Höhe den russischen Edelleuten und Fürsten das Tragen von Bärten untersagen sollte, da Peter der Große das Tragen eines Bartes als „unwestlich" empfand und mißbilligte. Ein anderes Beispiel ist die Nachtigallsteuer, die 1844 auf die Haltung von Nachtigallen erhoben wurde, um die Nachtigallen in den Königlichen Gärten von Potsdam zu schützen. 1897 war das Ziel der Steuer erreicht und keine einzige Nachtigall mehr angemeldet.[6]

Erst im 19. Jahrhundert mit den einsetzenden gesellschaftlichen, ökonomischen und politischen Umbrüchen veränderte sich wiederum auch das Bild und der Einsatz der Steuer, die nun auf die reine Finanzierungsfunktion zurückgeführt wurde.[7] Der aufkeimende Liberalismus suchte eine freie menschliche Betätigung in allen Lebensbereichen ohne Bevormundung durch den Staat durchzusetzen. Es sollte ein tatsächlich liberaler Rechtsstaat entstehen. Das theoretische Idealbild des liberalen Rechtsstaats, der sich in der Bundesrepublik in seiner reinen Form nie verwirklicht worden ist, geht davon aus, daß der privatnützige Gebrauch von Freiheit und Eigentum selbst alle relevanten Gemeinwohlwerte realisiert.[8] Dem Staat verbleibt lediglich die Aufgabe, eine rechtliche Rahmenordnung zu schaffen, welche die Freiheit des Einzelnen mit den Freiheiten der anderen in Einklang bringt. Um die von ihm geschaffene Rahmenordnung durchzusetzen, muß der Staat eine unterstützende Ordnungsmacht (Po-

---

4 *von Justi*, System des Finanzwesens, nach vernünftigen aus dem Endzweck der bürgerlichen Gesellschaften und aus der Natur aller Quellende der Einkünfte des Staates hergeleitete Grundsätze und Regeln, § 851.

5 Zitiert nach *Friauf*, Verfassungsrechtliche Grenzen der Wirtschaftslenkung und Sozialgestaltung durch Steuergesetze, S. 17, Fn. 43.

6 Zu dieser Steuer siehe auch *Bodenheim*, Der Zweck der Steuer, S. 141; *Gosch*, StuW 1990, 201 (202); *Vogel*, Jahrbuch der Fachanwälte für Steuerrecht, 1968/1969, S. 225 (230).

7 Es galt die sog. Edinburgher Regel der „leave-them-as-you-find-them-rule of taxation", zitiert nach *Selmer*, Steuerinterventionismus und Verfassungsrecht, S. 30.

8 *von Arnim*, Gemeinwohl und Gruppeninteressen, S. 88.

lizei) unterhalten sowie ein funktionierendes Gerichtssystem.[9] Jegliche - gerade steuerliche - Eingriffe in die Wirtschaft soll der Staat unterlassen (sog. Nachtwächterstaat). In diesem liberalen Grundmodell dient die Besteuerung ausschließlich der Sicherung und dem Schutz von ungestörtem Genuß von Freiheit und Eigentum.[10] Intervention oder Verhaltenslenkung wurden als unzulässige Eingriffe in den Markt abgelehnt; selbst außerfiskalische „Nebenwirkungen" der Steuer wurden negiert.[11]

Im Zuge der sozialen Spannungen im ausgehenden 19. und im beginnenden 20. Jahrhundert begann man sich langsam von den liberalen Idealen zu verabschieden.[12] Die Steuer als Interventions- und Regulierungsinstrument erlebte eine Renaissance. Gerade in den zwanziger Jahren des 20. Jahrhunderts erfuhr die Lenkung durch Steuern eine Aufwertung, da die Steuer als Instrument der Konjunktur- und Beschäftigungspolitik entdeckt wurde.[13] In der neuentstandenen Bundesrepublik Deutschland war gleichwohl lange umstritten, ob eine Steuer neben ihrem Finanzierungszweck auch bewußt als Steuerungsinstrument genutzt werden dürfe. Es war allein anerkannt, daß keine Steuer frei ist von Wirkungen, die über den bloßen Transfer von Werten hinausgehen, und es im Wesen der Steuererhebung liegt, außerfiskalische Wirkungen und eine Vielzahl von verhaltenssteuernden Momenten mit sich zu bringen.[14] Erst durch höchst-

---

9 *Badura*, Verwaltungsrecht im liberalen und sozialen Rechtsstaat, S. 27; „... schützende Abgrenzung koexistierender Freiheiten.".

10 *Friauf*, Verfassungsrechtliche der Wirtschaftslenkung und Sozialgestaltung durch Steuergesetze, S. 43; *von Arnim*, VVDStRL 39, 287 (290).

11 *Neumark*, Grundsätze und Arten der Haushaltsführung und Finanzbedarfsdeckung, in: Handbuch der Finanzwissenschaft, 2. Aufl. 1, Bd. S. 606 (610); *ders.*, Wirtschafts- und Finanzprobleme des Interventionsstaates, S. 122 (127).

12 Siehe dazu auch *Selmer*, Steuerinterventionismus und Verfassungsrecht, S. 3ff., der die Thesen *Adolph Wagners* als wegbereitend bezeichnet; *Adolph Wagner*, Finanzwissenschaft, 1. Theil, 2. Aufl. 1883, S. 500 und 2. Theil, 2. Aufl. 1890, S. 204ff., 210. In der Praxis zeichnete sich ein Umschwung hin zu einer sozial gerechteren Steuergesetzgebung erstmals mit der von *Johannes von Miquel* durchgeführten Preußischen Reform der Einkommenssteuer ab: *Miquel* führte eine progressive Gesamteinkommenssteuer ein, die je nach wirtschaftlicher Leistungsfähigkeit zwischen 0,67 und 4 v. H betrug: *Tipke/Lang*, Steuerrecht, 17. Aufl., § 9; Rn. 5; *Arndt*, WiVerw 1990, 1 (2).

13 Steuern auf das Einkommen gelten in der Makroökonomie als sog. eingebaute Stabilisatoren des Konjunkturzyklus, da sie konjunkturelle Überhitzungserscheinungen dämpfen, siehe dazu *Rittenbruch*, Makroökonomie, 11. Aufl., S. 191ff.; *Keynes*, General Theory of Employment, Interest and Money; *Hettlage*, Wirtschaftsordnung und Steuerpolitik, StbJb 1965/66, S. 55 (59); *Schmidt*, Nichtfiskalische Zwecke der Besteuerung, S. 42; *Poschmann*, Finanzarchiv n. F. 1951/1952, 615 (616).

14 *Stern*, Das Staatsrecht der Bundesrepublik Deutschland, Band II, § 46, S. 1102; *Schäuble*, in: Löwisch/Schmidt-Leithoff/Schmiedel (Hrsg.) Festschrift für Rittner, S. 521 (521); *Haller*, Finanzwirtschaftliche Stabilisierungspolitik, in: Neumark (Hrsg.),

richterliche Rechtsprechung setzte sich langsam die Erkenntnis durch, daß Steuern ordnend und lenkend in das Wirtschaftsleben eingreifen dürften.[15] Allerdings ließen sowohl das Bundesverfassungsgericht als auch das Bundesverwaltungsgericht außerfiskalische Zwecke zunächst nur als Nebenzweck neben dem Hauptzweck der Einnahmeerzielung für die öffentliche Hand zu.[16] Von dieser Nebenzwecktheorie wich das Bundesverfassungsgericht erst in der Entscheidung zur Sonderbesteuerung des Werkfernverkehrs ab und stellte fest, daß Steuern einem überwiegend wirtschaftspolitischen Zweck dienen dürften, auch wenn es sich dann sachlich um eine wirtschaftliche Lenkungsmaßnahme in einem steuerlichem Gewande handele.[17] Untermauert wurde dieses Urteil des Bundesverfassungsgerichts von einer Reihe wissenschaftlicher Untersuchungen, die zu dem Ergebnis kamen, daß eine Unterscheidung zwischen Haupt- und Nebenzweck fruchtlos sei.[18] Abschließend anerkannt wurde die Steuer, bei der die Finanzierung lediglich Nebenzweck ist, durch die Einführung der Abgabenordnung und den neu eingeführten Zusatz zu § 3 Abs. 1 AO: „Die Erzielung von Einnahmen kann auch Nebenzweck sein." Heute ist die Frage, ob die Steuer neben ihrem Einnahmezweck auch andere Zwecke verfolgen kann; grundsätzlich nicht mehr im Streit, wenngleich sich die Diskussion über den Sinn und Zweck steuerlicher Lenkung im Zuge einer aufkeimenden Renaissance des Ordnungsrechts belebt hat.[19]

Handbuch der Finanzwissenschaft Band III, S. 359ff.; *Timm,* Finanzarchiv 1968, 87 (89).

15 BVerfGE 4, 7 (13) Investitionshilfe; weitere Entscheidungen zu Lenkungswirkung von Steuern: BVerfGE 3, 407 (436) Gutachten; BVerfGE 6, 55 (81); BVerfGE 7, 244 (254); BVerfGE 13, 331 (345); BVerfGE 16, 147 (161); BVerfGE 19, 101 (114); BVerfGE 19, 119 (125); BVerfGE 21, 160 (169); BVerfGE 29, 402; BVerfGE 30, 250 (264); BVerfGE 31, 8 (23); BVerfGE 36, 66 (70); BVerfGE 38, 61 (80).

16 BVerfGE 13, 181 (196/197); BVerfGE 14, 76 (99); BVerwGE 6, 134 (138); BVerwGE 6, 247 (268).

17 BVerfGE 16, 147 (162); noch einmal sehr deutlich in BVerfGE 55, 274 (299): Der verfassungsrechtliche Steuerbegriff müsse der Notwendigkeit Rechnung tragen, daß die Steuer in der modernen Industriegesellschaft zwangsläufig auch zum zentralen Lenkungsinstrument aktiver staatlicher Wirtschafts- und Gesellschaftspolitik geworden ist, wobei der Zweck, Einkünfte für die Bestreitung allgemeiner Staatsaufgaben zu erzielen, nicht selten völlig in den Hintergrund tritt.

18 So z.B. *Selmer,* Steuerinterventionismus und Verfassungsrecht, S. 110ff.; *Kies,* Steuerzweck und Steuerbegriff, S. 69ff.; *Bodenmeim,* Der Zweck der Steuer, S. 133ff.

19 Siehe dazu *Trzaskalik,* Inwieweit ist die Verfolgung ökonomischer, ökologischer und anderer öffentlicher Zwecke durch Instrumente des Abgabenrechts zu empfehlen?, Gutachten E für den 63. Deutschen Juristentag, S. E 63; *Zitzelsberger,* DB 1996, 1791; *P. Kirchhof,* Karlsruher Entwurf zur Reform des Einkommensteuergesetzes, S. 19ff.; *Schemmel,* Lenken mit Steuern und Abgabe - Große Mängel und Gefahren, Heft 92 des Karl-Brauer Instituts des Bundes der Steuerzahler, S. 35; *Kloepfer,* Umweltrecht,

Wie bereits eingangs erwähnt, ist in Literatur und Rechtsprechung jedoch unstreitig, daß die Lenkung nicht in eine Erdrosselung „umschlagen“ darf; eine Steuer, die so bemessen ist, daß ein Handeln gegen den mit der Steuer verbundenen Lenkungsappell ökonomisch aussichtslos ist, die Steuer folglich allein darauf zielt, die Leistung unmöglich zu machen, soll verfassungsrechtlich unzulässig sein. Wann, also bei welcher Höhe, eine zulässige hohe Steuer in eine verfassungsrechtlich unzulässige erdrosselnde Steuer „umschlägt“, ist bisher allerdings weder von der Rechtsprechung noch von der Literatur geklärt worden. In keinem der Urteile, in denen eine mögliche Erdrosselung in Betracht gezogen wurde, ist eine wirtschaftliche Unausweichlichkeit festgestellt und somit auch keine Erdrosselung bejaht worden (obwohl die betreffende Steuer in einigen Fällen die Steuerpflichtigen zur Aufgabe ihrer durch die Steuer unrentabel gewordenen Betriebe zwang).[20] Auch das vieldiskutierte Urteil des Bundesverfassungsgerichts zu den Einheitswerten bei Erhebung der Vermögensteuer (in welchem der sog. Halbteilungsgrundsatz entwickelt wurde)[21] hat zu der Frage der Erdrosselung wenig Aufschlußreiches beigetragen. Die Nennung einer Grenze in Form einer beliebigen Zahl ist für die Bestimmung des Phänomens der Erdrosselung kaum möglich und nur begrenzt hilfreich. Eine formelhafte Bestimmung, deren Inhalt jedoch nicht weiter ausgefüllt wird, hilft allerdings ebenso wenig weiter.

In dieser Arbeit soll im folgenden untersucht werden, ob das Phänomen der Erdrosselung neu bestimmt werden muß. Dabei sollen alle Abgabenformen auf ihre mögliche erdrosselnde Wirkung hin untersucht werden. Dabei soll die Frage, ob Abgaben mit erdrosselnder Wirkung nicht möglicherweise doch verfassungsrechtlich zulässige Gestaltungsmittel sein können, im Vordergrund stehen.

---

2. Aufl., § 5 Rn. 250: „die anfängliche Euphorie ist einer pragmatischen, nüchternen Betrachtungsweise gewichen.“.

20 So im Fall der Besteuerung des Werkfernverkehrs, BVerfGE 16, 147.

21 BVerfGE 93, 121.

II. Erdrosselnde Abgaben als Lenkungsinstrument

Nach inzwischen herrschender Meinung ergänzen Abgaben als ein Steuerungsmittel den Instrumentenkanon des Staates.[22] Es ist anerkannt, daß faktisch von jeder Abgabe eine lenkende Wirkung ausgeht, da jede finanzielle Belastung bei den Steuerpflichtigen eine Vermeidungsreaktion hervorruft. Allein die faktische, neben der Finanzierungsfunktion stehende Lenkungswirkung macht eine Abgabe jedoch noch nicht zu einer lenkenden Abgabe. Zu einer lenkenden Abgabe wird eine Abgabe erst dann, wenn der Staat diese final nicht nur zur Ertragserzielung, sondern auch zur Verhaltensbeeinflussung des Steuerpflichtigen einsetzt.[23] Dabei muß sich die finale Ausrichtung der Abgabe auf die Lenkung in objektiver Wirkung niederschlagen.[24] Gegenstand einer abgabenrechtlichen Verhaltenslenkung können freilich nur ökonomisch gestaltbare Freiheiten sein, da nur sie den Betroffenen die Wahl zwischen dem Verhaltensappell oder der finanziellen Belastung ermöglichen. Als besonders geeignete Lenkungssteuer gilt die Steuer auf spezielle Güter (Verbrauchsteuer), da diese an bestimmte Güter, Dienstleistungen oder an Rechte anknüpft. Die bezweckte Verhaltensveränderung in Form des Konsumrückgangs soll jeweils mit der Änderung des Preises des Gutes oder der Dienstleistung hervorgerufen werden.[25]

Grundsätzlich können Lenkungsabgaben in jeder Rechtsform erhoben werden, wenn der Gesetzgeber die finanzverfassungsrechtlichen Grenzen des Grundgesetzes nicht überschreitet.[26] Den Weg zur Anerkennung der Lenkungsabgaben im allgemeinen hat allerdings die lenkende Steuer bereitet. Erst im Zuge der Anerkennung der lenkenden Steuer wurde auch das Lenkungspotential der anderen traditionellen Abgabenarten entdeckt sowie die Dogmatik der neuen,

---

22 BVerfGE 55, 275 (299): „ ...daß die Steuer in der modernen Industriegesellschaft zwangsläufig auch zum zentralen Lenkungsinstrument aktiver staatlicher Wirtschafts- und Gesellschaftspolitik geworden ist, wobei der Zweck, Einkünfte für die Bestreitung allgemeiner Staatsaufgaben zu erzielen, sogar als Nebenzweck nicht selten völlig in den Hintergrund tritt.“.

23 BVerfGE 93, 121 (147).

24 BVerfGE 47, 1 (21); *Friauf*, Verfassungsrechtliche Grenzen der Wirtschaftslenkung und Sozialgestaltung durch Steuergesetze, S. 22.

25 *Hansmeyer*, in: Fritz Neuwerk (Hrsg.), Handbuch der Finanzwissenschaft, Band II, S. 725.

26 *Meßerschmidt*, Umweltabgaben als Rechtsproblem, S. 132; *Lang*, in: P. Kirchhof, Umweltschutz im Abgaben- und Steuerrecht, DStJG 15 (1993), S. 115 (117); *Gawel*, NuR 2000, 669 (672). Besondere Schwierigkeiten bereitet dabei die Abgrenzung zwischen einer Steuer und einer Sonderabgabe: BVerfGE 55, 274 (300), zusammenfassend *F. Kirchhof*, DVBL. 2000, 1166ff.

eigenständigen Abgabenform der Sonderabgabe entwickelt.[27] Wegen ihrer Universalität und Flexibilität kann eine lenkende Abgabe - die möglichen verfassungsrechtlichen Kautelen seien hier dahinstellt - in allen Lebensbereichen eingesetzt werden. Zu Beginn des Einsatzes von Abgaben als Interventionsinstrument in der Bundesrepublik Deutschland waren es noch überwiegend ökonomische oder soziale Ziele, die z.B. mit Hilfe der Investitionsabgabe,[28] des Konjunkturzuschlags,[29] der Ausbildungsplatzförderungsabgabe,[30] der verschiedenen landesrechtlichen Vergnügungssteuern[31] oder der Schwerbehindertenabgabe[32] verfolgt wurden. Im Vordergrund der jetzigen Diskussion stehen vorrangig die Abgaben, welche eine ökologische Zielrichtung haben.[33]

Trotz der grundsätzlichen rechtlichen Anerkennung des gezielten Einsatzes von Abgaben als Lenkungsinstrument mehren sich inzwischen wieder die Stimmen, die gegen die Steuer als staatliches Interventionsinstrument plädieren. Um an dieser Stelle nicht die gesamte Diskussion um das Für und Wider der Lenkung durch Abgaben zu wiederholen, sollen nur kurz die Vor- und Nachteile gezeigt werden, um dann auf den sinnvollen Einsatz einer erdrosselnden Abgabe einzugehen.[34]

---

27 Siehe dazu u.a. *Wendt,* Die Gebühr als Lenkungsmittel; *Kloepfer,* AöR 97 (1972), 233; *Köck,* Die Sonderabgabe als Instrument des Umweltschutzes; *Henseler,* Begriffsmerkmale und Legitimation von Sonderabgaben; *Friauf,* JA 1981, 261; *Breuer,* DVBl. 1992, 485; Rat der Sachverständigen für Umweltfragen, Abfallwirtschaft, Tz.905; *Schiller,* Sonderabgaben mit einer wirtschaftslenkenden Antriebs- und Sanktionsfunktion in der Wirtschafts- und Finanzverfassung des Grundgesetzes, S. 17.

28 BVerfGE 4, 7.

29 BVerfGE 29, 402.

30 BVerfGE 55, 276.

31 BVerfGE 8, 222; BVerfGE 14, 76; BVerfGE 17, 135; BVerfGE 31, 9.

32 BVerfGE 57, 139.

33 Allein zur umfangreichen umweltpolitisch motivierten Lenkung siehe exemplarisch: *Barais/Elser,* DVBl. 2000, 1176; *Birk,* NuR 1985, 90; *Breuer,* DVBl. 1992, 485; *Franke,* StuW 1990, 217; *Franzius,* AöR 126 (2001), 403; *ders,* Instrumente indirekter Verhaltenssteuerung im Umweltrecht; *Gawel,* NuR 2000, 668; *ders.,* Umweltabgaben zwischen Steuer- und Gebührenlösung; sehr kritisch gegenüber der Lenkung durch Abgaben zeigte sich *Trzaskalik,* Inwieweit ist die Verfolgung ökonomischer, ökologischer und anderer öffentlicher Zwecke durch Instrumente des Abgabenrechts zu empfehlen?, Gutachten E für den 63. Deutschen Juristentag.

34 Hierbei konzentriert sich die Arbeit auf die belastenden finanziellen Maßnahmen, nicht auf die begünstigenden wie z.B. Subventionen.

A. Nachteile der Lenkung durch Abgaben

Trotz der inzwischen eingetretenen weitgehenden Anerkennung der lenkenden Abgaben und der Erweiterung des Steuerbegriffs in § 3 Abs. 1 AO um die Möglichkeit, Steuern überwiegend als Lenkungsmittel einzusetzen, so daß die Finanzierungsfunktion der Steuer nur noch Nebenzweck ist, spricht sich eine Vielzahl von Autoren gegen die Lenkung durch Abgaben aus.

1. Gegenläufigkeit der Ziele

Eine traditionelle Lenkungsabgabe verfolgt zwei Ziele zugleich, einen Finanzierungs- und einen Lenkungszweck, wobei sich beide Zwecke diametral gegenüber stehen und so womöglich neutralisieren können. Da im Vordergrund einer Lenkungsabgabe die Erreichung des nichtfiskalischen Zwecks steht, ist die Abgabe um so erfolgreicher, je weniger Aufkommen sie erreicht, weil dann der Lenkungsanreiz befolgt wird.[35] Die idealtypische Lenkungsabgabe weist folglich auch keine Ertragsrelevanz auf.[36] Gerade im Fall der Steuer ist das nicht möglich, da die Ertragsrelevanz der Steuer nach herrschender Ansicht konstituierendes Merkmal der Steuer ist. Eine auf Ertragslosigkeit gerichtete Abgabe wäre eine erdrosselnde Abgabe und insoweit, zumindest nach herrschender Ansicht, verfassungswidrig.[37] Da es allerdings grundsätzlich Abgabenpflichtige gab und gibt, die auch eine exorbitant hohe Abgabe zu zahlen bereit sind, ist die ertragslose Abgabe bisher ein theoretisches Phänomen geblieben.

Das mögliche Ausbleiben des Ertrags ist daher zwar theoretisch möglich, jedoch eher unwahrscheinlich; daher wiegt dieser Einwand bezüglich der Gegenläufigkeit nicht schwer. Problematischer ist hingegen der regelmäßig auftretende Fall, daß der Gesetzgeber sich zusehends an den Ertrag der Lenkungsabgabe „gewöhnt" und so der Lenkungszweck durch den Fiskalzweck nach und nach verdrängt wird.[38] Durch diesen Effekt kommt es zu einer Situation, in der zwei Ziele mit einem Mittel erreicht werden sollen und sich so der Effekt der Lenkungsabgabe aufhebt. Die Kritiker führen daher an, man solle zu der strik-

---

35 *Sacksofsky*, NJW 2000, 2619 (2620); *F. Kirchhof*, DVBl. 2000, 1166 (1169).

36 *Poschmann* hat die von ihr untersuchte Ordnungssteuer eben gerade anhand einer solchen idealtypischen, ertragslosen Ordnungssteuer untersucht, *Poschmann*, Finanzarchiv n. F. 13 (1951/1952), 615.

37 *F. Kirchhof*, DVBl. 2000, 1166 (1169); *Trzaskalik*, Inwieweit ist die Verfolgung ökonomischer, ökologischer und anderer öffentlicher Zwecke durch Instrumente des Abgabenrechts zu empfehlen?, Gutachten E für den 63. Deutschen Juristentag, S. E 23.

38 *F. Kirchhof*, DVBl. 2000, 1166 (1169); *Arndt/Heins/Hillebrand/Meyer/Pfaffenberger/Ströbele u.a*, Ökosteuern auf dem Prüfstand der Nachhaltigkeit, S. 52.

ten Trennung von Finanzierungsmitteln (also Abgaben) und klassischen Lenkungsmitteln (Ge- und Verbote etc.) zurückkehren.[39]

2. Unbestimmtheit der Lenkungsabgaben

Mit dem Problem der Gegenläufigkeit der Interessen verwandt ist der gegen die Lenkungsabgaben erhobene Vorwurf, das Lenkungsinstrument der Abgaben sei zu unscharf und unbestimmt und genüge somit nicht den rechtsstaatlichen Anforderungen, die an Gesetze gestellt würden. Durch die Kombination eines rechtlich verbindlichen Finanzbefehls und eines ökonomisch vermittelten, unverbindlichen Verhaltensappells ergibt sich eine große Elastizität und Streubreite der Wirkung des Lenkungsmittels. Aus dieser von den Befürwortern als Vorteil begriffenen Wirkung der Lenkung durch Abgaben resultiert freilich auch die Unfähigkeit, die Reaktion der Normadressaten vorherzusagen, so daß der Lenkung durch Abgaben eine gewisse Unschärfe immanent ist.[40] Aus diesem Grunde könne es keine Gewähr dafür geben, daß die steuerliche Lenkungsmaßnahme sich nicht gerade dort auswirke, wo das von der Steuer betroffene Verhalten am wenigsten sozialschädlich sei.[41] Hinzukomme das Problem, daß der Lenkungszweck der Steuer nicht im Tatbestand abgebildet werde. Im Tatbestand des Abgabentatbestands werde nur abgebildet, aus welchem Grunde die Abgabe zu zahlen sei, also der Tatbestand, an den die Abgabe anknüpft.[42] Der Lenkungszweck wird aus dem Tatbestand der Norm nicht automatisch deutlich; grundsätzlich ist es zwar möglich, aus dem Anknüpfungspunkt der Abgabe den Lenkungszweck in einem Umkehrschluß zu ermitteln, für den betroffenen Bürger bedeutet diese Aufgabe jedoch eine unzumutbare Hürde. Diesem kann nur unter großem rechtlichen Aufwand bewußt werden, was genau der Lenkungszweck der Abgabe sein soll.

---

39 *Trzaskalik*, Inwieweit ist die Verfolgung ökonomischer, ökologischer und anderer öffentlicher Zwecke durch Instrumente des Abgabenrechts zu empfehlen?, Gutachten E für den 63. Deutschen Juristentag, S. E 62.

40 *Selmer*, Steuerinterventionismus und Verfassungsrecht, S. 213; *ders./Brodersen*, DVBl. 2000, 1157 (1153); *Friauf*, Verfassungsrechtliche Grenzen der Wirtschaftslenkung und Sozialgestaltung durch Steuergesetze, S. 33; *P. Kirchhof*, in: ders., Umweltschutz im Abgaben- und Steuerrecht, DStJG 15 (1993), S. 3 (7); *Konrad*, DÖV 1999, 12 (14); *Arndt*, ZRP 1996, 174 (186); *Hey*, StuW 1998, 32 (35, Fn. 32).

41 *Trzaskalik*, Inwieweit ist die Verfolgung ökonomischer, ökologischer und anderer öffentlicher Zwecke durch Instrumente des Abgabenrechts zu empfehlen?, Gutachten E für den 63. Deutschen Juristentag, S. E 24.

42 *Trzaskalik*, Inwieweit ist die Verfolgung ökonomischer, ökologischer und anderer öffentlicher Zwecke durch Instrumente des Abgabenrechts zu empfehlen?, Gutachten E für den 63. Deutschen Juristentag, S. E 100 und S. E 28.

3. Unvereinbarkeit mit dem Leistungsfähigkeitsprinzip und der Steuergerechtigkeit

Ein wesentlicher und von den Kritikern der Lenkungsabgaben nachdrücklich vorgebrachter Einwand ist die vermeintliche Unvereinbarkeit der Lenkungsabgaben mit den Prinzipien der Leistungsfähigkeit und der Steuergerechtigkeit, die aus Art. 3 Abs. 1 GG abgeleitet werden. Das Leistungsfähigkeitsprinzip hat zum Inhalt, daß jeder nur nach seiner wirtschaftlichen Leistungsfähigkeit belastet werden soll, während die Steuergerechtigkeit verlangt, daß alle Steuerpflichtigen rechtlich und tatsächlich gleichmäßig belastet werden.[43] Gleichmäßige Besteuerung ist dabei allerdings nicht statisch zu verstehen, sondern als eine numerisch unterschiedliche Besteuerung nach der individuellen Leistungsfähigkeit.[44]

Das Leistungsfähigkeitsprinzip setzt nach zum Teil vertretener Ansicht den Lenkungsabgaben in zweierlei Hinsicht Grenzen. Zum einen wird der Einwand erhoben, Lenkungssteuern wirkten sich auf arm und reich unterschiedlich aus: Könnten Leistungsfähige der Lenkung ausweichen, indem sie die Steuerschuld zahlten, müßten sich die Nichtleistungsfähigen dem steuerlichen Verhaltensappell gleich einem ordnungsrechtlichen Verbot beugen.[45] Die von den Befürwortern der Lenkung durch Abgaben propagierte Wahlfreiheit und die aus dieser resultierende Freiwilligkeit der Handlung des Betroffenen könne in einen ökonomisch unentziehbaren Zwang umschlagen, wenn die Betroffenen sich wirtschaftlich nicht mehr in der Lage sähen, die Abgabe zu entrichten. Dadurch komme es zu einer Ungleichbehandlung, die mit dem aus Art. 3 Abs. 1 GG abgeleiteten Prinzip der Leistungsfähigkeit nicht zu vereinbaren sei.

Zum anderen wird den Lenkungsabgaben im Zusammenhang mit der Leistungsfähigkeit vorgeworfen, daß sie nicht immer eindeutig einen Tatbestand besteuerten, der auch die Leistungsfähigkeit indiziere. Lenkungsabgaben knüpfen in der Regel an ein unerwünschtes Verhalten an, das zwar Aufschluß über die individuelle ökonomische Leistungsfähigkeit geben *kann*, es freilich aber nicht

---

43 BVerfGE 61, 319 (342); BVerfGE 68, 287 (310); BVerfGE 74, 182 (199); BVerfGE 84, 239 (268); *Hey*, StuW 1998, 32 (40); *Höfling*, StuW 1992, 242 (243); *Köck*, JZ 1991, 692 (696); *Morgenthaler*, in: Kirchhof (Hrsg.), Umweltschutz im Abgaben- und Steuerrecht, DStJG 15 (1993), S. 197 (210); *Arndt/Heins/Hillebrand/Meyer/Pfaffenberger/Ströbele*, Ökosteuern auf dem Prüfstand der Nachhaltigkeit, S. 45; *Tipke/Lang*, Steuerrecht, 17. Aufl., § 4, Rn. 13.

44 *Jachmann*, Verfassungsrechtliche Grenzen der Besteuerung, S. 8.

45 *Hendler*, AöR 115 (1990), 577 (589); *Von Armin*, VVDStRL 39, 287 (331); *P. Kirchhof*, in: ders., Umweltschutz im Abgaben- und Steuerrecht, DStJG 15, (1993), S. 3 (7); *Sacksofsky*, NJW 2000, 2619 (2622); *Jarass*, NJW 1997, 2545 (2549); *Hey*, StuW 1998, 32 (40)

zwingend tut.[46] Hier ist nun fraglich, ob der Steuergesetzgeber bei der Wahl seines steuerlichen Anknüpfungspunktes frei ist, so daß der verfassungsrechtliche Steuerbegriff völlig offen für die Verfolgung aller legitimen Ziele wäre,[47] oder ob der Steuergesetzgeber seinen Anknüpfungspunkt so wählen muß, daß dieser die individuelle Leistungsfähigkeit des betroffenen Abgabenschuldners widerspiegelt. Die Kritiker der Lenkungsabgaben gehen davon aus, daß der Staat nur solche Tatbestände besteuern dürfe, die tatsächlich die finanzielle Leistungsfähigkeit indizierten,[48] da das wirtschaftliche Leistungsvermögen die Grundlage moderner Besteuerung sei.[49] Somit müsse eine Lenkungssteuer an die Leistungsfähigkeit anknüpfen, wie es alle in Art. 106 GG aufgezählten Steuerarten auch tun.[50]

4. Kompetenzrechtliche Einwände gegen Lenkungssteuern

Gegen Lenkungssteuern werden unterschiedliche kompetenzrechtliche Einwände vorgebracht.

a) Fehlende kompetenzrechtliche Grundlage

Mit dem Vorwurf des Verstoßes gegen das Leistungsfähigkeitsprinzip verbindet sich der Vorwurf der Kritiker, daß den Lenkungssteuern, insbesondere den Umweltlenkungssteuern, die kompetenzrechtliche Grundlage im Grundgesetz fehle, wenn sie den Verbrauch natürlicher Ressourcen zu besteuern versuchten. In einem solchen Fall könnte man zwar grundsätzlich die Lenkungsabgabe als Verbrauchssteuer klassifizieren; die herkömmliche Auffassung vertritt allerdings, daß sich eine Verbrauchssteuer nur auf den Verbrauch marktvermittelter Güter beziehen könne.[51] Legt man diese Auffassung zu Grunde, können Umweltlenkungssteuern schwerlich in die vorhandenen Steuerarten des Art. 106 GG eingeordnet werden. Will man trotzdem eine Umweltlenkungsabgabe als

---

46 *Hendler/Heimlich*, ZRP 2000, 325 (326).

47 *Osterloh*, NVwZ 1991, 823 (826); *Sacksofsky*, NJW 2000, 2619 (2621).

48 *Söhn*, in: Burmeister (Hrsg.), Festschrift für Klaus Stern, 587 (591); *P. Kirchhof*, in: ders., Umweltschutz im Abgaben- und Steuerrecht, DStJG 15 (1993), S. 3 (10); *Trzaskalik*, StuW 1992, 135 (140).

49 *Breuer*, DVBl. 1992, 485 (488); *F. Kirchhof*, Die Verwaltung 21 (1988), 137 (138); *P. Kirchhof*, in: ders., Umweltschutz im Abgaben- und Steuerrecht, DStJG 15 (1993), S. 3 (7); *ders.*, VVDStRL 39 (1981), 213; *Isensee*, in: Stödter/Thieme (Hrsg.), Festschrift für Ipsen, S, 409 (414); *Köck*, JZ 1991, 692 (693, 697).

50 *Friauf*, StuW 1994, 68ff.; *Höfling*, StuW 1992, 242 (243); *Vogel*, DStJG 12 (1989), 123 (142).

51 *Selmer*, in: Breuer/Kloepfer/Marburger/Schröder, Umweltschutz durch Abgaben, UTR 16, 1991, S. 15 (37); *Köck*, JZ 1991, 692 (697); *Osterloh*, NVwZ 1991, 823 (827): Umweltabgaben führen für den Verbrauch natürlicher Ressourcen künstliche Preise ein.

Steuer ausgestalten, so stellt sich das Problem des Steuererfindungsrechts von Bund und Ländern.[52] Nach bisher herrschender Ansicht ist die staatliche Steuergewalt durch die in Art. 106 GG aufgezählten Steuerarten begrenzt, so daß es ein Steuererfindungsrecht nicht geben kann.[53] Dieser Ansicht wird allerdings nicht durchweg zugestimmt: Es wird auch gegenteilig vertreten, daß für ein Steuererfindungsrecht der Wortlaut, die systematische Stellung sowie die Entstehungsgeschichte des Art. 106 GG sprächen.[54] Freilich dürfe der Bundesgesetzgeber dabei nicht in die den Ländern vorbehaltenen Kompetenzen nach Art. 105 Abs. 2 à GG eindringen sowie die Landesgesetzgeber nicht in den Kompetenzbereich des Art. 105 Abs. 1 GG. Für Lenkungssteuern kann dieses Problem nur in den Fällen relevant werden, in denen die in Frage stehende Lenkungssteuer nicht unter Art. 106 GG subsumiert werden kann.

b) Notwendigkeit einer Doppelkompetenz für Lenkungssteuern

Neben diesem bisher ungeklärten Streit über das Steuererfindungsrecht von Bund und Ländern hat das Bundesverfassungsgericht in jüngster Zeit durch das Urteil über die kommunale Verpackungssteuer[55] einen weiteren Streit über eine zum Teil geforderte Doppelkompetenz beigelegt. Lange Zeit war es umstritten, ob eine Lenkungssteuer zusätzlich zu der finanzverfassungsrechtlichen Kompetenz durch einen Titel aus der Sachkompetenz legitimiert sein muß.[56] Das Bundesverfassungsgericht hat ausdrücklich erklärt, daß eine steuerliche Rege-

---

52 *Meßerschmidt*, UTR 1987, S. 83 (93); a.A. *Salzwedel*, Rechtliche Aspekte der Erhebung einer Gewässerbenutzungsabgabe, S. 26, der diese Steuern als Verbrauchssteuern einordnet.

53 *Vogel*, Finanzverfassung und politisches Ermessen, S. 9; *Vogel/Walter*, in: von Mangoldt/Klein/Starck (Hrsg.), Bonner Kommentar zum GG, Art. 105, Rn. 66; *Arndt*, Steuern, Sonderabgaben und Zwangsanleihen, S. 59; *Meßerschmidt*, UTR 1987, 83 (95); *Stern*, Das Staatsrecht der Bundesrepublik Deutschland Band II, § 45, S. 1119; *Ossenbühl/Di Fabio*, StuW 1988, 349 (352); *Birk*, in: Alternativkommentar zum GG, Bd. III, Art. 106, Rn. 6; *Küssner*, Die Abgrenzung der Kompetenzen des Bundes und der Länder im Bereich der Steuergesetzgebung sowie der Begriff der Gleichartigkeit, S. 65.

54 *Selmer*, Steuerinterventionismus und Verfassungsrecht, S. 144; *Osterloh*, NVwZ 1991, 823 (828); *Sacksofsky*, NJW 2000, 2619 (2624); *Fischer-Menshausen*, in: von Münch/Kunig (Hrsg.), Grundgesetzkommentar, Bd. III, Art. 105, Rn. 17 und Art. 106, Rn. 14a; *Tipke/Lang*, Steuerrecht, 17. Aufl., § 3, Rn. 5; *Wendt*, in: Kirchhof/Isensee, Handbuch des Staatsrechts, Bd. IV; § 104, Rn. 27; *Manssen*, DÖV 1996, 15; nur für die Länder. *Maunz*, in: Maunz/Dürig, Kommentar zum Grundgesetz, Art. 105, Rn. 46; *Söhn*, in: Burmeister (Hrsg.), Festschrift für Stern, S. 587 (599).

55 BVerfGE 98, 106.

56 So *Selmer*, Steuerinterventionismus und Verfassungsrecht, S. 160ff.; *Konrad*, BB 1995, 1109 (1114); *Müller*, Möglichkeiten und Grenzen der indirekten Verhaltensteuerung durch Abgaben im Umweltrecht, 138; *Vogel*, in: Kirchhof/Isensee, Handbuch des Staatsrechts, Bd. IV, § 87, Rn. 52.

lung, die Lenkungswirkung entfaltet, keine zur Steuerkompetenz hinzutretende Sachkompetenz benötigt.[57] Allerdings hat es Lenkungssteuern nur dann für zulässig erachtet, wenn diese Lenkung in einen anderen Sachbereich hinein die Rechtsordnung nicht widersprüchlich werden lasse (Widerspruchsfreiheit der Rechtsordnung).[58]

5. Grundrechtliche Einwände

Schließlich wird ebenfalls eingewandt, daß bei den Lenkungsabgaben grundsätzlich die Gefahr bestehe, daß sie gegen Grundrechte verstoßen können. Dabei müssen, die Doppelfunktion einer Lenkungsabgabe beachtend, sowohl der finanzielle Aspekt, also der steuerliche Vermögensentzug, wie auch der lenkende Aspekt, also die steuerlich bewirkte Freiheitsbeschränkung, einer solchen Abgabe auf ihre verfassungsrechtliche Rechtfertigung geprüft werden.[59] Entgegen der bisherigen Rechtsprechung des Bundesverfassungsgerichts, die zwar durch den Beschluß zur Vermögensteuer eine gewisse Aufweichung erfahren hat, aber noch nicht aufgegeben worden ist, müssen die Lenkungsabgaben dabei auch an Art. 14 Abs. 1 GG gemessen werden. Des weiteren sind Art. 12 Abs. 1 GG und Art. 2 Abs. 1 GG als Prüfungsmaßstäbe heranzuziehen. Allerdings muß hinsichtlich der grundrechtsrelevanten Lenkungswirkung der Abgaben der Eingriff genau festgelegt werden, da auch andere Grundrechte durch Interventionen betroffen werden können.

6. Zwischenergebnis

Die zahlreichen Einwände gegen die Lenkungsabgaben haben zwar bisher nicht dazu geführt, daß diese als Lenkungsinstrumente nicht mehr eingesetzt werden. Allerdings weist die große Anzahl an höchstrichterlicher Rechtsprechung zu diesem Thema auf die bestehenden Schwierigkeiten der verfassungsrechtlichen Rechtfertigung der Lenkungsabgaben hin. Eine Lenkungsabgabe ist daher nicht als ein Allheilmittel der existierenden gesellschaftlichen Probleme zu betrachten, sondern bedarf gerade hinsichtlich des empfindlichen Bereichs der möglichen Grundrechtsverletzungen einer genauen verfassungsrechtlichen Rechtfertigung.

---

57 BVerfGE 98, 106 (118).

58 Siehe zum Gebot der Widerspruchsfreiheit der Rechtsordnung auch: *Franzius*, AöR 126 (2001), 403; *Jarass*, AöR 126 (2001), 588; *Kloepfer/Bröcker*, DÖV 2001, 1; *Führ*, KJ 1998, 503; *Sendler*, NJ 1998, 365.

59 *Konrad*, DÖV 1999, 12 (14); *Kloepfer*, in: Mackscheidt/Ewringmann/Gawel (Hrsg.), Festschrift für Hansmeyer, S. 161 (164); *Franzius*, AöR 126 (2001), 403 (410).

B. Vorteile der Lenkung durch Abgaben

Den zahlreichen Einwänden gegen die lenkenden Abgaben und ihren rechtlichen Problemen steht eine ebenso große Zahl von Vorteilen der Lenkung durch Abgaben gegenüber. Das traditionelle Ordnungsrecht, das *direkt* auf das jeweils erwünschte oder unerwünschte Verhalten mit darauf gerichteten Rechtsbefehlen einzuwirken sucht,[60] ist gerade im Bereich des Umweltordnungsrechts in Kritik geraten. Es gilt als zu obrigkeitsstaatlich und aus ökonomischer Sicht als zu ineffizient, da es zu hohe gesellschaftliche Kosten verursacht. Vor dem Hintergrund dieses zunehmenden Autoritätsverlustes des Ordnungsrechts und damit einhergehender Vollzugsdefizite[61] haben *indirekte* Steuerungsinstrumente an Bedeutung gewonnen, so auch die Lenkungsabgaben.[62]

1. Ökonomische Gesichtspunkte der Lenkungsabgaben

Lenkungsabgaben sind ökonomische Instrumente; dadurch weisen sie gerade nicht die Ineffizienz auf, die dem Ordnungsrecht von Ökonomen vorgeworfen wird. Die Lenkungsabgaben schaffen die Möglichkeit, insbesondere in ihrer Ausgestaltung als Steuer auf ein bestimmtes Gut (Verbrauchsteuer),[63] bestimmte Kosten zu internalisieren. Dabei kann es sich zum einen um die Internalisierung negativer externer Effekte handeln,[64] die bei der Produktion oder beim Konsum des bestimmten Gutes oder der Dienstleistung auftreten. Dieser Ansatz beruht auf wohlfahrtsökonomischen Ansätzen von *Marshall* und *Pigou*,[65] die von der Umweltökonomie weiterentwickelt wurden.[66] Die Umweltökonomie betrachtet Umweltprobleme zunächst als Knappheitsprobleme und stuft die übermäßige Umweltbelastung als Überbeanspruchung knapper Ressourcen ein. In einer

---

60 Dabei wirkt das Ordnungsrecht mit einer Methode, die man im englischen Sprachraum als „Command and control“ bezeichnet: *Lübbe-Wolff,* NVwZ 2001, 481 (482).

61 *Meßerschmidt,* Umweltabgaben als Rechtsproblem, S. 58ff.; *Morgenthaler,* SächsVBl. 1994, 97 (98).

62 Dazu nur exemplarisch *Franzius,* Instrumente indirekter Verhaltenslenkung im Umweltrecht, *Lübbe-Wolff,* Modernisierung des Umweltordnungsrechts, *Hermes,* Staatliche Infrastrukturverantwortung, S. 146.

63 *Hansmeyer,* in: Fritz Neuwerk (Hrsg.), Handbuch der Finanzwissenschaft, Band II, S. 710ff.

64 Externe Effekte sind solche, die Auswirkungen auf andere Wirtschaftsteilnehmer haben, ohne daß sich dies in den Preisen niederschlägt, wobei es sowohl positive wie auch negative externe Effekte gibt. *Fees,* Umweltökonomie und Umweltpolitik, 2. Aufl., S. 42.

65 *Pigou,* The Ecomics of Welfare, 4th Edition; *ders.* A Study in Public Finance, 3rd Edition; *A. Marshall,* Principles of Economics, London, 8th Edition.

66 Siehe dazu die Gesamtdarstellungen von: *Cansier,* Umweltökonomie; *Frey,* Umweltökonomie, 3. Aufl.; *Siebert,* Ökonomische Theorie der Umwelt; *Endres,* Umwelt- und Ressourcenökonomik; *Feess,* Umweltökonomie und Umweltpolitik, 2. Aufl.

Marktwirtschaft erfüllt grundsätzlich der Markt die Funktion, Knappheitsverhältnisse durch einen Preis auszudrücken und Angebot und Nachfrage zum Ausgleich zu bringen.[67] Bei Umweltressourcen versagt dieser Marktmechanismus, da diese als „freie Güter" überwiegend kostenlos in Anspruch genommen werden können.[68] Da Umweltgüter im wesentlichen als Güter der Allgemeinheit verstanden werden, ist es folglich Aufgabe des Staates, knappe Güter zu verrechtlichen und ihre kostenlose Inanspruchnahme zu verhindern.[69] Diejenigen, die die bisher kostenlose Ressource Umwelt nutzen, verlagern folglich einen Teil ihrer eigentlichen Produktionskosten auf die Allgemeinheit. Um diese sozialschädlichen Kosten wieder auf den Verursacher zurückzuverlagern und gleichzeitig einen Markt für Umweltgüter zu schaffen, sollen diese Kosten durch eine Abgabe bei dem Verursacher internalisiert werden.[70] Die Umweltökonomen vertreten, daß auf diese Weise die Umweltverschmutzung mit geringen gesellschaftlichen Kosten gesenkt werden kann und die Umweltabgaben umweltpolitisch wesentlich effizienter sind als Gebote oder Verbote.[71] Dabei erkennen auch die Umweltökonomen die den Umweltabgaben immanenten Schwierigkeiten wie die Einwände des Coase-Theorems oder das besondere Problem der Preisermittlung eines Umweltgutes.[72]

a) Coase-Theorem

Gegen die effiziente Internalisierung externer Effekte durch Umweltabgaben spricht das für die Institutionenökonomie grundlegende Coase-Theorem.[73] *Coase* hat gezeigt, daß unter bestimmten Bedingungen die Verhandlung zwischen Geschädigtem und Schädiger zu effizienteren Lösungen führt als ein Ausgleich, der durch den Staat als einem eingreifenden Dritten festgesetzt wird. Effizienz ohne staatliche Intervention wird nach *Coase* vielmehr durch eine reziproke Entschädigungspflicht erreicht. Durch die Statuierung einer Entschädigungspflicht muß der Schädiger dem Geschädigten Schadenersatz leisten, so

---

67 *Mankiw*, Grundzüge der Volkswirtschaftslehre, S. 69, 91; *Lübbe-Wolff*, NVwZ 2001, 481 (486); ausführlich zum Knappheitsbegriff: *Kloepfer/Reinert*, in: *Kloepfer/Gethmann/Reinert*, Verteilungsgerechtigkeit im Umweltstaat, S. 25ff.

68 *Hansjürgens*, Umweltabgaben im Steuersystem, S. 25: Die Finanzwissenschaft spricht von „freien" oder „öffentlichen Gütern", wenn Güter oder Dienstleitungen prinzipiell uneingeschränkt vielen Individuen zur Verfügung stehen.

69 *Kloepfer*, Umweltrecht, 3. Aufl., § 5 Rn. 272.

70 *Hansmeyer*, in: Neuwerk (Hrsg.), Handbuch der Finanzwissenschaft, Band II, S. 730; *Mankiw*, Grundzüge der Volkswirtschaftslehre, S. 233.

71 *Mankiw*, Grundzüge der Volkswirtschaftslehre, S. 233.

72 Siehe dazu *Plott*, Externalities and Corrective Taxes, in: Econometrica 33 (1966), S. 64.

73 *Coase*, The Problem of Social Cost, in: Journal of Law & Economics 3, 1960, 1 (29); auf deutsch abgedruckt bei Assman/Kirchner/Schanze (Hrsg.), Ökonomische Analyse des Rechts, 2. Aufl., S. 129ff.

daß die Kosten des Geschädigten kompensiert werden. Gleichzeitig führen nach *Coase* die drohenden Schadenersatzforderungen dazu, daß der Schädiger die schädigende Handlung in Zukunft unterläßt, so daß ihm ebenfalls keine Kosten mehr entstehen werden. Langfristig wird so ein effizienter Zustand ohne staatliche Eingriffe erreicht. Allerdings ist u.a. Voraussetzung des Modells, daß es keinerlei Transaktionskosten gibt, also die Aushandlung und der Vollzug des Schadensausgleichs nichts kosten. Zudem muß es eine vollständige Information beider Beteiligter geben.[74] Beide Bedingungen sind in der Regel nicht erfüllt, da zu viele „externe" Effekte zu berücksichtigen sind. Gerade das Fehlen von Transaktionskosten wird kaum zu erreichen sein. Freilich bedeutet dies nicht, daß Verhandlungslösungen kein möglicher und zu verfolgender Ansatz sind: Für solche Lösungen steht das Instrument der Mediation zur Verfügung.[75] Ein stichhaltiges Argument gegen den Einsatz von Abgaben als Lenkungsinstrument bietet das Coase-Theorem aber auch nicht.

b) Preisermittlung

Das zweite ökonomische Problem der Internalisierung externer Effekte durch Umweltlenkungsabgaben ist die Bemessung der Kosten des Umweltgutes. Grundsätzlich ist diese Bemessung nur durch einen Näherungsansatz möglich,[76] bei dem durch ein „Trial and Error" - Verfahren immer wieder ein neuer Preis festgesetzt wird, der die Umweltkosten widerspiegelt. Um die Informationsprobleme und Unsicherheiten dieses Näherungsansatzes zu vermeiden, geht man statt dessen den Weg über den sog. Standard-Preis-Ansatz,[77] bei dem statt des tatsächlichen „Preises der Umwelt" umweltpolitisch erwünschte Standards festgesetzt werden. Zwar wird bei diesem Ansatz ein Pareto-Optimum[78] in Form des theoretischen Gleichgewichtspreises nur zufällig erreicht werden, doch verringert dieser Ansatz die Anforderungen an die Information hinsichtlich der eigentlichen Produktion und Kostenstrukturen der Wirtschaft und ermöglicht sowohl die Anpassung der Steuersätze wie auch der politischen Standards.

---

74 Siehe dazu *Weimann*, Umweltökonomik, 3. Aufl., S. 43.

75 Siehe dazu: *Hellriegel*, Mediation im Umweltrecht.

76 *Siebert*, in: Issing (Hrsg.), Ökonomische Probleme der Umweltschutzpolitik, S. 40.

77 Grundlegend: *Baumol/Oates*, The Use of Standards and Prices for Protection of the Environment, abgedruckt in: Oates (Hrsg.), The Economics of the Environment, 161ff.; *Meßerschmidt*, Umweltabgaben als Rechtsproblem, S. 64.

78 Das Pareto-Optimum ist erreicht, wenn in einer Gesellschaft ein Zustand x herrscht, in dem kein Mitglied der Gesellschaft diesem Zustand x einen anderen Zustand y vorzieht. Alle Mitglieder der Gesellschaft sind mit dem Zustand x zufrieden oder indifferent. In diesem Optimum wird ein von den Mitgliedern der Gesellschaft nachgefragtes Gut zu genau dem Preis angeboten, bei dem die Nachfrage vollständig befriedigt wird. Vgl. *Schäfer/Ott*, Lehrbuch der ökonomischen Analyse des Zivilrechts, S. 22.

c) Ökonomische Vorteile der Lenkungsabgaben

Ökonomen befürworten die Lenkungsabgaben trotz dieser Einwände aus mehreren Gründen: Zum einen dienen sie, anders als die nicht lenkenden Abgaben, zur Korrektur bestehender Anreize zur Verursachung gesamtwirtschaftlich mißbilligter externer Kosten, so daß die Allokation näher am sozialen Optimum liegt. Auf diese Weise bewirken sie gleichzeitig eine Steigerung der Staatseinnahmen und der sozialen Wohlfahrt.[79] Des weiteren erreichen lenkende Abgaben eine Netto-Einnahme der öffentlichen Hand, während alle anderen möglichen staatlichen Maßnahmen in der Regel Netto-Kosten verursachen. Durch die Einnahmen können daher, neben der erreichten Verhaltenssteuerung, weitere Maßnahmen ergriffen werden, ohne insgesamt höhere Kosten zu verursachen.

Diese finanzwissenschaftlich begründeten Vorteile treffen allerdings nicht nur auf Umweltlenkungsabgaben zu. *Pigou* hat seine wohlfahrtsökonomischen Überlegungen nicht hinsichtlich ökologischer Ziele, sondern in Bezug auf die Besteuerung von Alkohol, also hinsichtlich eines gesundheitspolitisch motivierten Ziels, angestellt.[80] In der Finanzwissenschaft werden diese Steuern als Demeritorisierungsabgaben bezeichnet, da sie das Ziel haben, den Verbrauch eines Gutes oder ein Verhalten zurückzudrängen. Grundsätzlich gilt für diese Steuern das zu den Umweltlenkungsabgaben Gesagte. Sie sind allerdings weit weniger umstritten als die Umweltlenkungsabgaben, was zum einen durch die weit längere Tradition von z.B. gesundheitspolitischen Zielen begründet, zum anderen aber auch durch die allgemeine Anerkennung ihres Zieles als besonders bedeutsam zu erklären ist.[81]

Ein weiterer, ebenfalls ökonomischer Vorteil der Lenkungsabgaben ist, daß ihre Lenkungszwecke gerade im Wirtschaftssystem „verstanden“ werden. Lenkungsabgaben passen sich unmittelbar dem wirtschaftlichen Kalkül des „Zahlens oder Nichtzahlens“ an. Es muß kein Verhaltensgebot oder -verbot in Hinblick auf seine finanziellen Auswirkungen für die Wirtschaft geprüft werden, sondern die Abgaben können unmittelbar von den Betroffenen erfaßt und in ihre wirtschaftlichen Kalkulationen eingestellt werden, so daß sie Teil der betriebswirtschaftlichen Entscheidungsgrundlage werden.[82] Auf diese Weise können die Unter-

79 *Mankiw*, Grundzüge der Volkswirtschaftslehre, S. 234.

80 *Pigou*, The Economics of Welfare, 4 th Edition, S. 192: „The private net product of any unit of investment is unduly large relatively to the social net product in the business of producing and distributing alcoholic drinks. Consequently, in nearly all countries, special taxes are placed upon these businesses.“

81 *Hansmeyer*, in: Neuwerk (Hrsg.), Handbuch der Finanzwissenschaft, Band II, S. 733.

82 *Sacksofsky*, NJW 2000, 2619 (2624).

nehmen ihr Verhalten genau den für sie günstigsten Bedingungen anpassen, ohne sich in eine Rechtsunsicherheit zu begeben. Gleichzeitig ist der von den Abgaben ausgehende Steuerungsimpuls sehr hoch, da die Unternehmen ohne vorher geahndeten Verstoß gegen eine ordnungsrechtliche Vorschrift und einhergehendes Bußgeld o.ä. die finanziellen Auswirkungen durch den Steuerbescheid unmittelbar erfahren. Diese Vorteile der Lenkungsabgaben treffen freilich nicht nur auf wirtschaftlich agierende Unternehmen zu, sondern auf alle Steuerpflichtigen. In Zeiten zunehmender finanzieller Belastung ist der monetäre Aspekt nicht zu unterschätzen, da insgesamt versucht wird, eigene Kosten zu reduzieren, so daß eine Lenkungsabgabe große Wirkung erzielen kann.

2. Flexibilität der Lenkungsabgaben

Im Vergleich zum starren Ordnungsrecht ist die Wirkung von Lenkungsabgaben flexibel. Diese können je nach Ausgestaltung lediglich eine gewisse Eindämmung bewirken oder auch zu einer weitgehenden Reduktion führen. Wählt der Gesetzgeber eine starke Reduktion, kann er auf diese Weise eine bestimmte Verhaltensform der Bürger, die er als unerwünscht betrachtet, gänzlich unterdrücken, obwohl das Verhalten „an sich" in vollem Umfang erlaubt ist.[83] Dieser Effekt tritt natürlich nur dann ein, wenn sich der einzelne, ungeachtet seiner rechtlich fortbestehenden Handlungsfreiheit, gezwungen fühlt, den Intentionen des Steuergesetzgebers Folge zu leisten, weil er die finanziellen Folgen eines von der Intention abweichenden Verhaltens nicht tragen kann. Das birgt den Vorteil, daß der Gesetzgeber auf diese Weise bis zur Grenze der erdrosselnden Steuer weite Teile der Wirtschafts- und Sozialordnung reformieren kann, ohne den Bestand an materiellen Regelungen ändern zu müssen.[84]

In der Regel wird der Gesetzgeber allerdings nur eine leichte Eindämmung zum Ziel haben. In diesem Fall wird sich nicht der Großteil der Betroffenen dem ökonomischen Druck beugen, sondern nur ein kleinerer Teil, während die anderen Betroffenen die Steuer entrichten werden. Auch dann stellt die Lenkungsabgabe ein ökonomisch taugliches Anreizinstrument zur Minimierung unerwünschten, aber erlaubten Verhaltens dar, durch das die Betroffenen nicht illegalisiert oder kriminalisiert werden.

---

83 *Franzius,* Die Herausbildung der Instrumente indirekter Verhaltenssteuerung im Umweltrecht der Bundesrepublik Deutschland, S. 105; *ders.*, AöR 126 (2001), 403 (404); *Kloepfer,* Umweltrecht, 3. Aufl., § 5 Rn. 153.

84 *Friauf,* Verfassungsrechtliche Grenzen der Wirtschaftslenkung und Sozialgestaltung durch Steuergesetze, S. 6.

3. Vollzugsfähigkeit der Lenkungsabgaben

Hinzu kommt ein weiterer Vorteil, den die Lenkungsabgaben zwar nicht gegenüber den klassischen direkten Eingriffsinstrumenten des Ordnungsrechts entfalten, aber im Vergleich zu den anderen Instrumenten indirekter Steuerung (z.B. Selbstverpflichtungen, Mediation, Auditing usw.). Im Vergleich zu diesen zeichnen sich die Lenkungsabgaben dadurch aus, daß sie durchsetzungs- und vollzugsfähig sind, da sie zumindest hinsichtlich des finanzrechtlichen Teils Zwangscharakter aufweisen.[85] Sie sind daher nicht von der freiwilligen Einsicht und Mitarbeit der Betroffenen abhängig, wie z.B. kooperative Handlungsformen. Sie können also das tradierte Ordnungsrecht entlasten und ergänzen, gleichzeitig aber die Probleme, die die übrigen indirekten Steuerungsinstrumente aufweisen, umgehen. Abgaben sind das klassische Finanzierungsmittel des Staates und somit ein hergebrachtes staatliches Instrument. Aber auch im Lenkungsbereich entfernen sie sich weniger weit von den klassischen Handlungsinstrumenten des Staates als die Mehrzahl der übrigen neueren Instrumente der indirekten Steuerung, da sie nicht völlig auf ein imperatives Merkmal verzichten.[86] Die Besonderheit der Lenkung durch Abgaben liegt freilich gerade darin, daß das imperative Merkmal die Lenkungsabgaben zwar in die Nähe der klassischen staatlichen Steuerungsinstrumente rückt, den Freiheitsspielraum der Betroffenen jedoch nicht überlagert. Die Lenkungsabgaben gewähren den Betroffenen an Stelle des unmittelbaren Verhaltensgebots oder -verbots die Wahl zwischen dem Verzicht auf das mit der Abgabe belegte Verhalten oder die Zahlung des - durch den dann imperativen Abgabenbescheid auferlegten - Geldbetrages.

4. Freiheitsschonende Aspekte der Lenkungsabgaben

Hinsichtlich der Freiheitsgrundrechte der Betroffenen entfaltet eine Lenkungsabgabe folglich eine „Doppelwirkung“: Entweder es erfolgt durch die Auferlegung der Geldzahlungspflicht ein Eingriff in Art. 14 Abs. 1 GG oder durch die Lenkungswirkung in ein das unerwünschte Verhalten schützendes Freiheitsrecht, z.B. Art. 12 Abs. 1 GG oder Art. 2 Abs. 1 GG. Der Betroffene hat die Möglichkeit, sich gemäß dem ökonomischen Druck zu verhalten und das unerwünschte Verhalten einzustellen, oder er wahrt seine volle Handlungsfreiheit und „kauft“ sich frei.[87] Durch die Kombination aus imperativem Steuerbefehl

---

85 *Sacksofsky,* NJW 2000, 2619 (2964).

86 Nach *Lübbe-Wolff* sind Regelungen ohne klare Vollzugsimperative wegen des starken Vermeidungsdrangs der Vollzugsaddressaten für die Verwaltung nur schwer durchsetzbar, *Lübbe-Wolff,* Modernisierung des Umweltordnungsrechts, S. 73ff.

87 *Arndt,* VVDStRL 39, 287 (331); *P. Kirchhof,* Besteuerungsgewalt und Grundgesetz, S. 30.

und indirekt ausgesprochenem Verhaltensappell wahrt die Lenkungsabgabe ihre Vollzugsfähigkeit und gewährt gleichzeitig ein „Mehr“ an Freiheit für die Betroffenen, da diese entweder dem Verhaltensappell folgen oder die Steuer entrichten können.[88] Dem Betroffenen selbst verbleibt ausreichend Spielraum, um eine autonome Entscheidung zu treffen. Diese Sichtweise des Bürgers entspricht auch der des Grundgesetzes, welches den Menschen als sittlich autonomes Wesen begreift.[89] Je stärker Verbote und Gebote zunehmen, desto weniger hat der einzelne Bürger die Möglichkeit, sich frei zu entscheiden; der Staat übernimmt die Entscheidung für ihn. Gleichzeitig ermöglicht eine Lenkungsabgabe durch die ihr immanente Wahlfreiheit den Betroffenen, die aus ihrer Sicht ökonomisch am sinnvollsten erscheinende Maßnahme zu ergreifen, und setzt so Anreize, überobligatorische Anstrengungen zu unternehmen, um das mit der Abgabe belegte Verhalten möglichst zu vermeiden. Grundsätzlich wird der Betroffene ausrechnen, ob die Vermeidungskosten die Abgabenlast übersteigen. Ist das der Fall, wird der Betroffene bei kurzfristiger Betrachtung die Abgabe entrichten. Langfristig wird es für ihn aber sinnvoller sein, die Vorteile des technischen Fortschritts zu nutzen und notwendige Investitionen zur Vermeidung des Verhaltens und damit auch der Abgabe vorzunehmen. Auf diese Weise kann eine Lenkungsabgabe zusätzlich zu der durch sie angestrebten Verhaltensregulierung auch den technischen Fortschritt fördern, ohne dabei auf die Wirtschaft direkten Zwang auszuüben.[90]

5. Zwischenergebnis

Lenkungsabgaben bergen folglich zwei Steuerungsansätze: Zum einen können sie ein Verhalten drosseln, ohne daß der Freiheitsspielraum der Betroffenen so verkürzt werden müßte wie bei einem ordnungsrechtlichen Verbot. Zum anderen wirken sie ausgleichend, indem sie den Verbrauch des Gutes mit einem Preis belegen und so soziale Kosten auf die „Verbraucher“ umlegen. Wegen der Bandbreite der Lenkungsabgaben können sie beide Funktionen in einer Abgabe vereinen; sie können aber auch nur eine Aufgabe allein wahrnehmen.

---

88 *Kloepfer*, Umweltrecht, 3. Aufl., § 5 Rn. 275; *Herzog*, in: FS RFH-BFH, 105 (112); *P. Kirchhof*, Besteuerungsgewalt und Grundgesetz, S. 60; *ders.* JZ 1979, 153; *Mayer*, Gebühren für die Nutzung von Umweltressourcen, S. 214.

89 Siehe zu den Konsequenzen der unmittelbaren Lenkung auch *Krause*, in: Festschrift für Giesecke, S. 1 (19). Aus der wirtschaftswissenschaftlichen Perspektive *Eucken*, Grundzüge der Wirtschaftspoltik, 6. Aufl., S. 61.

90 *Schmidt-Preuß*, in: Dolde (Hrsg.), Festschrift für 25 Jahre GfU, S. 307 (317); *Sacksofsky*, NJW 2000, 2619 (2624).

C. Vorteile von erdrosselnden Abgaben

Lenkungsabgaben sind zwar immer noch nicht unumstritten, grundsätzlich jedoch anerkannt. Anders verhält es sich jedoch mit Abgaben, die so hoch sind, daß sie für die Betroffenen eine verbotsähnliche Wirkung entfalten. Diese sogenannten erdrosselnden Abgaben sind nach der herrschenden Meinung verfassungsrechtlich unzulässig.[91] Einige Autoren ziehen die verfassungsrechtliche Zulässigkeit einer Steuer, die wegen ihrer Höhe einem ordnungsrechtlichen Verbot gleichzusetzen ist, in Betracht, sprechen allerdings auch nicht von der Zulässigkeit einer erdrosselnden Abgabe.[92] Unabhängig von der verfassungsrechtlichen Zulässigkeit stellt sich die Frage, ob die Einführung einer erdrosselnden Abgabe, die auf die Abgabepflichtigen gleich einem Verbot wirken soll, überhaupt ein sinnvolles staatliches Instrument sein kann.[93]

1. Verbotsgleiche Wirkung der erdrosselnden Abgaben

Zunächst birgt eine erdrosselnde Abgabe die für die nichterdrosselnden Lenkungsabgaben dargestellten Vor- und Nachteile, da sie ja auch eine Lenkungsabgabe ist. Im Unterschied zu der im Grundsatz als zulässig anerkannten Lenkungsabgabe ist die Abgabenlast der erdrosselnden Abgabe aber wesentlich höher, so daß diese Abgabe einen stärkeren Lenkungserfolg verzeichnen könnte. Eine solche erdrosselnde Abgabe muß so ausgestaltet sein, daß sie wegen der Höhe der Abgabenschuld von den Betroffenen als so erdrückend empfunden wird, daß diese sich dem mit der Abgabe einhergehenden Verhaltensappell gleich einem ordnungsrechtlichen Verbot beugen. Durch die besondere Höhe der Abgabenschuld vermag eine erdrosselnde Abgabe die bereits dargestellten Vorteile der nichterdrosselnden Lenkungsabgaben noch zu verstärken.

Mit Hilfe einer erdrosselnden, verbotsgleich wirkenden Abgabe könnte der Staat ein bestimmtes Verhalten oder den Verbrauch eines bestimmten Gutes fast vollständig zurückdrängen, ohne daß er es materiell verbieten müßte. Diejeni-

---

91 Bisher h.M.: für viele weitere *Jachmann*, StuW 1996, 97 (100); *Hettlage*, DÖV 1955, 752; *Schuhmacher*, NJW 1951, 53 (56); *Flume*, in: Festschrift für Smend, S. 59 (62); *von Arnim*, VVDStRL 39, 286 (312); *Friauf*, Verfassungsrechtliche Grenzen der Wirtschaftslenkung und Sozialgestaltung durch Steuergesetze, S. 17; *Mußgnug*, JZ 1991, 993 (994).

92 *Sendler*, DÖV 1974, 217 (224ff.); *Söhn*, in: Burmeister (Hrsg.), Festschrift für Stern, S. 587 (590); zur kompetenzrechtlichen Problematik: *Pestalozza*, „Formenmißbrauch" des Staates, S. 39; *Jarass*, Nichtsteuerliche Abgaben und lenkende Steuern unter dem Grundgesetz, S.14; *Kloepfer/Marlorny*, JA 1976, 41 (45) gehen weiter, da sie auch die verfassungsrechtliche Zulässigkeit einer erdrosselnden Abgabe nicht ausschließen.

93 Zum Begriff der Erdrosselung siehe unten S. 46.

gen, die sich dem Verhaltensappell nicht zu beugen bereit sind, sondern statt dessen die Abgabe entrichten, erweisen dem Staat sogar noch einen finanziellen Dienst. Erließe der Gesetzgeber statt der erdrosselnden Abgabe ein Verbot, wäre es zumindest nicht ausgeschlossen, daß ein Teil der Betroffenen dem Verhaltensbefehl nicht Folge leistete. In diesem Fall müßte der Staat jedoch die Nichtbefolgung entweder ahnden, was sowohl zeit- als auch kostenaufwendig sein kann, oder er müßte die Nichtbefolgung hinnehmen und erlitte dadurch einen Respekts- und Autoritätsverlust.

2. Freiheitsgewinn durch die erdrosselnde Abgabe

Gleichzeitig eröffnet eine erdrosselnde, verbotsgleich wirkende Abgabe den Betroffenen die Wahl, entweder auf das abgabenrechtlich pönalisierte Verhalten zu verzichten oder die Abgabe zu entrichten und sich so zu „freizukaufen". So stellt eine erdrosselnde Abgabe gegenüber einem ordnungsrechtlichen Verbot oder Gebot, trotz ihrer eigenen Schärfe, das mildere Mittel dar. Daß dabei möglicherweise sehr wohlhabende Abgabenschuldner gegenüber weniger wohlhabenden besser gestellt sein könnten, da jene sich die „Umgehung" des Verhaltensappells eher leisten können, kann einer solchen Abgabe nicht grundsätzlich entgegenstehen. Im Einzelfall gilt es, eine Prüfung der Gleichheitsrechte der Betroffenen vorzunehmen. Es besteht jedoch auch für den weniger Wohlhabenden grundsätzlich die Möglichkeit, die Abgabe zu entrichten. Daß er dafür möglicherweise auf etwas anderes verzichten muß, ist letztlich keine verfassungsrechtliche Frage, sondern eine Frage der persönlichen Präferenz des Betroffenen.

Ein weiterer Vorteil, der den Lenkungsabgaben im allgemeinen und somit auch den erdrosselnden Abgaben innewohnt, ist die unkomplizierte Umsetzung in das tägliche Leben. Wie auch oben schon kurz dargestellt, betrachten Finanzwissenschaftler bestimmte Steuern als einen Preis, den der Staat auf ein bestimmtes Gut auferlegt. Der Bürger hat bei einer erdrosselnden Abgabe unproblematisch ein Bild, wie „teuer" sein Verhalten sein wird. Auf diese Weise ist er in der Lage, eine individuelle Entscheidung zu fällen, die nicht durch den Staat determiniert ist. Der Bürger gewinnt dadurch ein „Mehr" an Freiheit hinzu, da ihm nicht ein Verbot auferlegt wird, sondern er selbst entscheiden kann, ob er dem staatlichen Verhaltensdruck folgen will oder nicht. Hinzu kommt, daß der von der Abgabe gesetzte „Preis" offen und kalkulierbar ist, während ein Verstoß gegen ein ordnungsrechtliches Verbot in seiner Rechtsfolge für die Betroffenen nicht einzuschätzen ist. Gerade im wirtschaftlichen Bereich kann mit einer erdrosselnden, verbotsgleich wirkenden Abgabe somit „gerechnet" werden, so daß die Kalkulationen der Unternehmen sicherer und genauer werden.

3. Erdrosselnde Abgaben als flankierendes Instrument

Der den Freiheitsraum der Betroffenen vergrößernde Spielraum, den die erdrosselnde Abgabe gewährt, führt auf der anderen Seite freilich dazu, daß nicht alle Betroffenen den Verhaltensappell befolgen werden. Da dies ein der erdrosselnden Abgabe immanenter Vorteil der Betroffenen ist, können diese nicht wie bei einem vergleichbaren Verbot, das in der Regel auch nicht alle Adressaten befolgen würden, belangt werden. Folglich kann eine erdrosselnde Abgabe nur als ein das Ordnungsrecht flankierendes Instrument eingesetzt werden. Politisch gewollte und das gesellschaftliche Zusammenleben erst ermöglichende Mindeststandards können nicht durch erdrosselnde Abgaben sichergestellt werden, so daß eine erdrosselnde Abgabe mit verbotsgleicher Wirkung keine strafrechtlichen Normen ersetzen kann. Diese müssen weiterhin einen gesellschaftlichen Konsens widerspiegeln und durch den Staat gewahrt und durchgesetzt werden. Über diese auch weiter mit den unbedingten Verhaltensgeboten durchzusetzenden Mindeststandards hinaus kann eine erdrosselnde, verbotsgleiche Abgabe jedoch helfen, bestimmte gesellschaftlich weniger akzeptierte Anliegen des Gesetzgebers durchzusetzen.

4. Zwischenergebnis

Die erdrosselnde Abgabe, die auf die Abgabenpflichtigen eine verbotsgleiche Wirkung zu entfalten vermag, kann folglich als flankierendes Instrument wirkungsvoll sein, da sie die positiven Effekte einer lenkenden Abgabe noch verstärkt. Freilich darf bei ihrem Einsatz nicht außer acht gelassen werden, daß eine solche Abgabe nur dann erlassen werden darf, wenn sie nicht gegen Grundrechte der Betroffenen verstößt oder dieser Eingriff durch höherrangige Interessen gerechtfertigt ist. Grundrechtlich erlaubte Tätigkeiten dürfen auf diese Weise nicht vollständig unterbunden werden.

III. Begriff der Erdrosselung

Der Begriff der Erdrosselung wird zum Teil etwas plakativ für besonders hohe Abgabenlasten verwendet, die dem Bürger auferlegt werden. Als rechtstechnischer Begriff wurde die Erdrosselung in Rechtsprechung und Literatur in erster Linie in Bezug auf Steuern geprägt, doch ist eine erdrosselnde Wirkung auch bei den übrigen Abgabenarten gleichermaßen denkbar.

A. Begriff der Erdrosselung in Rechtsprechung und Literatur

Die öffentlichen Abgaben, seien es Steuern oder nichtsteuerliche Abgaben, haben das Bundesverfassungsgericht, aber auch die anderen Obersten Gerichte, immer wieder beschäftigt. Dabei haben sich sowohl Rechtsprechung als auch Literatur mit Abgaben auseinandergesetzt, die von den Abgabepflichtigen als erdrückend hoch empfunden wurden. In diesem Rahmen hat sich das Bundesverfassungsgericht auch schon mehrfach mit der Frage beschäftigt, ob eine als erdrückend hoch empfundene Abgabe eine erdrosselnde Wirkung ausübt, hat bisher jedoch keine der als erdrosselnd gerügten Abgaben für verfassungswidrig erklärt. Im konkreten Fall wurde die Erdrosselung also immer verneint. Ebenso wurde der Begriff in der Literatur rezipiert, wobei sich die meisten Autoren im Ergebnis weitgehend der Auffassung der Rechtsprechung angeschlossen haben. Auffällig ist, daß sich die Entscheidungen des Bundesverfassungsgerichts, aber auch die Literatur in erster Linie mit der Erdrosselung durch Steuern und in geringem Maße mit der Frage der Erdrosselung durch Gebühren befassen. Hinsichtlich anderer Abgaben wird die Erdrosselung in der Regel nicht in Erwägung gezogen, obgleich sie auch bei nichtsteuerlichen Abgaben denkbar ist.

1. Erdrosselung in der Rechtsprechung

In der Rechtsprechung der Obersten Gerichte finden sich mehrere Urteile und Beschlüsse, die sich - zum Teil zwar nur in Ansätzen - mit der Möglichkeit einer Erdrosselung durch eine Steuer und durch Gebühren beschäftigen.[94] Während sich das Bundesverfassungsgericht mehrfach und eingehend mit dem Problem einer möglichen Erdrosselung durch Steuern auseinandergesetzt hat und anhand von als extrem belastend empfundenen Steuern die Rechtsprechung zur

94 Siehe u.a. BVerfGE 8, 22; BVerfGE 14, 76; BVerfGE 16, 147; BVerfGE 17, 135; BVerfGE 29, 327; BVerfGE 31, 8; BVerfGE 38, 61; BFHE; 160, 61; BFHE 180, 497; BVerwGE 13, 214 (222); BVerwGE 12, 162 (170).

Erdrosselung entwickelt und geprägt hat, ist die Beschäftigung mit erdrosselnden Gebühren eher am Rande erfolgt.[95]

a) Erdrosselung durch Steuergesetze

Grundlegend für den Begriff der Erdrosselung in der Rechtsprechung sind die Urteile des Bundesverfassungsgerichts über die Sonderbesteuerung des Werkfernverkehrs,[96] über das nordrhein-westfälische Vergnügungssteuergesetz[97] und über den sog. „Leberpfennig".[98] In diesen Urteilen prägte das Bundesverfassungsgericht den Begriff der Erdrosselung, ohne die betreffenden Steuern tatsächlich als erdrosselnd einzustufen. Entscheidend für das Vorliegen einer erdrosselnden Steuer ist nach der Rechtsprechung des Bundesverfassungsgerichts, daß die betreffende Steuer die Grenze überschreitet, jenseits derer die Finanzierungsfunktion der Steuer in eine reine Verwaltungsfunktion mit Verbotscharakter umschlägt.[99] Die Steuer müsse, um erdrosselnde Wirkung zu entfalten, ersichtlich darauf angelegt sein, die mit der Steuer belastete Tätigkeit in aller Regel - nicht nur in Einzelfällen - wirtschaftlich unmöglich machen und so dem dem Steuergesetz begrifflich zukommenden Zweck, Steuereinnahmen zu erzielen, vollständig zuwiderlaufen.[100] Die Steuer muß nach dem Bundesverfassungsgericht also gerade nicht nur in Einzelfällen zur Aufgabe der steuerlich belasteten Tätigkeit führen, sondern generell erdrosselnden Charakter aufweisen.[101] Zur Beurteilung der erdrosselnden Wirkung sei dabei die tatsächli-

---

95 Bezüglich von Sonderabgaben ist die Auseinandersetzung mit der Erdrosselung sogar noch geringer, zwar ist einer Sonderabgabe auch schon vorgeworfen worden, sie sei erdrosselnd, das Bundesverfassungsgericht ist in seiner Entscheidung auf diesen Vorwurf jedoch gar nicht eingegangen, weil es ihn als von vornherein als nicht zutreffend ansah: BVerfGE 93, 319 (Wasserpfennig).

96 BVerfGE 16, 147.

97 BVerfGE 31, 8.

98 BVerfGE 38, 61; der Name des Leberpfennigs geht auf den Bundesminister für Verkehr Leber zurück, der diese Steuer einführte.

99 BVerfGE 8, 22; BVerfGE 14, 76 (99); BVerfGE 16, 147 (161); BVerfGE 29, 327 (331); BVerfGE 38, 61 (81).

100 BVerfGE 31, 8 (23); BVerfGE 29, 327 (331); BVerfGE 16, 147 (161); so schon das Preußische Oberverwaltungsgericht, das in diesem Zusammenhang feststellte, daß die Bezeichnung erdrosselnde Steuer ein Widerspruch in sich sei, da es sich bei einem Steuergesetz entweder um eine Steuer handeln müsse, die auf Ertragserzielung oder um eine Maßnahme, die auf die Unterdrückung des Gewerbes gerichtet sei. Träfe letzteres zu, führe die Steuer zu einem Versiegen der Steuerquelle und das Ziel der Ertragserzielung entfiele, PrVerwBl. Bd. 38, S. 116.

101 BVerfGE 16, 147 (165); BVerfGE 31, 8 (19)

che Wirkung der Steuerhöhe ausschlaggebend,[102] wobei diese durch Rentabilitätsberechnungen belegt werden müsse.[103]

Die Rechtsfolge einer erdrosselnden Steuer ist nach dem Bundesverfassungsgericht grundsätzlich die Verfassungswidrigkeit der Steuer, da es sich bei Vorliegen eines solchen Steuergesetzes zum einen um einen verfassungswidrigen Formenmißbrauch handele, zum anderen eine solche Steuer gegen Grundrechte und das Übermaßverbot verstoße.[104] Anders als sonst bei Steuergesetzen,[105] die das Bundesverfassungsgericht grundsätzlich nicht an Art. 14 Abs. 1 GG mißt, nimmt es beim Vorliegen einer erdrosselnden Steuer einen Eingriff in den Schutzbereich des Grundrechts auf Eigentum an, da die Intensität des Eingriffs ausreichend sei, um den Schutzbereich des Art. 14 Abs. 1 GG zu eröffnen.[106]

Grundsätzlich weichen die anderen Obersten Gerichte nicht von der Rechtsprechung des Bundesverfassungsgerichts bezüglich der Voraussetzungen und der Rechtsfolgen der erdrosselnden Steuern ab. Das Bundesverwaltungsgericht hat allerdings im Urteil über die Kasseler Verpackungssteuer[107] die Möglichkeit in Erwägung gezogen, daß neben der finanzverfassungsrechtlichen Kompetenz eine Sachregelungskompetenz erforderlich sei, wenn ein Steuergesetz in eine reine Verwaltungsfunktion mit Verbotscharakter umschlägt und - unter Mißbrauch der Form - in Wahrheit ausschließlich die entsprechende Sachregelung und nicht mehr die Erzielung von Einnahmen bezweckt.[108] Darüber hinaus hat es eine Sachregelungskompetenz für notwendig erachtet, wenn eine Steuer noch nicht in eine reine Verwaltungsfunktion mit Verbotscharakter umgeschlagen ist, sich also unterhalb dieser Schwelle bewegt, trotzdem aber in ihrer Wirkung einem unmittelbaren, gezielten und sachlichen Verbot gleichkommt.[109] Mit diesen Überlegungen hat das Bundesverwaltungsgericht zwar die Verfassungswidrig-

---

102 BVerfGE 31, 8 (23).

103 BVerfGE 31, 8 (17); BFHE 160, 61; BFHE 180, 497; Beschluß des FG Hamburg vom 27.09.2001, Az: VII 73/01.

104 BVerfGE 38, 61 (81); BVerfGE 14, 76 (99); BVerfGE 16, 147 (161); BVerfGE 29, 327 (331).

105 Siehe u.a. BVerfGE 13, 221 (241); BVerfGE 70, 219 (230); BVerfGE 75, 108 (154).

106 BVerfGE 38, 61 (102).

107 BVerwGE 96, 272; das Bundesverwaltungsgericht hat die Verpackungssteuer der Stadt Kassel als zulässig erachtet, da die Stadt keiner weiteren Steuerkompetenz bedürfe. Im Urteil BVerfGE 98, 106 hat das Bundesverfassungsgericht das Urteil des Bundesverwaltungsgerichts hinsichtlich der zusätzlichen Sachkompetenz zwar bestätigt, das Gesamtergebnis hingegen nicht. Das Bundesverfassungsgericht hat die Kasseler Verpackungssteuer aufgrund des Gebots der Widerspruchsfreiheit der Gesetzgebung für verfassungswidrig erklärt.

108 BVerwGE 96, 272 (288).

109 BVerwGE 96, 272 (290).

keit einer erdrosselnden Steuer nicht in Frage gestellt, aber erstmalig in Erwägung gezogen, daß eine Erdrosselung auch bereits dann vorliegen kann, wenn die Steuer noch Ertragsrelevanz aufweist; offen bleibt in diesem Zusammenhang, ob das Bundesverwaltungsgericht eine erdrosselnde Steuer mit Ertragsrelevanz für verfassungsrechtlich zulässig erachtet.

b) Erdrosselung durch Gebühren

Obwohl auch bezüglich von Gebühren immer wieder der Vorwurf erhoben worden ist und wird, daß ihre Höhe unangemessen und unverhältnismäßig sei,[110] ist die Frage der Erdrosselung nur sehr kurz unter Heranziehung der Rechtsprechung des Bundesverfassungsgerichts zu erdrosselnden Steuern für die in Frage stehende Gebühr verneint worden. So hat das Bundesverwaltungsgericht festgestellt, daß von einer Erdrosselung nur zu sprechen sein wird, wenn eine Gebühr - vergleichbar einer Erdrosselungssteuer - erdrosselnden Charakter hat, sie also einen bestimmten Wirtschaftszweig an die Grenze des Ruins bringt und damit prohibitiv wirkt. Für eine solche Wirkung fehlte es im vom Bundesverwaltungsgericht entschiedenen Fall aber an Feststellungen im Berufungsurteil.[111] Angedeutet wird die Möglichkeit der Erdrosselung durch Gebühren auch in anderen Urteilen des Bundesverwaltungsgerichts, wobei in diesen Urteilen nicht von einer möglichen Erdrosselung gesprochen wird, sondern lediglich von einer Gebührenhöhe, die geeignet ist, den Betroffenen von der Beantragung der Amtshandlung abzuschrecken,[112] oder die zu einer ins Gewicht fallenden Verminderung des Gewinns führen könnte.[113] Eine darüber hinausgehende Auseinandersetzung mit der erdrosselnden Gebühr hat nicht stattgefunden.

2. Erdrosselung in der Literatur

Die herrschende Meinung in der Literatur schließt sich der des Bundesverfassungsgerichts an und erachtet eine Erdrosselung als verfassungswidrig.[114]

---

110 Siehe auch die jüngere Diskussion um die Verhältnismäßigkeit der Gebühren nach § 10 Umweltinformationsgesetz (UIG). Gegen die Angemessenheit: *Schomerus, in:* Schomerus/Schrader, HK-UIG, 2. Aufl., § 10, Rn. 7; *Wegener,* ZUR 2001, 93 (99); *Thuriaux*, UIG, 1995, § 10, Rn. 22; *Fluck/Theuer,* UIR, 1997, § 10, Rn. 35; für die Angemessenheit: *Röger,* UIG, § 10, Rn. 22ff oder die Diskussion über Studiengebühren für Studenten, die die Regelstudienzeit um vier Semester überschreiten, wobei das BVerwG die Höhe als angemessen und verhältnismäßig angesehen hat, BVerwGE 115, 33 (44).

111 BVerwGE 26, 305 (311).

112 BVerwGE 13, 214 (222).

113 BVerwGE 12, 162 (170).

114 Für viele andere *Jachmann,* StuW 1996, 97 (100); *Hettlage,* DÖV 1955, 752; *Schuhmacher,* NJW 1951, 53 (56); *Flume,* in: Festschrift für Smend, S. 59 (62); *von Arnim,* VVDStRL 39, 286 (312); *Friauf,* Verfassungsrechtliche Grenzen der Wirt-

Lediglich vereinzelt wird die Möglichkeit der Verfassungsmäßigkeit der erdrosselnden Steuer in Betracht gezogen.[115] Obgleich innerhalb der Literatur unterschiedliche Ansichten zum Begriff der Erdrosselung vertreten werden, konzentriert sich auch hier die Auseinandersetzung mit der Erdrosselung in erster Linie auf Steuern.[116]

a) Erdrosselnde Steuern ohne Ertragsrelevanz

Hinsichtlich des Begriffs der erdrosselnden Steuer und ihrer Verfassungswidrigkeit folgt die Literatur der Ansicht der Rechtsprechung. Erdrosselnde Steuern seien solche, die dem Bürger den sinnvollen Gebrauch seiner persönlichen Freiheit unmöglichen machen sollen. Ihr Kennzeichen sei, daß der Gesetzgeber mit ihnen keine Einnahmen erzielen, sondern ein Verhalten, welches er nicht offen verbieten könne oder wolle, durch die steuerliche Belastung unterbinden wolle.[117] Sie seien ein Problem der Lenkungssteuern und grundsätzlich verfassungswidrig. Elementares Merkmal der Steuer sei die Einnahmeerzielung zur Erfüllung des Finanzbedarfs des Staates. Daher könne eine Abgabe, deren wirtschaftspolitischer oder sozialer Zweck die Einnahmeerzielung vollständig überlagere, keine Steuer mehr sein.[118]

---

schaftslenkung und Sozialgestaltung durch Steuergesetze, S. 17; *Mußgnug,* JZ 1991, 993 (994).

115 *Kloepfer/Malorny,* JA 1976, 41 (45); *Kloepfer,* AöR 97 (1972), 255, FN 105; *Sendler,* DÖV 1974, 217 (224, 225), der zwar ebenfalls von der Unzulässigkeit einer erdrosselnden Abgabe ausgeht, eine abschreckend hohe und drosselnde Abgabe jedenfalls dann für zulässig hält, wenn der Gesetzgeber stattdessen auch ein Verbot erlassen könnte. Eine grundsätzlich erlaubte Tätigkeit dürfe dagegen nicht mit einer erdrosselnden Abgabe belegt werden; zur kompetenzrechtlichen Problematik: *Pestalozza,* „Formenmißbrauch" des Staates, S. 39; *Jarass,* Nichtsteuerliche Abgaben und lenkende Steuern unter dem Grundgesetz, S. 14.

116 Wobei die für die erdrosselnden Steuern aufgestellten Grundsätzen zum Teil auch auf andere Abgaben übertragen werden; so z.B. *Sendler,* DÖV 1974, 217 (224); der drosselnde Gebühren in Erwägung zieht.

117 *Jachmann,* StuW 1996, 97 (100); *dies.*, Verfassungsrechtliche Grenzen der Besteuerung, S. 34; *Schuhmacher,* NJW 1951, 53 (56); *Flume,* in: Festschrift für Smend, S. 59 (62); *von Arnim,* VVDStRL 39, 286 (312); *Friauf,* Verfassungsrechtliche Grenzen der Wirtschaftslenkung und Sozialgestaltung durch Steuergesetze, S. 17; *Mußgnug,* JZ 1991, 993 (994).

118 *Friauf,* Verfassungsrechtliche Grenzen der Wirtschaftslenkung und Sozialgestaltung durch Steuergesetze, S. 17; *Jachmann,* StuW 1996, 97 (100); *Hettlage,* DÖV 1955, 752; *ders,* VVDStRl 14 (1956), 2 (15); *Schuhmacher,* NJW 1951, 53 (56); *Flume,* in: Festschrift für Smend, S. 59 (62); *von Arnim,* VVDStRL 39, 286 (312); *Trzaskalik,* Inwieweit ist die Verfolgung ökonomischer, ökologischer und anderer öffentlicher Zwecke durch Instrumente des Abgabenrechts zu empfehlen?; Gutachten E für den 63. Deutschen Juristentag, S. E 35; *Mußgnug,* JZ 1991, 993 (994); *Gosch,* StuW 1990, 201 (207); einige Autoren belassen es auch bei dem pauschalen Hinweis auf die ständige

b) Konfiskatorische Steuern

Anders als das Bundesverfassungsgericht, das beide Begriffe synonym gebraucht,[119] differenziert ein Teil der Literatur zwischen konfiskatorischen Steuern und Erdrosselungssteuern. In Abgrenzung zu den erdrosselnden Steuern, welche als Einzelphänomen in der Regel bei indirekten Steuern („Steuern auf spezielle Güter“[120] oder Verbrauchs- und Verkehrssteuern[121]) auftauchten, wird unter einer konfiskatorischen Steuer überwiegend eine solche verstanden, welche die Substanz des Steuergegenstandes weitgehend aufzehrt und die Vermögensverhältnisse der Steuerpflichtigen nachhaltig erschüttert. Konfiskatorische Steuern beträfen das gesamte Steuerrecht und die zunehmende Steuerlast der Bürger.[122] Zum Teil wird der Begriff der konfiskatorischen Steuer auch als eine entschädigungslose Enteignung angesehen. Die Tatsache, daß die Steuer nicht direkt auf das private Eigentum zugreift, sei unbeachtlich, da es sich um eine „kalte Enteignung“ handele, die das Instrument der Steuer lediglich mißbrauche.[123] Eine solche sei dann gegeben, wenn sie dem Steuerschuldner die Mittel für ein Leben und Wirtschaften in freier Selbstbestimmung entziehe.[124]

Rechtsprechung des Bundesverfassungsgerichts über die Verfassungswidrigkeit erdrosselnder Steuern: So z.B. *Konrad,* DÖV 1999, 12 (13); *F. Kirchhof,* DVBl. 2000, 1166 (1170); *Köck,* JZ 1991, 692 (695).

119 Vgl. BVerfGE 63, 312 (333); BVerfGE 63, 343 (368): „Art. 14 GG schützt jedenfalls vor erdrosselnden, konfiskatorischen Steuern, die den Betroffenen übermäßig belasten und seine Vermögensverhältnisse grundlegend beeinträchtigen.“

120 *Hansmeyer* mit *Caesar, Koths, Siedenberg,* Steuern auf spezielle Güter, in: Fritz Neuwerk (Hrsg.), Handbuch der Finanzwissenschaft, Band II, S. 709, verwenden den Begriff der Steuern auf spezielle Güter, obwohl er im deutschen Sprachraum eher unüblich ist. Mit diesem Begriff versuchen die Autoren, den bekannten Begriff der Verbrauchssteuern abzulösen, da dieser inzwischen eine zu große Gruppe von Steuern umfasse. Früher seien Verbrauchssteuern Zucker-, Salz-, Branntwein-, Bier- und Tabaksteuern gewesen, die eindeutig den Konsumenten treffen sollten. Inzwischen werden auch Produktionsmittel oder Kraft- und Heizöle durch „Verbrauchssteuern“ besteuert. Der Begriff der Steuern auf spezielle Güter sei weiter und umfasse auch Steuern, die an spezielle Güter, Dienste oder Rechte anknüpfen, und zwar zumindest an ihre Produktion und ihren Verkauf, aber auch an ihren Gebrauch.

121 Siehe dazu auch *Tipke/Lang,* Steuerrecht, 17. Aufl, § 8 Rn. 22ff.

122 *Friauf,* Verfassungsrechtliche Grenzen der Wirtschaftslenkung und Sozialgestaltung durch Steuergesetze, S. 41.

123 *Mußgnug,* JZ 1991, 993 (993); so auch *von der Heydte,* in: Kruse (Hrsg.), Festschrift für Paulick, S. 267 (274).

124 *Mußgnug,* JZ 1991, 993 (994).

c) Erdrosselnde Steuern mit Ertragsrelevanz

Während das Bundesverfassungsgericht und die h.M. in der Literatur den Begriff der Erdrosselung an die Grenze anknüpfen, an der die Steuer ihre Finanzierungsfunktion verliert und in eine reine Verwaltungsfunktion umschlägt, geht ein Teil der Literatur davon aus, daß von einer Steuer auch dann eine erdrosselnde Wirkung ausgehen kann, wenn ein Ertragsaufkommen vorhanden ist.[125] Das soll dann der Fall sein, wenn die Steuer ein privatwirtschaftliches Handeln in einem solchen Maße trifft, daß seine Ausübung nicht mehr sinnvoll erscheint, ohne daß der Steuer gleichzeitig die Ertragswirksamkeit abzusprechen wäre.[126] Dieser Auffassung folgend liegt eine erdrosselnde Steuer also nicht nur dann vor, wenn sie so hoch ist, daß sie keine Ertragsrelevanz mehr aufweist und daher mangels Finanzierungsfunktion schon aus formellen Gründen keine Steuer mehr sein kann, sondern gerade auch dann, wenn durch die Steuer ein im Ergebnis nicht hinnehmbarer Eingriff in Freiheitsrechte vorliegt, obwohl die Steuer noch auf Einnahmeerzielung gerichtet ist.[127] Dabei wird eine pauschale Grenze, bei deren Erreichen eine Steuer in eine verfassungswidrige, erdrosselnde Steuer umschlägt, ebenso abgelehnt, wie die Beschränkung auf den allgemeinen Hinweis der Erdrosselung zur Begründung der Verfassungswidrigkeit. Vielmehr müsse das Steuergesetz einer den allgemeinen Grundsätzen folgenden Prüfung unterzogen werden. Erst wenn ein Grundrechtseingriff festgestellt wird und dieser nicht zu rechtfertigen ist, könne von der Verfassungswidrigkeit der Steuer gesprochen werden.[128]

d) Positivere Bewertung der erdrosselnden Steuer

Wird die Erdrosselung überwiegend als verfassungswidrig angesehen, so gibt es doch einige wenige Stimmen, die zumindest von der Zulässigkeit einer Drosse-

125 *Gosch,* StuW 1990, 201 (207), der zwischen Lenkungssteuern, bei denen eine fiskalische Zielsetzung selbst in der Form eines nur untergeordneten Nebenzwecks fehlt, die also ohne jede Ertragsrelevanz sind, und prohibitiv wirkenden Erdrosselungssteuern, die ersichtlich darauf aus sind, die Erfüllung des steuerlichen Tatbestandes unmöglich zu machen, differenziert.

126 *Jachmann,* Verfassungsrechtliche Grenzen der Besteuerung, S. 35.

127 *Jachmann,* Verfassungsrechtliche Grenzen der Besteuerung, S. 36.

128 *Jachmann,* Verfassungsrechtliche Grenzen der Besteuerung, S. 34.

lung durch Abgaben ausgehen,[129] zum Teil sogar von der Zulässigkeit einer Erdrosselung.[130]

Die zurückhaltende Ansicht geht mit dem Bundesverfassungsgericht davon aus, daß eine Abgabe verfassungswidrig ist, wenn sie dem ihr begrifflich zukommenden Zweck der Einnahmeerzielung zuwiderläuft, indem die Abgabe sichtlich darauf ausgelegt ist, die Erfüllung des Abgabentatbestandes unmöglich zu machen.[131] Freilich bedeute dies nicht, daß abschreckende, also drosselnde Abgabensätze ebenfalls unzulässig sind. Wäre dies so, könnte das Lenkungsinstrument der Abgabe nicht greifen, da eine niedrige Abgabe den Betroffenen nicht von seinem Tun abhalten könnte. Eine Abschreckung und Drosselung durch Abgaben sei mithin zulässig, wenn die Abgabe nicht darauf zielt, ein grundrechtlich geschütztes Verhalten zu unterbinden. Voraussetzung für die Drosselung nach dieser Ansicht ist folglich die grundsätzliche Möglichkeit, den Tatbestand, an den die Abgabe anknüpft, auch mit einem ordnungsrechtlichen Verbot zu belegen. Erscheint es dann dem Gesetzgeber nicht opportun, ein Verbot oder Gebot zu erlassen, steht es ihm frei, eine abgabenrechtliche Drosselung herbeizuführen, bei der die Abgabensätze naturgemäß hoch sein müssen.[132]

Weitergehend ist dagegen die Ansicht, nach der erdrosselnde Abgaben ihren Sinn optimal erfüllen, wenn sie überhaupt keine Ertragsrelevanz aufweisen, da sie durch die Auferlegung einer hohen Abgabenverpflichtung die Erfüllung des Abgabentatbestandes gerade wirtschaftlich unmöglich machen wollen.[133] Für die Feststellung, ob eine erdrosselnde Abgabe vorliegt, soll es nicht darauf ankommen, ob sie gegenüber einem einzelnen Steuerpflichtigen erdrosselnde Wirkung entfaltet, sondern darauf, ob die Steuerpflichtigen unter normalen Umständen im Durchschnitt in der Lage sind, die Steuer zu tragen.[134] Sind die

---

129 *Sendler,* DÖV 1974, 217 (224, 225); *Söhn,* in: Burmeister (Hrsg.), Festschrift für Stern, S. 587 (590); zum kompetenzrechtlichen Problem: *Pestalozza,* „Formenmißbrauch" des Staates, S. 39; *Jarass,* Nichtsteuerliche Abgaben und lenkende Steuern unter dem Grundgesetz, S.14.

130 *Kloepfer/Malorny,* JA 1976, 41 (45); *Kloepfer,* AöR 97 (1972), 255, Fn. 105, hier beschränkt Kloepfer die Zulässigkeit einer Erdrosselung auf Fälle, in denen der Abschreckungszweck legitim und erwünscht ist und in Hinblick auf die Prohibitivwirkung gerade nicht überhöht erscheint.

131 *Sendler,* DÖV 1974, 217 (224); wobei *Sendler* sich hier ausdrücklich nicht nur auf Steuern, sondern gerade auf drosselnde Gebühren bezieht.

132 *Sendler,* DÖV 1974, 217 (224).

133 Siehe dazu auch den sehr frühen Ansatz von *Poschmann,* Finanzarchiv n. F. 13 (1951/52), 615, die Ordnungssteuern als Mittel zur Veränderung ohne jede Finanzierungsfunktion für zulässig erachtet, ohne jedoch auf rechtsstaatliche und freiheitsrechtliche Bedenken gegen solche Steuern einzugehen.

134 So auch BVerfGE 16, 147 (187).

Steuerpflichtigen wegen der erdrosselnden Wirkung der Steuer wirtschaftlich nicht in der Lage, die Steuer zu tragen, bedeutet dies freilich nicht automatisch deren Verfassungswidrigkeit: Könnte die verhinderte Handlung verboten werden, sei auch eine Abgabe mit verbotsgleicher Wirkung zulässig.[135] Freilich sei eine Steuer, die ihre Quelle abschnüre, keine Steuer; dies hindere den Gesetzgeber aber nicht, das vermeintliche Steuergesetz auf eine andere kompetenzrechtliche Grundlage zu stellen.[136] Ein solches Vorgehen sei weder rechtsstaatlich unerträglich noch ein verfassungswidriger Formenmißbrauch.[137]

3. Zusammenfassung

In der Rechtsprechung des Bundesverfassungsgerichts ist der Begriff der Erdrosselung anhand von besonders hohen Steuertatbeständen geprägt worden. Diese Rechtsprechung hat das Bundesverwaltungsgericht zum Teil auch auf Gebührentatbestände angewandt, ohne dem Begriff eine eigene Prägung zu geben. Die Literatur hat sich mit dem Problem der Erdrosselung überwiegend am Beispiel der erdrosselnden Steuer auseinandergesetzt, wobei sich die herrschende Meinung der Rechtsprechung angeschlossen hat. Danach liegt eine erdrosselnde Steuer oder Gebühr dann vor, wenn sie so hoch ist, daß ihre Entrichtung wirtschaftlich unmöglich ist und kein Ertragsaufkommen mehr erzielt wird. Nach der Rechtsprechung ist somit die Rechtsfolge der Erdrosselung grundsätzlich die Verfassungswidrigkeit. Ausdrücklich erwogen hat die Rechtsprechung diese Rechtsfolge sowohl für Steuern als auch für Gebühren, andere Abgabenformen aber nicht ausgeschlossen. Hergeleitet wurde die Verfassungswidrigkeit allerdings nur am Beispiel von erdrosselnd wirkenden Steuergesetzen, während für die Gebühren lediglich auf die betreffende steuerrechtliche Rechtsprechung verwiesen wurde. Nach dem Bundesverfassungsgericht ist ein erdrosselndes Steuergesetz verfassungswidrig, weil es einen verfassungswidrigen Formenmißbrauch darstellt und in unverhältnismäßiger Weise in Grundrechte eingreift. Nur Teile der Literatur sehen den Tatbestand der Erdrosselung bereits dann erfüllt, wenn eine Steuer zwar noch Ertragsrelevanz aufweist, trotzdem aber so hoch ist, daß eine sinnvolle wirtschaftliche Erfüllung der Steu-

---

135 *Kloepfer/Malorny,* JA 1976, (41) 45; so im Ergebnis auch *Pestalozza,* „Formenmißbrauch" des Staates, S. 18, Fn. 75; *P. Kirchhof,* der die Zulässigkeit einer erdrosselnden Steuer ablehnt, schließt hingegen die Möglichkeit eines Sondersteuersatzes mit dem Ziel einer verdrängenden Übersteuerung verfassungsrechtlich nicht aus, wenn ein generelles Verbot verfassungsrechtlich Bestand hätte und dieses Verbot in Form der Abgabenlast eine schonendere Wirkung entfaltet, vgl. *P. Kirchhof,* in: Paul Kirchhof (Hrsg.), Umweltschutz im Abgaben und Steuerrecht, DStJG 15 (1993), S. 3 (11).

136 *Pestalozza,* „Formenmißbrauch" des Staates, S. 40; *Jarass,* Nichtsteuerliche Abgaben und lenkende Steuern unter dem Grundgesetz, S. 7 und S. 14.

137 *Pestalozza,* „Formenmißbrauch" des Staates, S. 18, Fn. 75; *Jarass,* Nichtsteuerliche Abgaben und lenkende Steuern unter dem Grundgesetz, S. 15.

erpflicht kaum noch möglich ist. Wann eine solche erdrosselnde Steuer mit Ertragsrelevanz vorliegt, ist nach dieser Ansicht im Einzelfall anhand einer umfassenden Verhältnismäßigkeitsprüfung zu untersuchen. Erst wenn ausdrücklich festgestellt wird, daß die Steuer gegen die Verfassung verstößt, kann von einer verfassungswidrigen Steuer gesprochen werden.

B. Eigener Begriff der Erdrosselung

Der Begriff der Erdrosselung, der dieser Untersuchung zugrunde liegt, baut auf dem in Rechtsprechung und Literatur entwickelten Erdrosselungsbegriff auf, geht aber sowohl inhaltlich als auch in seiner Anwendung über diesen hinaus.

1. Abgabenübergreifendes Phänomen

Diese Ausweitung des Begriffs folgt daraus, daß die weitgehende Beschränkung des Begriffs der Erdrosselung auf Steuern und Gebühren zu eng ist. Gerade im Zusammenhang mit den neueren Sonderabgaben, aber auch mit den neuen Abgabenarten wie den Lizenzentgelten erscheint eine erdrosselnde Wirkung möglich und muß demzufolge auch in der Begriffsbildung berücksichtigt werden.

Die bisherige Konzentration der Rechtsprechung und Literatur auf potentiell erdrosselnde Steuergesetze beruht zum einen darauf, daß bezüglich der Sonderabgaben zunächst die Frage ihrer grundsätzlichen Zulässigkeit zu klären war und gerade nicht ihre Höhe im Vordergrund der Diskussion um diese Abgabenform stand. Bei den Vorzugslasten wird eine extreme Höhe der Abgabe wenigstens zum Teil durch die Gegenleistung kompensiert, die der Abgabenzahlung des betroffenen Bürgers gegenübersteht. Schließlich führt die eigentliche Definition selbst zu einer Konzentration auf die Steuer, weil das Bundesverfassungsgericht den Tatbestand der Erdrosselung an das steuerliche Ertragsaufkommen knüpft. Die Übertragung dieses Tatbestandsmerkmals ist auf andere Abgabenarten nicht ohne weiteres möglich. Diese Reduktion auf die Steuern greift zu kurz: Jede Abgabe kann grundsätzlich vom Gesetzgeber so ausgestaltet werden, daß die Erfüllung der Abgabenpflicht für die Betroffenen wirtschaftlich unmöglich oder zumindest sehr schwer zu erfüllen ist. Daher ist eine erdrosselnde Wirkung bei allen Abgaben möglich und zu untersuchen.

2. Abkehr von der Ertragsrelevanz

Darüber hinaus ist die Anknüpfung des Erdrosselungstatbestands an die Ertragsrelevanz nicht geeignet, die erdrosselnde Wirkung einer Abgabe zu erfassen. Freilich ist dies nicht das einzige Tatbestandsmerkmal des Erdrosselungsbegriffs von Rechtsprechung und Literatur, doch werden gerade Steuern nach diesem Tatbestandsmerkmal als nicht erdrosselnde, wohl aber hohe und mithin verfassungsgemäße Steuern abgegrenzt. Dabei wird jedoch außer acht gelassen, daß Abgaben wie z.B. die Lenkungssonderabgabe gerade nicht darauf angelegt sind, einen Ertrag zu erwirtschaften. Bei derartigen Abgaben müßte nach bisherigem Verständnis der Tatbestand der Erdrosselung immer dann erfüllt sein, wenn die Lenkungssonderabgabe ihren Sinn vollständig erfüllt, freilich ohne daß diese gezielt als erdrosselnde Lenkungssonderabgabe erhoben worden wäre. Bei Abgaben, deren Sinn gerade nicht in der Erzielung eines Ertragsaufkommens liegt, ist die Ertragsrelevanz somit kein taugliches Abgrenzungskriterium. Darüber hinaus geht aber auch die Annahme fehl, die erdrosselnde Wirkung einer Abgabe entfalte sich erst bei der absoluten Grenze der Ertragsrelevanz; vielmehr vermag eine Abgabe auch schon dann erdrosselnde, nämlich die Verwirklichung des Abgabentatbestands wirtschaftlich verhindernde, mithin verbotsgleiche Wirkung zu entfalten, wenn noch einige der Abgabenpflichtigen in der Lage und willens sind, die Abgabe zu entrichten.

Die Abkehr vom Merkmal der fehlenden Ertragsrelevanz bedeutet, daß die Erdrosselung für jede Abgabe im Einzelfall festgestellt werden muß. Ein Indiz für das Vorliegen einer erdrosselnden Wirkung sind die wirtschaftlichen Auswirkungen der Abgabe; also die Feststellung, inwieweit das mit der Abgabe belegte Verhalten noch wirtschaftlich sinnvoll ausgeübt werden kann. Um die erdrosselnde Wirkung festzustellen, ist zum einen auf die auch nach der Entrichtung der Steuer verbleibende Rentabilität der Tätigkeit abzustellen. Zum anderen kann die Ertragsrelevanz als Indiz dienen, wobei diese nicht alleiniges Merkmal für wirtschaftliche Unfähigkeit sein kann, die Steuer zu entrichten.

3. Generelle Betrachtungsweise

Nach dieser Definition der Erdrosselung soll es zudem nicht auf eine individuelle Komponente ankommen, sondern auf die generell erdrosselnde Wirkung der Abgabe. Dieser generalisierende Ansatz ist zu wählen, weil eine Abgabe nicht allein deshalb als erdrosselnd eingestuft werden darf, wenn nur wenige Betroffene sie aus wirtschaftlichen Gründen nicht mehr entrichten können. Die von der Abgabe ausgehende erdrosselnde Wirkung muß in ihr selbst angelegt sein und grundsätzlich auf alle Abgabepflichtigen wirken, nicht nur auf einige wenige.

4. Finalität

Schließlich enthält der hier zugrunde gelegte Begriff der Erdrosselung ein finales Element. Die erdrosselnde Abgabe muß ziel- und zweckgerichtet erhoben werden, um eine verbotsgleiche Wirkung zu erzeugen. Auf eine nicht zielgerichtete, zufällige wirtschaftliche Unmöglichmachung durch eine besonders hohe Abgabe soll es dagegen nicht ankommen. Eine zufällige wirtschaftliche Unmöglichmachung der Ausübung des Abgabentatbestands durch eine Abgabe ist somit gerade nicht erdrosselnd. Das mag zwar zunächst unbillig erscheinen, weil es auch bei unvorhergesehenen Wirkungen der Abgabe zu erdrosselnden Effekten kommen kann. Doch soll vorliegend gerade die Nutzung der erdrosselnden Abgaben als staatliches Interventionsinstrument untersucht werden; einem solchen Instrument ist ein finales Element wesensimmanent. Darüber hinaus ist eine wirtschaftliche Unmöglichmachung der Erfüllung des Abgabentatbestands, der nicht final zur Lenkung des Verhaltens eingesetzt wird, kaum vorstellbar. Eine Abgabe, deren vorrangiger Zweck nicht in der Lenkung, sondern in der Einnahmeerzielung liegt, wird nicht so hoch angesetzt werden, daß sie unvorhergesehen erdrosselnde Wirkung auf alle Abgabepflichtigen ausübt, weil das dem Ziel der Abgabe widerspräche.

5. Ergebnis

Nach dem hier zugrundegelegten Begriff ist Erdrosselung somit grundsätzlich bei allen Abgabenformen denkbar. Sie liegt vor, wenn das mit der Abgabe belastete Verhalten durch die Höhe der Abgabe für die Abgabepflichtigen generell wirtschaftlich unmöglich gemacht wird. Dabei muß die verbotsgleiche Wirkung durch die Abgabe bezweckt sein; eine zufällige verbotsgleiche Wirkung reicht nicht aus. Für den Tatbestand der Erdrosselung kommt es dagegen nicht auf die Ertragsrelevanz an; somit ist es gleichgültig, ob die Abgabe noch einen Ertrag erzielt. Die Frage der Erdrosselung ist somit nicht pauschal an der Grenze der Ertragsrelevanz festzumachen, sondern muß für jede Abgabe in einer die dargestellten Kriterien berücksichtigenden Gesamtschau geprüft werden. Um den Unterschied zu dem von der Rechtsprechung und dem überwiegenden Teil der Literatur verwandten Begriff deutlich zu machen, könnte man statt von „erdrosselnden Abgaben“ von „prohibitiven Abgaben“ sprechen. Allerdings soll in dieser Arbeit gerade kein neuer, neben den bisher gebrauchten Begriff tretender Terminus eingeführt werden, sondern eine begriffliche Neubestimmung der Erdrosselung stattfinden, um zu zeigen, daß erdrosselnde Abgaben als staatliches Interventionsinstrument in verfassungskonformer Weise vom Gesetzgeber eingesetzt werden können.

IV. Verfassungsmäßigkeit erdrosselnder Abgaben

Fraglich ist nun, ob der Rechtsprechung und weiten Teilen der Literatur zu folgen ist, daß erdrosselnde Abgaben als verfassungswidrig eingestuft werden müssen, oder ob erdrosselnde Abgaben verfassungsgemäß sein können. Dabei sollen in erster Linie die Steuern als diejenige Abgabenform, die überwiegend als erdrosselnd empfunden wurde, aber auch die anderen Abgabenformen, auf ihre Verfassungsmäßigkeit untersucht werden.

A. Erdrosselnde Steuern

Erdrosselnde Steuern werden nicht als eigene Abgabenart definiert, sondern als Steuern i.S.d. verfassungsrechtlichen Steuerbegriffs, so daß sie nur dann als Steuer verfassungsrechtlich zulässig sein können, wenn sie die Merkmale des Steuerbegriffs erfüllen. Der verfassungsrechtliche Steuerbegriff, der auf den traditionellen, vornehmlich finanzwissenschaftlich geprägten Steuerbegriff des heutigen § 3 Abs. 1 AO (Abgabenordnung) zurückgreift,[138] definiert eine Steuer als eine einmalige oder laufende Geldleistung, die von einem öffentlich - rechtlichen Gemeinwesen hoheitlich auferlegt wird. Sie darf nicht für eine besondere Gegenleistung erhoben werden, und durch sie sollen Einnahmen erzielt werden, die Steuer muß Ertragsrelevanz aufweisen. Darüber hinaus darf eine erdrosselnde Steuer nicht gegen die Freiheitsgrundrechte aus Art. 14 Abs. 1 GG und Art. 12 Abs. 1 GG verstoßen und muß der Steuergerechtigkeit genügen, die aus Art. 3 Abs. 1 GG hergeleitet wird. Zudem darf der Einsatz einer solchen Steuer keinen unzulässigen Formenmißbrauch darstellen und ebenfalls nicht die Kompetenzverteilung des Grundgesetzes unterlaufen.

1. Erdrosselnde Steuern und Grundrechte

Zunächst soll untersucht werden, ob eine erdrosselnde Steuer mit den Grundrechten in Einklang steht. Steuerrechtlichen Individualschutz gewähren unabhängig von einer möglichen erdrosselnden Wirkung unstreitig Art. 12 Abs. 1 GG und Art. 3 Abs. 1 GG; wobei Art. 3 Abs. 1 GG insbesondere die Steuerge-

138 BVerfGE 3, 407 (435); BVerfGE 7, 244 (251); BVerfGE 29, 402 (408); BVerfGE 36, 66 (79); BVerfGE 38, 61 (79); BVerfGE 49, 343 (353); BVerfGE 67, 256 (282); *Maunz*, in: Maunz/Dürig, Kommentar zum Grundgesetz, Art. 105, Rn. 2; *Spanner*, StuW 1970, 379; *Stern*, Das Staatsrecht der Bundesrepublik Deutschland, Band II, § 46, S. 1097; *Knies*, Steuerzweck und Steuerbegriff, S. 1; für eine stärkere Trennung zwischen dem traditionellen und dem verfassungsrechtlichen Steuerbegriff: *Siekmann*, in: Sachs (Hrsg.), Kommentar zum Grundgesetz, Vor Art. 104 a, Rn. 42.

rechtigkeit und Lastengleichheit herzustellen sucht. Umstritten ist dagegen, ob auch Art. 14 Abs. 1 GG den Bürger vor Steuerbelastung schützt oder ob diese Funktion von Art. 2 Abs. 1 GG ausgefüllt werden muß. Zunächst soll daher überprüft werden, ob der Schutzbereich des Art. 14 Abs. 1 eröffnet ist und inwieweit seine Schutzwirkung den Bürger vor einer steuerlichen Belastung zu schützen vermag.

a) Freiheitsgrundrechte

(1) Art.14 Abs. 1 GG

aa) Eröffnung des Schutzbereichs des Art. 14 Abs. 1 GG

Dem Wortlaut nach gewährleistet Art. 14 Abs. 1 GG den Schutz des Eigentums. Ob damit jedoch auch das Vermögen geschützt ist, geht zumindest aus dem Wortlaut des Grundgesetzes nicht hervor. Die Einbeziehung des Vermögens in den Schutzbereich des Art. 14 Abs. 1 GG ist aber von großer Bedeutung für die vorliegende Frage, da der Bürger nur dann durch Art. 14 Abs. 1 GG vor steuerlicher Belastung geschützt werden könnte, wenn auch das Vermögen einbezogen wäre. Die Frage ist in Literatur und Rechtsprechung äußerst umstritten und wegen des allgemein gehaltenen Wortlauts nur durch Auslegung zu klären.

α) Restriktive Auslegung des Schutzbereichs von Art. 14 Abs. 1 GG

Das Bundesverfassungsgericht und auch gewichtige Stimmen der Literatur[139] gingen lange Zeit davon aus, daß Art. 14 Abs. 1 GG das Vermögen gegen Eingriffe durch Auferlegung von Geldleistungspflichten nicht schützt,[140] da „Eigentum“ im Sinne des Art. 14 Abs. 1 GG nicht das gesamte Vermögen des einzelnen Bürgers als seine gesamte wirtschaftliche Potenz in den Schutz einbezieht, sondern nur die vermögenswerten Rechtspositionen, also das subjektive Vermögensrecht.[141]

---

139 *Hettlage,* VVDStRL 14 (1956), 1 (4ff.); *Forsthoff,* VVDStRL 12 (1954), 8 (32); *ders.* NJW 1955, 1249 (1250); aus jüngerer Zeit: *Wieland,* in: Dreier (Hrsg.), Grundgesetz Kommentar, Bd. I, Art. 14, Rn. 48; *Böckenförde,* BVerfGE 93, 149 (153).

140 Nach BVerfGE 4, 7 (17) bestand sogar „Einmündigkeit“ über die Nichtanwendbarkeit des Art. 14. Abs. 1 GG; BVerfGE 6, 290 (298); BVerfGE 8, 274 (330); BVerfGE 10, 89 (116); BVerfGE 14, 105 (120); BVerfGE 19, 119 (128).

141 BVerfGE 65, 196 (209); BVerfGE 72, 175 (195); BVerfGE 30, 250 (271); *Papier,* Der Staat 11 (1972), 483 (490); *ders.,* DVBl. 1980, 787 (789); *ders,* in: Maunz/Dürig, Kommentar zum Grundgesetz, Art. 14, Rn. 160; *Bryde,* in: von Münch/Kunig (Hrsg.), Grundgesetzkommentar, Bd. I, Art.14, Rn. 23; *Jarass/Pieroth,* Kommentar zum Grundgesetz, Art. 14, Rn. 12.

Diese Auffassung ist in der Tradition des liberalen Rechtsstaats zu sehen, die sich im 19. Jahrhundert ausgebildete.[142] In der liberalen Tradition erhob der Staat Steuern, um seine Aufgaben zu erfüllen, die er primär in der Garantie des Schutzes von Freiheit und Eigentum der Steuerpflichtigen sah.[143] Andere Aufgaben, wie z.B. die Wahrnehmung von Gemeinwohlinteressen, brauchte der Staat nicht zu erfüllen, da der privatnützige Gebrauch von Eigentum und Freiheit selbst zu einer bestmöglichen Realisierung von Gemeinwohlinteressen führte.[144] Dem Staat oblag es lediglich, die rechtliche Rahmenordnung zu schaffen, innerhalb derer die Gemeinwohlinteressen durch die Steuerpflichtigen wahrgenommen werden konnten und die den Ausgleich zwischen den Freiheiten der Einzelnen ermöglichte.[145] Eines besonderen Schutzes des Eigentums vor Besteuerung bedurfte es nach dieser vornehmlich aus der liberalen Staatskonzeption begründeten Ansicht konsequenterweise nicht, da Eigentumsschutz die Besteuerung voraussetzt und somit immanent durch die Besteuerung begrenzt.[146]

β) Weitere Auslegung des Schutzbereichs von Art. 14 Abs. 1 GG

Allerdings hat sich mit dem Wandel des Staatsverständnisses vom liberalen Rechtsstaat zum modernen Sozialstaat auch die Auffassung der Literatur zu der Frage des Grundrechtsschutzes vor Besteuerung gewandelt.[147] In der Literatur hat sich die Ansicht durchgesetzt, daß die Besteuerung einen hoheitlichen Eingriff in das private Geldvermögen darstelle und somit an Art. 14 Abs. 1 GG zu messen sei.[148] Der Schutz vor öffentlich-rechtlichen Geldleistungspflichten

142 BVerfGE 5, 85 (97): Das Grundgesetz knüpfe insgesamt an die Tradition des bürgerlich liberalen Rechtsstaats an. *Lerche*, DÖV, 1961, 486 (490); *Friauf*, Verfassungsrechtliche Grenzen der Wirtschaftslenkung durch Steuergesetze, S. 42; *Wieland*, in: Guggenberger/Würtenberger (Hrsg.), Hüter der Verfassung oder Lenker der Politik, S. 173 (174).

143 *Von Arnim*, VVDStRL 39, 286 (289); *Schmidt-Bleibtreu*, DÖV 1980, 489 (490).

144 *Von Arnim*, Gemeinwohl und Gruppeninteressen, S. 89; *ders.*, VVDStRL 39, 286 (290).

145 *Badura*, Verwaltungsrecht im liberalen und sozialen Rechtsstaat, S. 27; *Knies*, Steuerzweck und Steuerbegriff, S. 14ff.; *Bodenheim*, Der Zweck der Steuer, S.122.

146 *P. Kirchhof*, Besteuerungsgewalt und Grundgesetz, S. 23ff.; *Kirchhof*, StuW 1975, 357 (359); *Papier*, DVBl.1980, 787 (788).

147 Wobei dies auch nur langsam und nicht vollständig erfolgte. So erkennt *Forsthoff* zwar an, daß die Konzeption des liberalen Rechtsstaats überholt ist, zieht daraus aber die Konsequenz, daß Art. 14 Abs. 1 GG weiterhin keinen Schutz vor Besteuerung gewähren könne, da andernfalls dem Sozialstaat das Aktionsfeld genommen würde, VVDStRL 12 (1954), 8 (31ff.); *ders.*, NJW 1955, 1249 (1250); so auch *Hettlage*, VVDStRL 14 (1956), 1 (33).

148 Zurück geht die These auf *Imboden*, Archiv f. schw. Abgabenrecht 29 (1960), 2 (6); *P. Kirchhof*, VVDStRl 39, 215 (233); *ders.*, in: Isensee/Kirchhof, Handbuch des Staatsrechts, Bd. IV, § 88, Rn. 88; *Papier*, DVBl.1980, 787 (790); *ders*, Der Staat 11 (1972), 483 (501); *Knies*, Steuerzweck und Steuerbegriff, S. 106ff.; *Wendt*, Eigentum und Gesetzgebung, S. 316; *Seer*, FR 1999, 1280 (1283); *Lehner*, Einkommenssteuerrecht und

durch Art. 14 Abs. 1 GG wird mit dem Sinn des Eigentumsschutzes im Grundgesetz begründet. Intention der Eigentumsgarantie des Grundgesetzes sei die Schaffung und Wahrung individuellen Freiraums auf vermögensrechtlichem Gebiet und die Ermöglichung einer eigenverantwortlichen Lebensgestaltung der Bürger.[149] Die öffentlichen Abgaben verkürzten diesen Freiraum und nähmen den Abgabepflichtigen die Möglichkeit, über Einkommen und Vermögen frei zu verfügen.[150] Hinzu kommt das schon angesprochene geänderte Staatsverständnis: Die staatliche Besteuerungsgewalt und die Grundrechte verhalten sich komplementär.[151] Die Besteuerungsgewalt setzt das grundrechtlich geschützte private Wirtschaften der Bürger voraus und partizipiert daran. Die grundrechtlichen Garantien, welche die private, wirtschaftliche Betätigung schützen, bedingen aber auch eine Legitimation des Eingriffs durch Steuern. Die Rechtfertigung des steuerlichen Eingriffs in das Eigentum des Bürgers erfolgt durch die Finanzverfassung. Gleichzeitig ist die staatliche Besteuerungsgewalt die Voraussetzung für die effektive Wahrnehmung der Aufgaben des Rechts- und Sozialstaats und damit auch wiederum für den Schutz und die Garantie der Grundrechte. Das Gleichgewicht zwischen der Gewährleistung des grundrechtlich geschützten wirtschaftlichen Handlungsspielraums und der Besteuerungsgewalt ist allerdings in jüngerer Zeit gestört. Die Störung beruht zum einen auf der stark angestiegenen Aufgabenlast, die wiederum zu einer Erhöhung der staatlichen Abgaben führt, zum anderen aber auch durch den starken Einsatz der Steuer als Lenkungsinstrument.[152] Gerade in letzterem Fall zielt der Staat auf konkrete Eigentumswerte ab, um den Bürger zu beeinflussen. Ein gezielter Eingriff in ein bestimmtes Objekt des Gesamtvermögens des Bürgers ist jedoch eindeutig ein Eingriff in das Eigentum. Für den Fall der Lenkung durch ein

---

Sozialhilferecht, S. 365; *Friauf*, Jura 1982, 299 (305). Wobei *Friauf* noch 1966 zwischen Steuern, die einen reinen Finanzierungszweck verfolgen, die nicht an Art. 14 GG zu messen seien, und den Steuern mit außerfiskalischer Zielsetzung, die an Art. 14 GG zu messen seien, unterscheidet: *Friauf*, Verfassungsrechtliche Grenzen der Wirtschaftslenkung durch Steuergesetze, S. 43; a.A. *Jarass/Pieroth*, Kommentar zum Grundgesetz, Art. 14, Rn. 12; *Wieland*, in: Dreier (Hrsg.), Kommentar zum Grundgesetz, Bd. I, Art. 14, Rn. 48.

149 BVerfGE 24, 288 (293); BVerfGE 24, 367 (400); BVerfGE 50, 290 (339); BVerfGE 68, 193 (222); BVerfGE 83, 201 (208).

150 *Papier*, in: Maunz/Dürig, Kommentar zum Grundgesetz, Art. 14, Rn. 166; *P. Kirchhof*, in: Isensee/Kirchhof, Handbuch des Staatsrechts, Bd. IV, § 88, Rn. 89.

151 *Isensee*, in: Stödter/Thieme (Hrsg.), Festschrift für Ipsen, S. 409 (414); *Von Arnim*, VVDStRL 39, 286 (290); *Papier*, DVBl. 1980, 787 (788); *P. Kirchhof*, Besteuerungsgewalt und Grundgesetz, S. 23ff.; *Friauf*, Verfassungsrechtliche Grenzen der Wirtschaftslenkung durch Steuergesetze, S. 43.

152 *Friauf*, Verfassungsrechtliche Grenzen der Wirtschaftslenkung durch Steuergesetze, S. 44.

Steuergesetz ist der Schutzbereich des Art. 14 Abs. 1 GG demnach auf jeden Fall eröffnet.[153]

Noch weitergehend vertritt *P. Kirchhof*, daß der Schutzbereich des Art. 14 Abs. 1 GG auch dann eröffnet sein müsse, wenn der Steuergesetzgeber nicht an einen konkreten Gegenstand des Vermögens anknüpfe, sondern das Vermögen insgesamt belaste. Das folge aus dem Schutzzweck des Art. 14 Abs. 1 GG, der jeden dem privaten Nutzen dienenden Vermögenswert schütze, den die staatliche Rechtsordnung einem einzelnen Bürger an die Hand gibt. Entscheidend könne dabei nicht sein, ob eine (zivilrechtliche) Rechtsordnung diese Vermögenspositionen als dingliche Rechte oder nur als Forderungsrechte ausgestaltet hat; entscheidend sei allein, daß die geld- oder vermögenswerte Rechtsposition am Markt verwertbar ist. Damit gehöre auch das Geldvermögen zu den in Art. 14 Abs. 1 GG geschützten Rechtspositionen.[154] Diese sehr weitgehende Auffassung hat allerdings nicht nur Zustimmung erfahren.[155]

γ) Jüngere Entwicklungen in der Rechtsprechung

Trotz der zunehmenden Kritik aus der Literatur hielt das Bundesverfassungsgericht lange an seiner grundsätzlichen Ablehnung der Einbeziehung des Vermögens in den Schutzbereich von Art. 14 Abs. 1 GG fest. Seit 1962 hat es freilich die Klausel in seine Begründungen aufgenommen, daß ein Verstoß gegen Art. 14 Abs. 1 GG jedenfalls dann in Betracht kommen könnte, wenn die Geldleistungspflichten den Steuerpflichtigen übermäßig belasteten und seine Vermögensverhältnisse grundlegend beeinträchtigen könnten, also wenn die Steuer erdrosselnde Wirkung entfaltete.[156] Diese Auffassung des Bundesverfassungsgerichts ist freilich in sich widersprüchlich, denn wenn das Gericht grundsätzlich davon ausgeht, daß das Vermögen durch Art. 14 Abs. 1 GG nicht vor der Auferlegung öffentlich-rechtlicher Geldleistungen geschützt werde, kann auch ein besonders beeinträchtigender Zugriff auf das Vermögen den Schutzbereich nicht eröffnen. Im übrigen hat das Bundesverfassungsgericht einen solchen Fall noch nie ernsthaft in Betracht gezogen.

---

153 *Friauf*, Verfassungsrechtliche Grenzen der Wirtschaftslenkung durch Steuergesetze, S. 44; *Papier*, in: Maunz/Dürig, Kommentar zum Grundgesetz, Art. 14, Rn. 169; *ders.*, Der Staat 11 (1972), 483 (492); *Bodenheim*, Der Zweck der Steuer, S. 272.

154 *Kirchhof*, Besteuerungsgewalt und Grundgesetz, S. 20; *ders.* VVDStRL 39 (1980), 215 (270), der Art. 14 Abs. 1 GG als die Magna Charta des Steuerpflichtigen ansieht.

155 Kritisch schon die Diskussionsbeiträge in VVDStRL 39 (1980), 361ff.; *Loritz*, NJW 1988, 1 (9); *Wendt*, DÖV 1988, 710 (714); *Tipke*, Die Steuerrechtsordnung, Bd. II, S. 530.

156 BVerfGE 14, 221 (241); BVerfGE 19, 119 (129); BVerfGE 63, 343 (368); BVerfGE 82, 159 (190).

Allerdings haben die Freiheitsrechte, d.h. vor allem Art. 14 Abs. 1 GG, aber auch Art. 12 Abs. 1 GG, durch den Beschluß des Bundesverfassungsgerichts zum Einkommenssteuertarif eine erste Konkretisierung erfahren.[157] Das Gericht erkannte an, daß sich die verfassungsrechtlichen Grenzen möglicherweise nach Steuerart und Steuergegenstand unterscheiden. Es bezog sich in seiner Prüfung der Steuer zwar noch überwiegend auf Art. 2 Abs. 1 GG, stellte jedoch fest, daß Steuergesetze die allgemeine Handlungsfreiheit gerade auch in ihrer Ausprägung als persönliche Entfaltung im vermögensrechtlichen und beruflichen Bereich betreffen können.[158] Die geschützten Freiheitsrechte dürften nur so eingeschränkt werden, daß dem Steuerpflichtigen ein Kernbestand des Erfolgs seiner wirtschaftlichen Tätigkeit in Gestalt der grundsätzlichen Privatnützigkeit des Erworbenen und der Verfügungsbefugnis über die geschaffene vermögenswerte Rechtsposition verbleibe.[159] Zwar ist der recht vorsichtigen Formulierung des Bundesverfassungsgerichts nicht zu entnehmen, daß es Art. 14 Abs. 1 GG neben Art. 2 Abs. 1 GG tatsächlich herangezogen hat, doch hat es zumindest einen Kernbestand der wirtschaftlichen Betätigung unter Schutz gestellt.

Mit dem Urteil über die Vermögensteuer ging das Bundesverfassungsgericht noch weiter: Zwar wählte es eine ähnliche Formulierung wie im Urteil über den Einkommenssteuertarif, hier zum Grundfreibetrag,[160] wenn es feststellte, daß die Vermögensteuer „in die in der Verfügungsgewalt und Nutzungsbefugnis über ein Vermögen angelegte allgemeine Handlungsfreiheit (Art. 2 Abs. 1 GG) gerade in deren Ausprägung als persönliche Entfaltung im vermögensrechtlichen Bereich (Art. 14 Abs. 1 GG)"[161] eingreife. Auch in der folgenden Urteilsbegründung bezieht sich das Bundesverfassungsgericht nicht eindeutig auf Art. 14 Abs. 1 GG, sondern formuliert ohne Bezug auf ein bestimmtes Grundrecht.[162] Doch wird aus dem Urteil deutlich, daß der beurteilende Zweite Senat das Vermögen für von Art. 14 Abs. 1 GG geschützt hält. Ob mit diesem Urteil aber tatsächlich eine grundlegende „Steuer- und Eigentumswende"[163] eingeleitet worden ist, bleibt abzuwarten.

157 BVerfGE 87, 153.
158 BVerfGE 87, 153 (169).
159 BVerfGE 87, 153 (169).
160 BVerfGE 87, 153 (170).
161 BVerfGE 93, 12 (137).
162 Das Bundesverfassungsgericht spricht mehrfach „das geschützte Freiheitsrecht" an, ohne sich auf Art. 14. Abs. 1 GG oder Art. 2 Abs. 1 GG zu beziehen, u.a. in BVerfGE 93, 12 (137).
163 So jedenfalls *Leisner*, NJW 1995, 2991ff.

bb) Zwischenergebnis

Folgt man der Ansicht in der Literatur und der Rechtsprechung des 2. Senats des Bundesverfassungsgerichts, schützt Art. 14 Abs. 1 GG auch das Vermögen und somit vor steuerlichen Eingriffen. Nach der bisherigen Rechtsprechung des Bundesverfassungsgerichts, erfährt der Bürger durch Art. 14. Abs. 1 GG zwar grundsätzlich keinen Schutz vor steuerlichen Eingriffen, doch ist der Schutzbereich des Art. 14 Abs. 1 GG eröffnet, wenn die Steuer erdrosselnde Wirkung entfaltet.

cc) Einheitswertbeschluß des Zweiten Senats des Bundesverfassungsgerichts

Lange Zeit war unklar, wann der auch vom Bundesverfassungsgericht angenommene Schutz des Art. 14 Abs. 1 GG beginnen sollte. Zwar hat das Gericht festgestellt, daß eine Steuer immer dann unzulässig ist, wenn sie ihre Finanzierungsfunktion verliert und nur noch eine Verwaltungsfunktion mit Verbotscharakter innehat, doch wann die Steuer „umschlagen" sollte, ist offengelassen. Allerdings hat das Bundesverfassungsgericht im Urteil über die Zulässigkeit der Vermögensteuer mit dem sog. Halbteilungsgrundsatz möglicherweise eine Grenze der Besteuerung eingeführt, die dann ein solches „Umschlagen" markiert.

α) Allgemeine Bedeutung der Entscheidung

Der Beschluß des Zweiten Senats des Bundesverfassungsgerichts ging zurück auf eine Vorlage des Finanzgerichts von Rheinland-Pfalz.[164] Die Vorlage richtete an das Bundesverfassungsgericht die Frage, ob § 10 Nr. 1 des Vermögensteuergesetzes[165] mit Art. 3 Abs. 1 GG vereinbar sei, da die Vorschrift für einheitswertgebundenes und nicht einheitswertgebundenes Vermögen einen einheitlichen Steuersatz festlegte. Die Anwendung des § 10 Nr. 1 Vermögensteuergesetz führte also zu einer unterschiedlichen vermögensteuerlichen Belastung von Grundbesitz und anderem Vermögen, die schon längere Zeit als problematisch angesehen wurde.[166]

---

164 Aussetzungs- und Vorlagebeschluß des Finanzgerichts Rheinland-Pfalz vom 4.11.1991, Az. 5 K 2464/91.

165 In der Fassung der Bekanntmachung vom 14.11.1990, BGBl. I S. 2467.

166 Schon 1969 stellte das BVerfG fest, daß die Brauchbarkeit der Einheitswerte erheblich gelitten habe, daß jedoch noch kein verfassungswidriger Wertabstand bestehe, BVerfGE 25, 216 (226); BFH BStBl. II 1986, 782; BFH BStBl. II 1988, 1095; *Crezelius*, Steuerrecht II, 2. Aufl., S. 371 „schlichtweg ein Skandal"; *Tipke/Lang*, Steuerrecht, 17. Aufl., § 4, Rn. 106; *Tipke*, Steuerrechtsordnung, Band II, S. 856ff.; *Kleeberg/Bruckmeier*, BB 1992, 2330; *Miehler/Krontaler*, DStZ 1992, 741; *Bacher*, BB 1992, 2333; *Meyding*, DStR 1992, 1113; *Kruse*, BB 1996, 717; m.w.N. *Jakob*, Rechtsgutachten zu den Möglichkeiten einer Vereinfachung der Bewertung des Grundbesitzes; BMF-Schriftenreihe, Heft 48.

aaa) Verstoß gegen die Gleichmäßigkeit der Besteuerung

Das Bundesverfassungsgericht erklärte diese Art der Besteuerung für verfassungswidrig, da der Gleichheitssatz eine gleichmäßige Belastung der Steuerpflichtigen in rechtlicher und tatsächlicher Hinsicht verlange.[167] Dieser verlangt dabei nicht einen nominell gleichen Betrag jedes Inländers, sondern eine nach der finanziellen Leistungsfähigkeit gleichmäßige Belastung.[168] Der Gesetzgeber hat bei der Bestimmung des Belastungsgegenstandes und des Steuergegenstandes einen weitreichenden Entscheidungsspielraum; eine einmal getroffene Belastungsentscheidung muß er aber folgerichtig im Sinne der Belastungsgleichheit umsetzen.[169] Für die Vermögensteuer ergibt sich daraus, daß die Bemessungsgrundlagen sachgerecht auf die Ertragsfähigkeit der Vermögensgegenstände bezogen sein und deren Werte in ihrer Relation realitätsgerecht abbilden müssen. Verschieben sich die Relationen im Laufe der Jahre, muß der Gesetzgeber dieser Entwicklung Rechnung tragen.[170] § 10 Nr. 1 Vermögensteuergesetz ist auf Grundlage dieser Konkretisierung des Gleichheitssatzes jedoch verfassungswidrig, da er einheitswertgebundenes und nicht einheitswertgebundenes Vermögen ohne hinreichenden Grund unterschiedlich belastet.[171] Die Bemessungsgrundlage der Vermögensteuer erfaßt nicht jeden Vermögensgegenstand gleichmäßig mit dem Wert, der den steuerlichen Belastungsgrund ausdrückt. Der Wert der nicht einheitswertgebundenen Vermögensgegenstände wurde fortlaufend und gegenwartsnah angesetzt, während bebaute und unbebaute Grundstücke, die einheitswertgebundenen Vermögensgegenstände, nach der letzten Hauptfeststellung der Wertverhältnisse vom 1. Januar 1964 bemessen wurden. Die in den letzten 40 Jahren eingetretene Wertsteigerung konnte also nicht berücksichtigt werden. Das Konzept der Vermögensteuer ist jedoch auf eine gegenwartsnahe Bewertung ausgerichtet, so daß das Vermögensteuergesetz nicht die einmal getroffene Belastungsentscheidung im Sinne der Belastungsgleichheit umsetzt.

Diese Entscheidung des Bundesverfassungsgerichts gab eine klare Antwort auf die Vorlage des Finanzgerichts Rheinland-Pfalz und beendete gravierende Verstöße gegen den Gleichheitssatz. Allerdings hat der Senat es nicht bei diesen Ausführungen belassen.

---

167 BVerfGE 93, 121 (134) unter Berufung auf BVerfGE 84, 239 (268).

168 BVerfGE 93, 121 (135).

169 BVerfGE 93, 121 (136) unter Berufung auf BVerfGE 23, 242 (256) und BVerfGE 84, 239 (271).

170 BVerfGE 93, 121 (136) unter Berufung auf BVerfGE 23, 242 (257); BVerfGE 41, 269 (283).

171 BVerfGE 93, 121 (142/143).

bbb) Halbteilungsgrundsatz

Die weiteren Darlegungen des Urteils[172] beziehen sich nicht mehr direkt auf die Vereinbarkeit des § 10 Nr. 1 Vermögensteuergesetz mit dem Gleichheitssatz. Vielmehr enthalten sie die Festlegung einer verfassungsrechtlich gebotenen Obergrenze der Besteuerung und stellen damit die eigentliche rechtsdogmatische Überraschung des Urteils dar. Diese Ausführungen haben zu einem unterschiedlichen Echo in der Literatur geführt.[173]

Der Senat unterscheidet zwischen der Besteuerung des privaten Vermögenserwerbs, der privaten Vermögensverwendung und des Vermögensbestandes.[174] An diese Differenzierung schließt der Senat die Aussage an, daß die steuerliche Gesamtbelastung nicht nur das Belastungsgleichmaß wahren, sondern auch eine „übermäßige Last" vermeiden müsse. Er stellt fest, daß das Vermögen als solches nicht vollständig „weggesteuert" werden dürfe, die Steuerlast also aus den Erträgen des Vermögens beglichen werden können müsse, ohne daß der Vermögensstamm, die Substanz des Vermögens, herangezogen werden müsse.

Die Ausführungen des Senats beruhen auf einem weiten Verständnis der Eigentumsgarantie, wobei er jedoch recht vorsichtig und zurückhaltend formuliert.[175] Ohne eine Auseinandersetzung mit der bisherigen Rechtsprechung des Gerichts stellt der Senat fest, daß die Vermögensteuer „in die in der Verfügungsgewalt und Nutzungsbefugnis über ein Vermögen angelegte allgemeine Handlungsfreiheit (Art. 2 Abs. 1 GG) gerade in deren Ausprägung als persön-

---

172 An dieser Stelle soll nur auf den sog. Halbteilungsgrundsatz eingegangen werden, nicht auf die Ausführungen des Gerichts zu den Einzelheiten der Vermögensteuer. Diese werden zwar auch weitreichende Folgen haben und sind insgesamt nicht unumstritten, doch für die Frage der Verfassungsmäßigkeit einer erdrosselnden Steuer nur eingeschränkt relevant.

173 Kritisch u.a. *Böckenförde,* BVerfGE 93, 149; *Bull,* NJW 1996, 281; *Flume,* DB 1995, 1779; *Wieland,* in: Guggenberger/Würtenberger (Hrsg.), Hüter der Verfassung oder Lenker der Politik, S. 173; *Sendler,* NJW 2000, 2481; *Sacksofsky,* Umweltschutz durch Abgaben, S. 229; *Trzaskalik,* Inwieweit ist die Verfolgung ökonomischer, ökologischer und anderer öffentlicher Zwecke durch Instrumente des Abgabenrechts zu empfehlen?, Gutachten E für den 63. Deutschen Juristentag, S. E 52ff.; eher kritisch, wenngleich sehr abgewogen *Arndt/Schuhmacher,* NJW 1995, 2603; dem BVerfG zustimmend *Leisner,* NJW 1995, 2591; *A. Klein,* BB 1996, 1807; *Rose,* DB 1995, 1879; *Vogel,* JZ 1996, 43.

174 BVerfGE 93, 121 (136), diese Differenzierung geht auf *P. Kirchhof* zurück, *P. Kirchhof,* VVDStRL 39 (1980), 215 (243 ff.); *ders.,* Besteuerungsgewalt und Grundgesetz, S. 20ff.

175 Wesentlich zurückhaltender als die Ausführungen *Leisners* in seiner Urteilsanmerkung: „Dieses (das Vermögen) wird nun verfassungsrechtlich geschützt, als Eigentum und zwar wirkungsvoll.", vgl. *Leisner,* NJW 1995, 2591 (2594).

liche Entfaltung im vermögensrechtlichen Bereich (Art. 14 Abs. 1 GG)"[176] eingreife. Eine Begründung folgt dieser neuen Zuordnung jedoch nicht. Allerdings war die vom Gericht vorgenommene vorsichtige Ausweitung des Schutzbereichs von Art. 14 Abs. 1 GG notwendig, da es andernfalls im folgenden Teil des Urteils nicht auf Art. 14 Abs. 2 GG hätte abstellen können. Aus dem in Art. 14 Abs. 2 GG enthaltenen Wort „zugleich" leitet der Senat nämlich die Folgerung ab, daß „die Vermögensteuer zu den übrigen Steuern auf den Ertrag nur hinzutreten (dürfe), soweit die steuerliche Gesamtbelastung des Sollertrags bei typisierender Betrachtung von Einnahmen, abziehbaren Aufwendungen und sonstigen Entlastungen in der Nähe einer hälftigen Teilung zwischen privater und öffentlicher Hand verbleibt."[177]. Der Senat versteht somit das Wort „zugleich" als synonym mit „zu gleichen Teilen" und führt so eine Grenze der Besteuerung ein, da folgerichtig nunmehr eine Hälfte des Vermögens bei den Bürgern zu verbleiben hat, während der Staat steuerlichen Zugriff lediglich auf die andere Hälfte des Vermögens nehmen darf.

β) Kritische Würdigung der Entscheidung

aaa) Verfassungspolitische Kritik

Die über die Feststellung der Unvereinbarkeit des § 10 Vermögensteuergesetz mit Art. 3 Abs. 1 GG hinausgehenden Ausführungen des Bundesverfassungsgerichts haben zu einem geteilten Echo in der Literatur geführt: Zum Teil werden sie stark kritisiert.[178] Es wird dem Bundesverfassungsgericht vorgeworfen, es verstoße gegen den Grundsatz der richterlichen Zurückhaltung („judicial self-restraint")[179], überschreite seine Kompetenzen und mache dem Gesetzgeber zu enge Vorgaben.[180]

Der Kritik an dieser Entscheidung ist zuzustimmen, da es nicht ersichtlich ist, daß die Ausführungen über die zulässige Höhe der Besteuerung für die eigentlich zu entscheidende Frage notwendig waren. Die Unvereinbarkeit des § 10 Nr. 1 Vermögensteuergesetz mit dem Gleichheitssatz war auch unabhängig davon festzustellen, ob und in welchem Umfang Freiheit und Eigentum des Bürgers vor steuerlichen Lasten geschützt sind. Der Gleichheitssatz verbietet eine sachlich nicht zu rechtfertigende Ungleichbehandlung von verschiedenen Vermögensarten unabhängig von der steuerlichen Gesamtbelastung. Zwar kann das Bundesverfassungsgericht im Rahmen der konkreten Normenkontrolle das

176 BVerfGE 93, 12 (137).

177 BVerfGE 93, 121 (138).

178 *Böckenförde*, BVerfGE 93, 149; *Sacksofsky*, Umweltschutz durch Abgaben, S. 229; *Arndt/Schuhmacher*, NJW 1995, 2603.

179 BVerfGE 93, 149 (151/152).

180 BVerfGE 93, 149 (151/152).

vorliegende Gesetz unter allen verfassungsrechtlichen Gesichtspunkten überprüfen, doch ändert das in diesem Fall nichts an der Bedenklichkeit der Aussagen des Gerichts, denn die von ihm aufgestellten Grundsätze werden nicht auf den Fall bezogen. Das Gericht trifft seine Ausführungen zum Halbteilungsgrundsatz und zur Charakterisierung der Vermögensteuer, ohne diese im folgenden an den gerade aufgestellten Grundsätzen zu messen. Zudem widerspricht der Zweite Senat ausdrücklich der gefestigten Rechtsprechung des Bundesverfassungsgerichts, obwohl er hier nur noch die Zuständigkeit für dieses Altverfahren innehatte, wohingegen vom 1. Januar 1994 an der Erste Senat wieder für Fragen der Vermögensbesteuerung zuständig gewesen ist.[181] Daraus könnte man sogar schließen, daß der Zweite Senat die zukünftige Rechtsprechung des Ersten Senats habe präjudizieren wollen. Allerdings entfalten diese Aussagen des Zweiten Senats keine Bindungswirkung nach § 31 BVerfGG, da es sich um „obiter dicta" handelt. Daran ändert auch die durch das Bundesverfassungsgericht vorgenommene Klassifizierung als „tragende Gründe"[182] nichts, denn die Ausführungen dienen, wie schon gezeigt, nicht der Begründung der Feststellung der Unvereinbarkeit des § 10 Nr. 1 Vermögensteuergesetz mit dem Gleichheitssatz.[183]

bbb) Vermögensteuer als Sollertragssteuer

Der Beschluß des Zweiten Senats ist aber nicht nur aus verfassungspolitischen Gründen bedenklich, sondern auch rechtsdogmatisch angreifbar. Nach Auffassung des Zweiten Senats ist die Vermögensteuer als eine Sollertragssteuer ausgestaltet („Die Vermögensteuer darf nur so bemessen sein, daß sie aus den üblicherweise zu erwartenden, möglichen Erträgen (Sollerträge) bezahlt werden kann.").[184] Eine Vermögensteuer kann sowohl als eine nominelle Steuer ausgestaltet werden, die nur aus den Vermögenserträgen erbracht werden soll, aber auch als eine reelle Steuer, die aus der Vermögenssubstanz erbracht werden soll.[185] Nach dem Willen des Gesetzgebers liegt der Vermögensbesteuerung der Gedanke zugrunde, daß im Vermögen selbst eine unabhängig vom Vermögensertrag zu sehende Leistungsfähigkeit begründet liegt.[186] Dementsprechend ist

---

181 Siehe dazu § 14 BVerfGG i.V.m. dem Beschluß des Plenums des Bundesverfassungsgerichts vom 15.11.1993, A.I.9, zitiert nach *Wieland*, in: Guggenberger/Würtenberger (Hrsg.), Hüter der Verfassung oder Lenker der Politik, S. 173 (186).

182 BVerfGE 93, 121 (136).

183 So auch *Böckenförde*, BVerfGE 93, 149 (150); *Wieland*, in: Guggenberger/Würtenberger (Hrsg.), Hüter der Verfassung oder Lenker der Politik, S. 173 (186).

184 BVerfGE 93, 121 (137).

185 *Tipke*, Steuerrechtsordnung, Bd. II, S. 770; *ders.*, MDR 1995, 1177 (1178).

186 BT-Drs. VI/3418, S. 51, so schon Schriftenreihe des BMF, Heft 17 (1971), S. 633, Rn. 64 und Rn. 70. Der Erste Senat des Bundesverfassungsgerichts hat in BVerfGE 43,

nach § 9 Vermögensteuergesetz auch das Vermögen als solches vermögensteuerpflichtig, unabhängig davon, ob es Erträge abwirft oder nicht. Allerdings wird in der Literatur auch vertreten, daß es sich bei der Vermögensteuer um eine Sollertragssteuer handele,[187] und zum Teil sogar gefordert, diese insgesamt abzuschaffen, da sie neben der Einkommenssteuer und der Umsatzsteuer nicht mehr zu rechtfertigen sei.[188] Ziel des Bundesverfassungsgerichts war es jedoch nicht, die Vermögensteuer abzuschaffen, sondern die Besteuerung des Vermögens auf den Vermögensertrag zu beschränken. Aus Art. 14 Abs. 1 GG ergibt sich diese Beschränkung jedoch nicht, da dieser den Vermögenszuwachs als Forderungsrecht unter den gleichen Schutz stellt wie das schon bestehende Vermögen.[189] Folgte man der Ansicht des Senats, böte Art. 14 Abs. 1 GG eine unterschiedliche Schutzintensität für die verschiedenen Eigentumsphasen (Erwerb, Verwendung und Bestand). Art. 14 Abs. 1 GG gewährt jedoch einen grundsätzlichen Eigentumsschutz, der nicht nach Eigentumsphasen differenziert und somit die Vermögenssubstanz nicht stärker schützt als andere Formen des Eigentums.[190] Zudem bleibt eine Steuer eine allgemeine öffentliche Geldleistungspflicht, die - auch wenn sie einen spezifischen Anknüpfungspunkt hat - den Steuerzahler nur zu einer unspezifischen Geldzahlung verpflichtet, die der Steuerschuldner auch aus anderen Quellen tilgen kann. Der Schlußfolgerung des Senats, daß die Vermögensteuer nur dann zulässig sein darf, wenn sie aus den Vermögenserträgen erbracht werden kann, kann somit nicht gefolgt werden.

ccc) Hälftige Teilung des Ertrags

Auch für die Feststellung, daß „die Vermögensteuer zu den übrigen Steuern auf den Ertrag nur hinzutreten dürfe, soweit die steuerliche Gesamtbelastung des Sollertrags bei typisierender Betrachtung von Einnahmen, abziehbaren Aufwendungen und sonstigen Entlastungen in der Nähe einer hälftigen Teilung zwischen privater und öffentlicher Hand verbleibt...“,[191] findet sich entgegen der Ansicht der Bundesverfassungsgerichts kein Anhaltspunkt im Grundgesetz. Das Gericht leitet diese *Halbteilung* des Eigentums aus Art. 14 Abs. 2 GG ab, nach welchem der Gebrauch des Eigentums *zugleich* dem Wohle der Allgemeinheit

---

1 (79) festgestellt, daß die „an Vermögenswerte anknüpfende Vermögensteuer rechtlich nicht als Ertragssteuer angelegt ist“.

187 *Schöberle*, in: Franz Klein (Hrsg.), Öffentliches Finanzrecht, 2. Aufl., Kap. II, Rn. 179.

188 *Tipke*, MDR 1995, 1177; *ders*, Steuerrechtsordnung, Bd.II, S.768; *Tipke/Lang*, Steuerrecht, 17. Aufl., § 13, Rn. 74; *Arndt/Schuhmacher*, NJW 1995, 2603 (2604).

189 *Flume*, DB 1995, 1779; *Böckenförde*, BVerfGE 93, 149 (154/155).

190 So auch *Böckenförde*, BVerfGE 93, 149 (154/155); *Wieland*, in: Guggenberger/Würtenberger (Hrsg.), Hüter der Verfassung oder Lenker der Politik, S. 173 (183); *Bull*, NJW 1996, 281 (282).

191 BVerfGE 93, 121 (138).

dienen soll. Die Deutung des Gerichts geht auf die Auslegung von *P. Kirchhof* zurück, der das Wort „zugleich“ als ein „zu gleichen Teilen“ liest.[192]

Diese Möglichkeit, Art. 14 Abs. 2 GG als Grenze heranzuziehen, hat sich dem Gericht erst durch die vorsichtige Erweiterung des Eigentumsschutzes eröffnet. Allerdings ist schon die einfache Gleichstellung von Vermögen und Eigentum vor dem Hintergrund der bisherigen Rechtsprechung fragwürdig. Wie dargestellt, sprechen zwar einige Gründe für die Erweiterung des Schutzbereichs von Art. 14 Abs. 1 GG auch auf die Besteuerung, doch hat sich das Gericht argumentativ mit dieser problematischen Frage nicht auseinandergesetzt, sondern die Erweiterung des Schutzbereichs ohne Begründung vollzogen. Ebensowenig wird deutlich, warum der Senat unter Mißachtung des umgangsprachlichen, aber auch des fachsprachlichen Verständnisses das Wort „zugleich“ als „zu gleichen Teilen“ deutet und so eine steuerliche Höchstgrenze festlegt. Selbst wenn man aus Art. 14. Abs. 1 eine absolute Grenze herleiten wollte, so wäre die Anbindung an das Wort „zugleich“, das einen zeitlichen Gehalt hat, jedenfalls nicht der richtige Weg.[193]

Eine absolute Obergrenze der Besteuerung bei 50% ist von der Verfassung nicht vorgegeben. Art. 14 Abs. 1 GG schützt die Bürger, indem den Steuerpflichtigen ein Kernbestand des Erfolgs ihrer wirtschaftlichen Tätigkeit in Gestalt der grundsätzlichen Privatnützigkeit des Erworbenen und der Verfügungsbefugnis über die geschaffene vermögenswerte Rechtsposition garantiert wird.[194] Wann diese Grenze jedoch überschritten ist, kann vom Bundesverfassungsgericht nicht durch eine mathematische Linie begrenzt werden. Das Grundgesetz gewährleistet nicht pauschal den Schutz von 50 % des Ertrags, sondern die grundsätzliche Freiheit des Bürgers, über sein Eigentum zu bestimmen. Diese freie Verfügungsbefugnis muß aber durch den Staat eingeschränkt werden können, da dieser andernfalls keine Mittel zur Verfügung hätte, um seine sozial- und rechtsstaatlichen Aufgaben erfüllen zu können. Das Sozialstaatsprinzip verpflichtet den Staat zum Ausgleich sozialer Gegensätze und zur Schaffung sozialen Friedens; durch die Staatszielbestimmung des Art. 20 a GG ist er inzwischen auch verpflichtet, für eine intakte Umwelt zu sorgen. Das Steuerrecht ist ein elementares Mittel des Staates, um diese Ziele zu erreichen.[195] Wie diese Ziele zu erreichen sind und welche Mittel der Staat verwendet, legt das Grundgesetz jedoch nicht fest. Insofern hat der Staat einen Beur-

---

192 Angedeutet hat er dieses Verständnis schon in *P. Kirchhof*, VVDStRL 39 (1981), 215 (271ff.); ausdrücklich dann *P. Kirchhof*, Gutachten F zum 57. Deutschen Juristentag, S. F 19ff.; *ders.*, JZ 1982, 305 (308).

193 Zur Auslegung des Wortes „zugleich“ siehe auch *Sendler*, NJW 2000, 2481.

194 BVerfGE 87, 153 (169).

195 So auch *Forsthoff*, VVDStRL 12 (1954), 8 (31); *Böckenförde*, BVerfGE 93, 149 (163).

teilungsspielraum inne, der nicht pauschal durch eine extensive Auslegung von Art. 14 Abs. 1 GG eingeschränkt werden sollte.[196]

Der Gedanke, die steuerliche Gesamtbelastung zu senken, ist zwar sehr sinnvoll und begrüßenswert, das Bundesverfassungsgericht hätte eine solche Grundsatzentscheidung jedoch nicht ohne wirklichen Bezug zu der zu entscheidenden Verfassungsfrage treffen sollen. Zudem ist es nicht die Aufgabe des Bundesverfassungsgerichts, über die steuerliche Belastung im allgemeinen zu entscheiden, sondern Aufgabe des vom Volke legitimierten Gesetzgebers. Aufgabe des Bundesverfassungsgerichts ist es lediglich, die Entscheidungen des Gesetzgebers zu kontrollieren und nicht, ihm Vorgaben zu machen, die es vermeintlich aus der Verfassung herausliest.

γ) Halbteilungsgrundsatz als Bestimmung der Erdrosselung?

Geht man - trotz der oben dargestellten, zutreffenden Kritik an der Entscheidung des Bundesverfassungsgerichts - von der zukünftigen Verbindlichkeit des Halbteilungsgrundsatzes aus, stellt sich die Frage, ob dieser tatsächlich die Grenze definiert, bei der eine Steuer in eine erdrosselnde Steuer umschlägt. In diesem Fall wäre die Bestimmung der absoluten Obergrenze der Besteuerung einfach, denn eine erdrosselnde Steuer wäre immer dann gegeben, wenn sie mehr als 50 % des Vermögens des Steuerpflichtigen in Anspruch nähme.

Tatsächlich gehen einige Autoren davon aus, daß das Bundesverfassungsgericht mit dem Halbteilungsgrundsatz eine absolute Belastungsobergrenze für die Gesamtsteuerlast festgelegt hat und darüber hinaus sogar für die gesamte zu der Steuerbelastung hinzutretende Last sonstiger Abgaben.[197] Nach diesen Autoren wäre die Grenze der Erdrosselung also erreicht, wenn alle Abgaben zusammen, ob Steuer, Gebühr, Beitrag oder Sonderabgabe, mehr als 50 % des Vermögensabflusses beim Steuerschuldner ausmachten. Bestätigt wird die These des Halbteilungsgrundsatzes als Belastungsobergrenze für die Gesamtsteuerlast durch die Formulierung des Bundesverfassungsgerichts: „Die Vermögensteuer darf deshalb zu den übrigen Steuern nur auf den Ertrag hinzutreten, soweit...“.[198] Gegen diese Annahme spricht jedoch, daß die Aussagen über die Belastungsobergrenze hinsichtlich der Besteuerung des Vermögensertrags getroffen wurden und sich allein auf die Belastung des Vermögensertrags beziehen. Die Vermögensverwendung ist durch das Gericht nicht ausdrücklich in die gemachten Feststellungen einbezogen worden, so daß Einzelsteuern, die die Vermögensverwendung belasten, wohl nicht mit in die Belastungsgrenze einbezogen sind.

196 *Böckenförde*, BVerfGE 93, 149 (164).

197 *Felix*, BB 1995, 2241; *Leisner*, NJW 1995, 2591 (2593); *Raber*, NVwZ 1997, 219 (222); *A. Klein*, BB 1996, 1807 (1810).

198 BVerfGE 93, 121 (138).

Ausgesprochen fragwürdig ist die Auffassung, auch nichtsteuerliche Abgaben in die Summe der Gesamtbelastung einzubeziehen, da die nichtsteuerlichen Abgaben einer besonderen Rechtfertigung bedürfen und auf Grundlage der Sachkompetenzen ergehen. Sie dienen grundsätzlich anderen Zwecken als die Steuer, und eine Belastungsgrenze, die bezüglich der Vermögenserträge entwickelt wurde, kann nicht unbesehen auf alle öffentlichen Abgaben übertragen werden.

In jedem Fall kann der Halbteilungsgrundsatz, der ja auf eine Gesamtbelastung ausgerichtet ist, nicht verhindern, daß einzelne Sondersteuern in extremer Höhe erhoben werden. Eine Sondersteuer, die ein bestimmtes Verhalten übermäßig belastet, kann zwar dazu führen, daß der Betroffene das Verhalten einstellen wird, sie muß aber ihrer im Einzelfall erdrosselnden Wirkung zum Trotz zusammen mit der Gesamtsteuerbelastung die „erlaubte“ 50%-Grenze nicht überschreiten. Der Halbteilungsgrundsatz bietet die Möglichkeit, die konfiskatorischen Wirkungen der Gesamtsteuerlast einzudämmen. Damit wird eine Besteuerung verhindert, welche die Substanz des Steuergegenstandes weitgehend aufzehrt und die Vermögensverhältnisse der Steuerpflichtigen insgesamt nachhaltig erschüttert.[199] Das Problem konfiskatorischer Besteuerung ist ein Problem des gesamten Steuerrechts und kein spezifisches Problem von Lenkungssteuern; es betrifft eine insgesamt zu hohe Steuerbelastung.

Geht man dagegen mit dem dieser Arbeit zugrundeliegenden Begriff der Erdrosselung davon aus, daß das Phänomen der Erdrosselungssteuer ein Problem der Lenkungssteuern ist,[200] läuft der Halbteilungsgrundsatz ins Leere. Nach Ansicht des Bundesverfassungsgerichts sind erdrosselnde Steuern solche, die dem Bürger den sinnvollen Gebrauch seiner persönlichen Freiheit unmöglich machen.[201] Eine erdrosselnde Steuer ist also dann gegeben, wenn der Staat mit der Steuer gezielt versucht, ein Verhalten zu unterbinden, und dadurch den Bürger in seiner persönlichen Freiheit einschränkt. Setzt der Staat eine Lenkungssteuer ein, um den Bürger zu beeinflussen, kommt es immer zu einer alternativen Grundrechtsbelastung, da der Bürger sich entweder dem Verhaltensgebot beugt und somit zumindest in seiner allgemeinen Handlungsfreiheit nach Art. 2 Abs. 1 GG, möglicherweise auch in einem Spezialgrundrecht betroffen ist, oder der Bürger richtet sich nicht nach dem staatlichen Handlungsappell und entrichtet die Steuer, die ihn dann in seiner wirtschaftlichen Freiheit trifft. Ein Eingriff in

---

199 *Friauf,* Verfassungsrechtliche Grenzen der Wirtschaftslenkung und Sozialgestaltung durch Steuergesetze, S. 41; *Jachmann,* Verfassungsrechtliche Grenzen der Besteuerung, S. 28, wobei *Jachmann* vertritt, daß die Konfiskation ihre Grenze im Steuerstaatsprinzip finden müsse, da dieses dem Staats verbiete, seine eigene Steuerquellen zu erdrücken.

200 *Jachmann,* Verfassungsrechtliche Grenzen der Besteuerung, S. 34.

201 BVerfGE 16, 147 (161).

die persönliche Freiheit des Bürgers bedarf aber grundsätzlich der verfassungsrechtlichen Rechtfertigung, auch wenn eine Gesamtbelastungsgrenze von 50 % nicht erreicht ist. Eine erdrosselnde Wirkung kann eine Lenkungssteuer somit auch erreichen, wenn die Belastungswirkung einer einzelnen Steuer den Bürger in einem solchen Maße trifft, daß ihm die Ausübung seiner privatwirtschaftlichen Betätigungsfreiheit nicht mehr sinnvoll erscheint, ohne daß der Steuer gleichzeitig die Ertragswirksamkeit abzusprechen wäre oder sie das Ausmaß der Halbteilung überschreiten müßte. Der Halbteilungsgrundsatz mag deshalb - unter den oben genannten Einschränkungen - zu einer möglicherweise sinnvollen Begrenzung der steuerlichen Gesamtbelastung führen und den Steuerbürger vor einer schleichenden Konfiskation seines Vermögens insgesamt bewahren, wirksamen Schutz vor einzelnen Lenkungssteuern bietet der Halbteilungsgrundsatz in der vom Bundesverfassungsgericht gewählten Formulierung jedoch nicht.[202]

Daher darf eine möglicherweise erdrosselnde Steuer weder mit dem allgemeinen Hinweis auf das Verbot erdrosselnder Steuern abgelehnt werden, noch mit dem Argument, sie könne gegen den Halbteilungsgrundsatz verstoßen. Es muß vielmehr eine den allgemeinen Grundsätzen folgende Prüfung des in Frage stehenden Steuergesetzes anhand der Grundrechte erfolgen. Erst wenn ein Grundrechtseingriff festgestellt wird, sei es aufgrund der Lenkungswirkung oder aufgrund der Höhe der steuerlichen Belastung, und dieser nicht zu rechtfertigen ist, darf die Steuer als verfassungswidrig bezeichnet werden.

dd) Stellungnahme zur Eröffnung des Schutzbereichs von Art. 14 Abs. 1 GG und zum Eingriff in den Schutzbereich

Der Halbteilungsgrundsatz dient somit für die Prüfung einer erdrosselnden Steuer nicht als Maßstab. Somit muß der Eingriff in den Schutzbereich anhand allgemeiner Kriterien festgestellt werden.

Folgt man der herrschenden Ansicht in der Literatur und der neueren Rechtsprechung schützt Art. 14 Abs. 1 GG auch das Vermögen und somit vor steuerlichen Eingriffen. Nach dieser Ansicht stellt eine erdrosselnde Steuer einen Eingriff in den Schutzbereich dar, weil durch die erdrosselnde Steuer auf das Vermögen des Steuerpflichtigen zugegriffen wird. Ein Eingriff in den Schutzbe-

---

202 *Trzaskalik* befürchtet sogar eine Verschlechterung der Situation für den Bürger, da er davon ausgeht, daß sich das Halbteilungsdenken allein auf die Besteuerung der Erträge bezieht und der Steuergesetzgeber deshalb geradezu gezwungen wird, Sondersteuern zu erlassen. Die zunehmende Zahl an Sondersteuern führe dann aber zu wesentlich größeren Problemen der Bestimmung der individuellen Gesamtsteuerlast, *Trzaskalik*, Inwieweit ist die Verfolgung ökonomischer, ökologischer und anderer öffentlicher Zwecke durch Instrumente des Abgabenrechts zu empfehlen?, Gutachten E für den 63. Deutschen Juristentag, S. E 53ff.

reich des Art. 14 Abs. 1 GG liegt aber auch nach der von Teilen der Rechtsprechung vertretenen Ansicht vor, die weiterhin der Auffassung ist,[203] daß Art. 14 Abs. 1 GG nicht vor der Auferlegung von Geldleistungen schützt. Nach dieser Auffassung schützt Art. 14 Abs. 1 GG nämlich vor solchen Steuern, die ihre Finanzierungsfunktion verloren und nur noch eine reine Verwaltungsfunktion mit Verbotscharakter innehaben, also erdrosselnden Charakter aufweisen.[204] Beide Ansichten kommen, trotz der dogmatisch scheinbar unüberwindbaren Unterschiede zum Ergebnis, daß jedenfalls erdrosselnde Steuern in den Schutzbereich von Art. 14 Abs. 1 GG eingreifen.

Obwohl das Bundesverfassungsgericht den Schutzbereich von Art. 14 Abs. 1 GG letztlich auch für eröffnet erklärt, wenn die Steuer nur hoch genug, der Eingriff also intensiv genug ist, stellt sich die Frage, ob diese Lösung dem Bürger denselben Schutz gewähren kann, wie die Lösung, nach welcher der Schutzbereich von Art. 14 Abs. 1 GG immer eröffnet ist. Gegen die Lösung des Bundesverfassungsgerichts spricht zum einen ihre Widersprüchlichkeit, die sich daraus ergibt, daß die Eröffnung des Schutzbereichs von Art. 14 Abs. 1 GG von der zunehmenden Intensität des Eingriffs abhängen soll.[205] Der Schutzbereich eines Grundrechts wird gerade nicht durch zunehmende Intensität des Eingriffs eröffnet; vielmehr ist dieser entweder eröffnet oder aber er ist nicht eröffnet. In letzterem Fall kann deshalb von diesem Grundrecht kein Schutz gewährt werden, auch nicht, wenn es sich um einen sehr intensiven Eingriff handelt. Ist der Schutzbereich eines Spezialgrundrechts nicht eröffnet, kann dem Bürger Grundrechtsschutz nur noch über Art. 2 Abs. 1 GG gewährt werden. Ist der Schutzbereich des Grundrechts (hier Art. 14 Abs. 1 GG) dagegen eröffnet, ist weiter zu prüfen, ob der Eingriff verfassungsrechtlich gerechtfertigt ist, was bei einem sehr intensiven Eingriff, wie z.B. bei einer erdrosselnden Steuer, möglicherweise nicht der Fall sein muß. Zudem ist die Lösung des Bundesverfassungsgerichts bisher rein theoretischer Natur geblieben und berücksichtigt nicht, daß eine Steuer auch schon vor dem Ausbleiben ihrer Finanzierungsfunktion erdrückende Wirkung entfalten kann.[206] Somit gewährt das Bundesverfassungsgericht dem Bürger gegenüber der Besteuerung faktisch nie den Schutz des Art. 14 Abs. 1 GG. Die Tatsache, daß eine Steuer für den Bürger wirtschaftlich untragbar sein kann, lange bevor sie die bisher als absolut geltende

---

203 Der Erste Senat geht weiter von dieser Ansicht aus und die anderen Obersten Gerichte folgen seiner Ansicht, so z.B. BFHE 89, 422 (441) m. w. N. zur Rechtsprechung des Bundesfinanzhofs und des Bundesverwaltungsgerichts. Zur Rechtsprechung der anderen obersten Bundesgerichte siehe auch *Wieland,* Die Konzessionsabgaben, S. 203ff.

204 So BVerfGE 14, 221 (241).

205 So auch *Tipke,* Die Steuerrechtsordnung, 2.Auf., Bd. I, S. 449.

206 So hat das Bundesverfassungsgericht auch schon Steuern als nicht erdrosselnd eingestuft, obwohl einzelne Unternehmen wegen dieser Steuer ihr Geschäft aufgeben mußten: BVerfGE 16, 147 (187).

Grenze der Erdrosselung erreicht hat, ignoriert das Bundesverfassungsgericht mit dieser Auslegung des Art. 14 Abs. 1 GG.

Gerade wegen der vorgebrachten Kritik an dem vom Bundesverfassungsgericht beschrittenen Weg stellt sich die Frage, ob die Eröffnung des Schutzbereichs von Art. 14 Abs. 1 GG unabhängig von der Intensität des Eingriffs erfolgen sollte. Die hier in Frage stehenden Lenkungssteuern, die bei zu großer Inanspruchnahme des Steuerschuldners in erdrosselnde Steuern „umschlagen", weisen gegenüber den nichtlenkenden Steuern die Besonderheit auf, daß sie eine andere Zielrichtung verfolgen. Erhebt der Staat grundsätzlich Steuern, um seine finanziellen Bedürfnisse zu decken, so wird die möglicherweise erdrosselnde Lenkungssteuer aus einem anderen Grund erhoben. Sie soll dem Staat keine Einkünfte erbringen, sondern das Verhalten der Bürger in eine bestimmte, dem Staat genehme Richtung lenken. Eine interventionistische Steuer muß an bestimmte einzelne Vermögensgegenstände oder an bestimmte Handlungen anknüpfen. Gerade die Verknüpfung des Steuertatbestands mit dem Verhaltensappell tangiert den Schutzbereich des Art. 14 Abs. 1 nun aber unmittelbar, da es gerade der angedrohte staatliche Zugriff auf den Vermögensgegenstand ist, der den Steuerpflichtigen zu einem anderen Verhalten bewegen soll.[207] Demzufolge greift eine Steuer mit interventionischen Zwecken in den Schutzbereich von Art. 14 Abs. 1 GG ein und muß an Art. 14 Abs. 1 GG gemessen werden, da durch die Steuer in die wirtschaftliche Betätigungsfreiheit eingegriffen wird.

Klassifiziert man aber eine erdrosselnde Steuer als Eingriff in den Schutzbereich von Art. 14 Abs. 1 GG, stellt sich die Frage, ob eine Inhalts- und Schrankenbestimmung vorliegt oder ob die Steuer als Enteignung an Art. 14 Abs. 3 GG zu messen ist. Lange wurde gegen die Einbeziehung von Geldleistungspflichten in den Schutzbereich des Art. 14 Abs. 1 GG vorgebracht, daß es sich im Falle des steuerlichen Zugriffs um eine Enteignung i.S.d. Art. 14 Abs. 3 GG handele, welche eine Entschädigungspflicht auslöse.[208] Dem ist jedoch nicht zuzustimmen, da eine Enteignung nur bei einem finalen Eingriff in das Eigentum zur Mittelbeschaffung für den Staat vorliegt.[209] Diese Voraussetzung ist aber bei einer erdrosselnden Steuer nicht gegeben, da diese nicht erhoben wird,

---

207 So auch *Friauf,* Verfassungsrechtliche Grenzen der Wirtschaftslenkung und Sozialgestaltung durch Steuergesetze, S. 45; *Knoll,* AöR 79 (1953/54), 455 (471); *Lerche,* Übermaß und Verfassungsrecht, S. 263, Fn. 22; *Papier,* in: Maunz/Dürig, Kommentar zum Grundgesetz, Art. 14, Rn. 170; *ders.*, Der Staat 11 (1972), 483 (498); *Papier* bejaht den Eingriff in Art. 14 Abs. 1 GG durch Steuern zwar nicht in Hinblick auf interventionistische Steuern, stellt jedoch fest, daß ein Eingriff vorliegt, wenn Steuerpflichten die Innehabung und Nutzung von Eigentum belasten, da sie dann unmittelbar an die grundrechtliche Rechtsstellung anknüpfen.

208 *Wieland,* in: Dreier (Hrsg.), Grundgesetz Kommentar, Bd. I, Art. 14, Rn. 47.

209 *Jarass,* in: Jarass/Pieroth, Kommentar zum Grundgesetz, Art. 14, Rn. 51.

um dem Staat Finanzmittel zu beschaffen, sondern um den Steuerpflichtigen zu einem bestimmten, staatlich erwünschten Verhalten zu bewegen. Ungeachtet der steuerlichen Form handelt es sich primär somit nicht um eine zielgerichtete Mittelbeschaffung, sondern um Verhaltenslenkung, da die Steuer lediglich als Mittel zur Steuerung genutzt wird.[210] Der Staat greift über die erdrosselnde Steuer zwar in das Eigentum des Bürgers ein, nicht jedoch, um ihm diese bestimmte subjektive Rechtsposition auf Dauer zu entziehen, sondern um ihn an einem bestimmten Verhalten zu hindern. Anders als bei einer Enteignung bezieht sich die Finalität der erdrosselnden Steuer nicht auf die Eigentumsposition, sondern auf die Handlung des betroffenen Bürgers. Eine erdrosselnde Steuer muß somit nicht an Art. 14 Abs. 3 GG gemessen werden, sondern an Art. 14 Abs. 1 GG und den Einschränkungen einer Inhalts- und Schrankenbestimmung.

ee) Verfassungsrechtliche Rechtfertigung des Eingriffs in die Eigentumsfreiheit

Nach oben Gesagtem ist die Auferlegung einer erdrosselnden Steuer also als Eingriff in die Eigentumsfreiheit der Steuerpflichtigen anzusehen. Wie jede andere Inhalts- und Schrankenbestimmung kann ein solcher steuerlicher Eingriff verfassungsrechtlich gerechtfertigt werden. Fraglich ist, wann eine lenkende Steuer nicht mehr gerechtfertigt und somit verfassungswidrig ist. Nach der Formel des Bundesverfassungsgerichts ist eine Steuer erdrosselnd und damit verfassungswidrig, wenn sie ihre Finanzierungsfunktion verliert und eine reine Verwaltungsfunktion mit Verbotscharakter innehat.

Wie oben schon kritisiert, ist diese Formel jedoch widersprüchlich und rein theoretischer Natur. Zudem vermag sie den Steuerpflichtigen nicht wirksam vor sehr hohen lenkenden Steuern zu schützen, da eine verbotsgleiche Wirkung von einer Steuer auch ausgehen kann, wenn sie noch eine Finanzierungsfunktion hat. Gleichzeitig besteht die Möglichkeit, daß eine erdrosselnde Steuer aufgrund ihres bedeutsamen Lenkungszwecks trotz ihrer Höhe gerechtfertigt ist. Daher muß jede erdrosselnde Steuer einer verfassungsrechtlichen Zulässigkeitskontrolle im Einzelfall unterzogen werden, wobei es sich um eine doppelte Prüfung handeln muß. Es muß der Lenkungszweck, aber auch die Durchsetzung dieses Zwecks im Wege der Erhebung einer Steuer verfassungsrechtlich zulässig sein.

---

210 *Friauf,* Verfassungsrechtliche Grenzen der Wirtschaftslenkung und Sozialgestaltung durch Steuergesetze, S. 45; *Imboden,* Arch.f.Schweiz. Abgabenrecht, 29 (1960), 2ff.; *Knoll,* AöR 79 (1953/54), 455 (471); *Lerche,* Übermaß und Verfassungsrecht, S. 263, Fn. 22; *ders.,* DÖV 1961, 486 (490); *ders.,* DVBl. 1958, 524 (527, Fn. 35).

α) Institutsgarantie

Die verfassungsrechtliche Rechtfertigung des Eingriffs in ein Grundrecht erfolgt nach den allgemeinen Grundrechtschranken. Diese Grundrechtschranken setzen der allgemeinen Einschränkbarkeit der Grundrechte ihrerseits Grenzen. Eine solche Schranke der Einschränkbarkeit findet sich in der Garantie des Rechtsinstituts Eigentum. Zurückgehend auf die Weimarer Reichsverfassung hat das Bundesverfassungsgericht die Institutsgarantie in seine Rechtsprechung aufgenommen und festgestellt, daß der Gesetzgeber „die grundlegende Wertentscheidung des Grundgesetzes zugunsten des Privateigentums beachten müsse."[211] Allerdings bildet die Institutsgarantie nur die äußerste Grenze des Gesetzgebers.[212] Da die erdrosselnde Steuer die betroffenen Bürger ökonomisch extrem belastet und gerade über diese starke ökonomische Einschränkung ihr Ziel zu erreichen sucht, könnte man annehmen, daß die erdrosselnde Steuer das Eigentum als Institut in Frage stellt. Dem ist allerdings nicht zuzustimmen, da der Gesetzgeber zwar auf die Eigentumswerte des betroffenen Bürgers zugreift, damit jedoch nicht das Privateigentum als solches aufhebt. Vielmehr bedient er sich des Eigentums, um ein bestimmtes Verhalten herbeizuführen. Mit der erdrosselnden Steuer schränkt der Gesetzgeber die Nutzung des Privateigentums auch nicht so weit ein, daß er faktisch die Bedeutung des Eigentums negiert. Somit ist die Institutsgarantie kein wirksamer Schutz gegen die Auferlegung von erdrosselnden Steuern.

β) Verhältnismäßigkeit der erdrosselnden Steuer

Die für die Begrenzung der Einschränkbarkeit von Art. 14 Abs. 1 GG bedeutendere Grenze stellt die Verhältnismäßigkeit des Eingriffs dar.[213] Die Hauptfunktion des Grundsatzes der Verhältnismäßigkeit, wie er seit dem Apothekenurteil[214] des Bundesverfassungsgerichts in ständiger Rechtsprechung praktiziert wird, ist die Aktualisierung und Effektuierung grundrechtlichen Freiheitsschutzes.[215] Im Rahmen der Prüfung der Verhältnismäßigkeit eines Ein-

---

211 BVerfGE 21, 150 (155).

212 *Pieroth/Schlink*, Grundrechte, Rn. 1022; *Manssen*, Grundrechte, Rn. 407.

213 So auch *Wieland*, in: Dreier (Hrsg.), Grundgesetz Kommentar, Bd. I, Art. 14, Rn. 118; *Tipke*, Die Steuerrechtsordnung, 2. Aufl., Bd. I, S. 332, der davon ausgeht, daß Steuernormen, die ein sachgerechtes Prinzip der Besteuerung durchbrechen, immer einer Verhältnismäßigkeitsprüfung unterzogen werden müssen. Nach *Tipke* werden sachgerechte Prinzipen der Besteuerung am häufigsten von Lenkungssteuern durchbrochen.

214 BVerfGE 7, 377 (402ff.; 431).

215 *Grabitz*, AöR 98 (1973), 569 (570). Allgemein zum Verhältnismäßigkeitsprinzip siehe grundlegend: *Lerche*, Übermaß und Verfassungsrecht; *Schlink*, Abwägung im Verfassungsrecht; *Hirschberg*, Der Grundsatz der Verhältnismäßigkeit; *Jakobs*, Der Grundsatz der Verhältnismäßigkeit; *Dechsling*, Das Verhältnismäßigkeitsgebot; *Stelzer*, Das Wesensgehaltsargument und der Grundsatz der Verhältnismäßigkeit. Die Judikatur ist kaum

griffs in Art. 14 Abs. 1 GG muß eine Abwägung zwischen der verfassungsrechtlich garantierten Rechtsstellung und dem Gebot einer sozial gerechten Eigentumsordnung erfolgen, denen der Gesetzgeber in gleicher Weise Rechnung zu tragen hat. Damit ist er verpflichtet, die schutzwürdigen Interessen der Beteiligten in einen gerechten Ausgleich und ein ausgewogenes Verhältnis zu bringen.[216] Zum Teil wird daraus abgeleitet, daß im Falle des Art. 14 Abs. 1 GG der Grundsatz der Verhältnismäßigkeit eine besondere Struktur aufweise und einen spezifischen eigentumsrechtlichen Gehalt mit sich bringe; es handele sich dabei um ein spezifisches Strukturprinzip.[217] Seine besondere Ausprägung erhalte dieses Prinzip durch die Abwägung zwischen der verfassungsrechtlich garantierten Rechtsstellung und dem Gebot einer sozial gerechten Eigentumsordnung. Der Gesetzgeber werde so gleichermaßen daran gehindert, die Position des Eigentümers unverhältnismäßig zu mindern, und gleichzeitig verpflichtet, die Sozialbindung des Eigentums nicht unverhältnismäßig zu verkürzen.[218]

Dagegen wird jedoch eingewandt, daß der Grundsatz der Verhältnismäßigkeit als verbindliche Richtschnur an den Gesetzgeber fungiere und damit rechtsstaatliche Mindestanforderungen einer rechtsfehlerfreien legislatorischen Gestaltungsfreiheit begründe. Auch im Rahmen der Prüfung von Art. 14 Abs. 1 GG seien es eben keine spezifisch eigentumsrechtlichen Eingriffsschranken, sondern die allgemeinen, für alle belastenden Gesetzgebungsakte geltenden Grundsätze.[219] Dieser Ansatz ist überzeugender, da auch das spezifisch eigentumsrechtliche Strukturprinzip letztlich die Übertragung der allgemeinen Grundsätze auf Art. 14 Abs. 1 GG darstellt. Es handelt sich bei dem eigentumsrechtlichen Strukturprinzip also nicht um ein neues Prinzip, sondern es wird nur der Grundsatz der Verhältnismäßigkeit folgerichtig angewandt.

Im Zusammenhang mit einem steuerlichen Eingriff in Art. 14 Abs. 1 GG wird dem Verhältnismäßigkeitsprinzip jedoch auch Indolenz und Ineffizienz vorgeworfen, die in die Bedeutungslosigkeit des Verhältnismäßigkeitsgrundsatzes bei

---

überschaubar, siehe Rechtsprechungsübersichten bei *Wendt,* AöR 104 (1979), 414; *H. Schneider,* Die Güterabwägung des Bundesverfassungsgerichts bei Grundrechtskonflikten; *Ossenbühl,* DVBl. 1995, 904.

216 BVerfGE 25, 112 (118); BVerfGE 37, 132 (139); BVerfGE 52, 1 (29); BVerfGE 58, 300 (335); BVerfGE 70, 191 (200); BVerfGE 71, 230 (246); BVerfGE 79, 174 (198); BVerfGE 81, 208 (220).

217 *Grochtmann,* Art. 14 - Rechtsfragen der Eigentumsdogmatik, S. 25; *Wieland,* in: Dreier (Hrsg.), Grundgesetz Kommentar, Bd. I, Art. 14, Rn. 119; *Rozek,* Die Unterscheidung von Eigentumsbindung und Enteignung, S. 94; *v. Brünneck,* JZ 1990, 992 (994); *Thormann,* Abstufungen in der Sozialbindung des Eigentums, S. 142 und 210.

218 BVerfGE 37, 132 (140); BVerfGE 52, 1 (29); BVerfGE 87, 114 (138).

219 *Papier,* in: Maunz/Dürig, Kommentar zum Grundgesetz, Art. 14, Rn. 38; *ders.,* NWVBl. 1990, 397 (400); *Schmidt-Aßmann,* DVBl.1987, 216 (217).

einem steuerlichen Eingriff in Art. 14 Abs. 1 GG mündeten.[220] Die Bedeutungslosigkeit resultiere aus der begrifflichen Immanenz der Einnahmeerzielung innerhalb eines Steuergesetzes, die als Eingriffsgrund stark formalisiert und so von weiteren Eingriffsmotiven abstrahiert sei. Die Steuer werde allein durch den Zweck der Einnahmeerzielung gerechtfertigt, dieser Zweck ist aber gegenüber der Rechtsposition des Bürgers nicht relativierbar, mithin einer Abwägung unzugänglich.[221] Im Grundsatz müsse dies auch für Steuern mit außerfiskalischer Zielsetzung gelten, da reine Finanzierungssteuern und reine Lenkungssteuern ideale Konträrtypen seien, die im geltenden Recht so kaum feststellbar seien.[222] Solche Erwägungen, aufgrund derer bei Finanzierungssteuern möglicherweise auf eine Verhältnismäßigkeitsprüfung verzichtet werden kann, lassen sich jedoch nicht auf eine erdrosselnde Steuer übertragen. Denn eine erdrosselnde Steuer verfolgt eindeutig keinen Finanzierungszweck, auch wenn sie möglicherweise einen Ertrag abwirft. Die Erdrosselungssteuer ist die Idealform einer Ordnungssteuer und deshalb von der Finanzierungssteuer abzugrenzen. Gerade in ihrem ausschließlich nichtfiskalischen Zweck liegt die Besonderheit dieser Steuer, die den Eingriff in Art. 14 Abs. 1 GG begründet und die Beachtung des Verhältnismäßigkeitsprinzips erforderlich macht. Der gegen das Verhältnismäßigkeitsprinzip bei steuerlichen Eingriffen erhobene Vorwurf, eine Steuer sei immer erforderlich und geeignet, da der Einnahmezweck immer erreicht werde,[223] trifft auf die erdrosselnde Steuer ja gerade nicht zu. In ihrem Fall gilt es zu prüfen, ob der Einsatz einer Steuer zur Durchsetzung eines Verhaltensappells geeignet und erforderlich ist.

Demnach ist eine erdrosselnde Steuer, mit welcher der Staat ein bestimmtes Verhalten zu erzwingen sucht, nur dann verfassungsrechtlich zulässig, wenn sie den allgemeinen Anforderungen an die Verhältnismäßigkeit genügt. Sie muß demnach ein legitimes Ziel verfolgen, zur Erreichung dieses Ziels geeignet und erforderlich sein und schließlich auch der Verhältnismäßigkeit im engeren Sinne genügen.

Zunächst muß das mit der erdrosselnden Steuer verfolgte Ziel legitim sein. Allein die Tatsache, daß mit einer Steuer ein außerfiskalisches Ziel verfolgt wird, macht sie nicht unzulässig. Die Festsetzung des verfolgten Ziels ist der verfassungsrechtlichen Überprüfung weitgehend entzogen, da der Gesetzgeber in der

---

220 *Papier,* in: Maunz/Dürig, Kommentar zum Grundgesetz, Art. 14, Rn. 176; *ders.,* Die finanzrechtlichen Gesetzesvorbehalte und das grundgesetzliche Demokratieprinzip, S. 73.

221 *P. Kirchhof,* DStJG 15 (1993), S. 3 (21); *Sacksofsky,* Umweltschutz durch Abgaben, S. 217.

222 *Papier,* Steuerrecht und Grundgesetz, S. 305.

223 *Papier,* in: Maunz/Dürig, Kommentar zum Grundgesetz, Art. 14, Rn. 176.

Wahl seiner Ziele frei ist.[224] Allerdings muß trotzdem festgestellt werden, welchen Zweck der Gesetzgeber verfolgt, denn allein unter Bezugnahme auf den konkreten Zweck einer Maßnahme kann die Einhaltung der weiteren Anforderungen bestimmt werden.

Der Einsatz der erdrosselnden Steuer zu dem vom Gesetzgeber verfolgten Zweck muß auch geeignet sein, um das Ziel zu erreichen. Grundsätzlich werden mit diesem Prüfungspunkt nur Fälle evidenter Mittelverfehlung erfaßt.[225] Nun ist aber die Wirkung einer erdrosselnden Steuer weit einschneidender als die einer „normalen" Lenkungssteuer, da die erdrosselnde Steuer auf die vollständige Unterbindung des nicht erwünschten Verhaltens zielt. Strebt der Gesetzgeber also die weitgehende Unterbindung oder gar ein vollständiges Verbot an, stellt sich freilich die Frage, ob ein ordnungsrechtliches Verbot nicht weit wirkungsvoller sein würde. Anders als die erdrosselnde Steuer, die allein einen Verhaltensappell ausspricht, der freilich mit extremen ökonomischen Mitteln flankiert wird, wäre ein Verbot absolut und möglicherweise besser zur Zweckverfolgung geeignet. Dagegen spricht jedoch, daß die erdrosselnde Steuer die Vorteile der Lenkungssteuer in sich vereint und sicher nicht vollständig ungeeignet ist, um ein bestimmtes Verhalten zurückzudrängen. Daß möglicherweise nicht die gleiche Erfolgsquote erreicht wird wie bei einem Verbot, liegt in der Natur des Instruments begründet, doch soll beim Einsatz der erdrosselnden Steuer das Verhalten auch nicht notwendigerweise vollständig verboten, sondern nur weitestgehend zurückgedrängt werden. Diese Funktion kann die erdrosselnde Steuer aber in jedem Fall erfüllen, zumal auch ein Verbot nicht immer zu einem hundertprozentigem Erfolg führt - gerade im Bereich des Wirtschafts- und Umweltrechts bestehen große Vollzugsdefizite.[226] Aufgrund ihres ökonomischen Charakters kann die erdrosselnde Steuer bei bestimmten Zielen möglicherweise sogar erfolgreicher als ein Verbot sein. Grundsätzliche Bedenken gegen die Einordnung der erdrosselnden Steuer als geeignetes Mittel bestehen nicht.

Des weiteren müßte die Erhebung einer erdrosselnden Steuer auch erforderlich sein, das heißt, es dürfte kein milderes Mittel vorhanden sein, das mit gleicher Effektivität weniger Grundrechtsbeeinträchtigung hervorriefe.[227] Als milderes

224 BVerfGE 77, 84 (106); *Isensee*, in: Isensee/Kirchhof, Handbuch des Staatsrechts, Bd. V, § 111, Rn.73; *Schnapp*, JuS 1983, 850 (853).

225 Wie z.B. BVerfGE 17, 306 (315); BVerfGE 19, 330 (338); BVerfGE 55, 159 (165); weitere umfangreiche Nachweise bei *Hirschberg*, Der Grundsatz der Verhältnismäßigkeit, S. 50ff.

226 Für den Bereich des Umweltrechts siehe: *Kloepfer*, Umweltrecht, 3. Aufl., § 5, Rn. 157; *Hoppe/Beckmann*, Umweltrecht, § 9, Rn. 2.

227 Z.B. BVerfGE 17, 269 (279); BVerfGE 19, 342 (351); BVerfGE 30, 292 (319); BVerfGE 81, 156 (192); BVerfGE 85, 97 (107); BVerfGE 90, 145 (172).

Mittel könnte man wiederum an ein ordnungsrechtliches Verbot denken, welches das staatlich mißbilligte Verhalten, statt es durch die Steuer ökonomisch zu belasten, einfach untersagte. Dadurch könnte der durch die erdrosselnde Steuer erfolgende Eingriff in das Vermögen des Adressaten als Teil des Schutzbereichs von Art. 14 Abs. 1 GG verhindert werden. Dabei wird allerdings außer acht gelassen, daß ein Verbot zwar nicht in die wirtschaftliche Freiheit der Betroffenen eingreift, jedoch einen intensiven Eingriff in andere Spezialgrundrechte darstellt. Grundsätzlich kann eine erdrosselnde Steuer auch in ein anderes Grundrecht eingreifen als in Art. 14 Abs. 1 GG, nämlich dann, wenn der Betroffene die Steuer nicht entrichtet, sondern sich dem Verhaltensappell beugt. Eine erdrosselnde Steuer kann somit zu einer zweifachen Grundrechtsbelastung führen, da sie zum einen als öffentlich-rechtliche Geldleistungspflicht in die wirtschaftliche Betätigungsfreiheit eingreift, zum anderen aber auch in Freiheitsrechte eingreifen kann. Wegen dieser zweifachen Belastung könnte man nun vertreten, daß ein Verbot, das nur eine Belastung darstellte, ein milderes Mittel sein könnte. Aber auch dieses Argument vermag nicht zu überzeugen. Gerade die vermeintliche zweifache Belastung stellt für den Betroffenen ein „Mehr“ an Freiheit dar, weil ihm, anders als bei einem Verbot, ein Wahlrecht verbleibt. In welchem Grundrecht der Betroffen letztlich eingeschränkt wird, liegt also beim ihm selbst. Dadurch gewinnt der Betroffene eine Möglichkeit, dem Verhaltensappell auszuweichen, ohne sich zu kriminalisieren. Somit ist das Verbot, das wegen seiner absoluten Wirkung dem Betroffenen keinen Spielraum gewährt, nicht das mildere Mittel im Vergleich zu einer erdrosselnden Steuer.

Schließlich muß die erdrosselnde Steuer aber auch verhältnismäßig im engeren Sinne sein.[228] Die Auferlegung von Steuern stellt immer einen Eingriff in die wirtschaftliche Betätigungsfreiheit des Bürgers dar, der jedoch bei den reinen Finanzierungssteuern durch die Notwendigkeit der staatlichen Einnahmeerzielung gerechtfertigt wird.[229] Im Falle der erdrosselnden Steuer kann ihre Auferlegung nicht mit der notwendigen Einnahmeerzielung gerechtfertigt werden, da sie nicht auf die Erzielung von Einnahmen gerichtet ist, sondern auf die Durchsetzung eines Verhaltens. Damit die Wirkung erzielt wird, muß die Steuer zwangsläufig extrem hoch sein. Freilich muß sie nicht unbezahlbar sein, sondern lediglich im Verhältnis zu dem durch die Steuer belasteten Gut oder Verhalten sehr hoch. Trotzdem bedürfen solche erdrosselnden Steuern einer beson-

---

228 Die Terminologie ist insoweit uneinheitlich. Man bezeichnet die Verhältnismäßigkeit i.e.S. auch als angemessen, zumutbar, proportional. Gemeint ist jedoch eine umfassende Güterabwägung. Musterfall: BVerfGE 16, 194 (201).

229 *Vogel,* Der Staat 31 (1986), 481 (517); *Wieland,* in: Dreier (Hrsg.), Grundgesetz Kommentar, Bd. I, Art. 14, Rn. 48; die Gestaltungsbefugnis des Gesetzgebers und die Bedeutung des Sozialstaatsprinzips betonend *Böckenförde,* BVerfGE 93, 149 (163).

deren Rechtfertigung. Da sie eine doppelte Grundrechtsbeeinträchtigung in sich bergen, muß es auch zu einer doppelten Grundrechtsprüfung kommen.

Zunächst ist also zu fragen, ob der von der erdrosselnden Steuer angestrebte Verhaltensappell auch als ordnungsrechtliches Gebot oder Verbot ergehen könnte. Ist das durch die erdrosselnde Steuer sanktionierte Verhalten grundrechtlich besonders geschützt oder womöglich ausdrücklich erwünscht, kann es weder durch ein ordnungsrechtliches Verbot noch durch eine erdrosselnde Steuer untersagt werden. Ist dagegen ein ordnungsrechtliches Verbot grundsätzlich möglich, stellt sich die Frage, ob der mit der Steuer, unabhängig von ihrer Höhe, einhergehende Eingriff in Art. 14. Abs. 1 gerechtfertigt werden kann. Hier kommt es auf das Verhältnis zwischen der Höhe der Steuer, also der Intensität des Eingriffs in die wirtschaftliche Betätigungsfreiheit, und dem Zweck des Verhaltensappells an. Je größer das staatliche Interesse an dem Verhaltensappell, desto eher wird auch der Eingriff in Art. 14 Abs. 1 GG gerechtfertigt sein. Dabei muß auch zum Tragen kommen, ob mit der erdrosselnden Steuer verfassungsrechtlich geschützte Ziele angestrebt werden. So kann eine erdrosselnde Umweltsteuer, welche z.B. den Ausstoß von bestimmten Emissionen hoch besteuert, höher sein, da sie die Staatszielbestimmung Umweltschutz nach Art. 20 a GG verwirklicht, als eine erdrosselnde Steuer, die kein verfassungsrechtlich ähnlich hoch angesiedeltes Ziel verfolgt. Letztlich ist immer zu fragen, ob das hinter der erdrosselnden Steuer stehende Ziel auch durch ein Verbot erreicht werden könnte. Ein Verbot griffe weit mehr in die Grundrechte des Bürgers ein. Die erdrosselnde Steuer bietet dem Bürger dagegen immer noch ein „Mehr" an Freiheit gegenüber einem strikten Verbot. Die möglicherweise kaum noch zu erbringende Steuerlast kann der Betroffene umgehen, indem er sich dem Verhaltensappell beugt. Ist ihm jedoch sehr viel an dem nicht erwünschten Verhalten gelegen, kann er immer noch die Steuer entrichten und dem Verhaltensdruck so entgehen.

ff) Zusammenfassung

Die erdrosselnde Steuer ist demnach an Art. 14 Abs. 1 GG zu messen, da mit einer erdrosselnden Steuer bewußt in den wirtschaftlichen Freiraum des Bürgers eingriffen wird, um ihn zu einem bestimmten Verhalten zu bewegen. Wegen dieses gezielten Eingriffs muß Art. 14 Abs. 1 GG einschlägig sein, selbst wenn Steuern grundsätzlich nicht an ihm gemessen werden. Aber ein Eingriff in die wirtschaftliche Betätigungsfreiheit liegt vor, auch wenn er in das Gewand der Steuer gekleidet ist. Art. 14 Abs. 1 GG selbst stellt jedoch keine starre Grenze dar, deren Überschreiten eine Steuer zu einer verfassungsrechtlich unzulässigen werden läßt. Auch kann keine bezifferbare Obergrenze bestimmt werden, die eine Steuer verfassungsrechtlich unzulässig und ökonomisch unerträglich werden läßt. Eine erdrosselnde Steuer kann, wenn sie zu einem legitimen Zweck eingesetzt wird, auch dann verfassungsrechtlich zulässig sein, wenn sich ein Teil der Betroffenen die Zahlung der Steuer ökonomisch nicht leisten kann. Es kommt dann auf ein angemessenes Verhältnis zwischen dem möglichen Eingriff in die wirtschaftliche Freiheit und dem mit der erdrosselnden Steuer verfolgten Ziel an. Dieses ist für jede Steuer getrennt zu überprüfen: Kann ein staatlich verfolgtes Ziel grundsätzlich mit einem Verbot durchgesetzt werden, ist im Zweifel auch eine erdrosselnde Steuer zulässig. Es kommt folglich auf die Bedeutung des mit der erdrosselnden Steuer verfolgten Zwecks an; je höher dieser verfassungsrechtlich zu beurteilen ist, desto eher darf eine Steuer erdrosselnd hoch sein. Aus dieser Überlegung folgt weiter, daß ein unbedingt zu befolgendes Ziel nicht mit dem Mittel der erdrosselnden Steuer durchgesetzt werden darf, weil diese dem Bürger den Vorteil bietet, dem Verhaltensappell ausweichen zu können.

Die vom Bundesverfassungsgericht aufgestellte Formel, daß eine Steuer dann verfassungsrechtlich unzulässig und damit erdrosselnd ist, wenn sie in eine reine Verwaltungsvorschrift umschlägt, sollte dagegen nicht allein zur Bestimmung der Grenze der verfassungsrechtlich zulässigen Höhe einer Steuer herangezogen werden, da sie durch eine Verhältnismäßigkeitsprüfung im Einzelfall ersetzt werden kann. Auf diese Weise kann dem Bürger ein besserer Schutz vor unverhältnismäßigen Steuern gewährt werden. Der Staat kann das Instrument der erdrosselnden Steuer einsetzen, wenn er damit einen legitimen Zweck verfolgt, der eine Einschränkung der Grundrechte zu rechtfertigen vermag.

(2) Art. 12 Abs. 1 GG

Vor dem Eingriff durch eine erdrosselnde Steuer kann neben Art. 14 Abs. 1 GG auch Art. 12 GG schützen, wenn der Schutzbereich des Grundrechts durch diese steuerliche Maßnahme betroffen ist und dieser Eingriff nicht gerechtfertigt werden kann.

aa) Art. 12 Abs. 1 GG als einheitliches Grundrecht

Art. 12 Abs. 1 GG gewährt allen Bürgern das Recht, ihren Beruf frei zu wählen. Die Berufsausübung, jedoch nur diese, unterliegt dem Wortlaut des Art. 12 Abs. 1 S. 2 GG nach einem Regelungsvorbehalt. Demnach wäre die Berufswahl ein schrankenlos gewährleistetes Grundrecht und müßte folglich verfassungsrechtlich anders behandelt werden als die Berufsausübung. Das Bundesverfassungsgericht ist dem strikten Wortlaut jedoch nicht gefolgt. Es hat schon sehr früh und im folgenden in ständiger Rechtsprechung den in Art. 12 Abs. 1 S. 2 GG enthaltenen Regelungsvorbehalt auch auf die Berufswahl ausgedehnt.[230] Es hat diese Ausweitung damit begründet, daß mit der Berufs-

230 BVerfGE 33, 303 (336); BVerfGE 41, 251 (261).

wahl auch die Berufsausübung beginne, während die Berufsausübung die Berufswahl immer wieder bestätige. Mit der Berufswahl sei somit auch schon die Berufsausübung gewährleistet und umgekehrt.[231] Das Bundesverfassungsgericht hat den Regelungsvorbehalt zunächst nur auf die Berufswahl ausgedehnt, später dann aber auch auf die Wahl von Ausbildungsstätte und Arbeitsplatz.[232] In neueren Entscheidungen spricht das Bundesverfassungsgericht von einem einheitlichen Grundrecht, das unter einem einheitlichen Gesetzesvorbehalt stehe.[233] Art. 12 Abs. 1 GG ist demnach als ein Grundrecht zu betrachten, das grundsätzlich eingeschränkt werden kann.

bb) Erdrosselnde Steuer als Eingriff in den Schutzbereich von Art. 12 Abs. 1 GG

Art. 12 Abs. 1 GG gewährt allen Bürgern das Recht, ihren Beruf, ihren Arbeitsplatz und ihre Ausbildungsstätte frei zu wählen. Art. 12 Abs. 1 GG ist somit - in seiner Eigenschaft als subjektives Recht - die Maßstabsnorm für alle Bestimmungen, die sich auf die berufliche Betätigung beziehen und diese unmittelbar zum Gegenstand haben.[234] Steuerliche Regelungen erfüllen diese Voraussetzung in der Regel nicht, trotz der psychologischen und wirtschaftlichen Barrieren, die durch die Steuer hervorgerufen werden und möglicherweise Bürger an der Ausübung eines Berufs hindern.[235] Auch eine Steuer, die formal einen mehr oder weniger engen Zusammenhang zu einer beruflichen Betätigung aufweist (wie z.B. die Umsatzsteuer), läßt grundsätzlich den von Art. 12 Abs. 1 GG gesicherten Freiheitsraum unberührt.[236]

---

231 BVerfGE 7, 377 (409); BVerfGE 9, 338 (344); BVerfGE 17, 269 (276); BVerfGE 33, 303 (336); *Wieland*, in: Dreier (Hrsg.), Grundgesetz Kommentar, Bd. I, Art. 12, Rn. 56; *Manssen*, in: von Mangoldt/Klein/Starck (Hrsg.), Bonner Kommentar zum GG, Art. 12, Rn. 48; kritisch dazu *Lücke*, Die Berufsfreiheit, S. 26.

232 BVerfGE 33, 303 (336); *Schmidt-Bleibtreu*, in: Schmidt-Bleibtreu/Klein (Hrsg.), Kommentar zum Grundgesetz, Bd. I , Art. 12, Rn. 1; *Meessen*, JuS 1982, 397 (400); *Gubelt*, in: von Münch/Kunig (Hrsg.), Grundgesetzkommentar, Bd. III, Art. 12, Rn. 1.

233 BVerfGE 54, 224 (234); BVerfGE 54, 237 (246); BVerfGE 92, 140 (151); *Bachof*, Die Freiheit des Berufs, in: Grundrechte III, S. 192; *Meesen*, JuS 1982, 397 (400); *Manssen*, in: von Mangoldt/Klein/Starck (Hrsg.), Bonner Kommentar zum GG, Bd. I, Art. 12, Rn. 2; *Breuer*, in: Isensee/Kirchhof, Handbuch des Staatsrechts, Bd. VI, § 148, Rn. 6.

234 BVerfGE 13, 181 (185); BVerfGE 22, 380; *Ipsen*, in: Festgabe für E. Kaufmann, S. 141 (145); *Selmer*, Steuerinterventionismus und Verfassungsrecht, S. 245; *Breuer*, in: Isensee/Kirchhof, Handbuch des Staatsrechts, Bd. VI, § 147, Rn. 20; *Schmidt-Bleibtreu*, in: Schmidt-Bleibtreu/Klein (Hrsg.), Kommentar zum Grundgesetz, Bd. I, Art. 12, Rn. 22; *Bachof*, Die Freiheit des Berufs, in: Grundrechte III, S. 196.

235 BVerfGE 75, 108 (153); BVerfGE 81, 108 (121); BFHE 161, 570 (575); *Breuer*, in: Isensee/Kirchhof, Handbuch des Staatsrechts, Bd. VI, § 148, Rn. 30; *Schmidt-Bleibtreu*, in: Schmidt-Bleibtreu/Klein (Hrsg.), Kommentar zum Grundgesetz, Bd. I, Art. 12, Rn. 23.

236 *Forsthoff*, Die Verfassungswidrigkeit der Zweigstellensteuer, S. 17.

Obwohl Steuern demnach grundsätzlich keine Auswirkungen auf die Berufsfreiheit haben, können sie in Ausnahmefällen in diese eingreifen, wenn sie „in einem engen Zusammenhang mit der Ausübung des Berufs stehen und objektiv eine berufsregelnde Tendenz erkennen lassen".[237] Das bedeutet, daß in der Steuererhebung als solcher oder in der konkreten Ausgestaltung der Steuer die berufsregelnde Tendenz zu erkennen sein muß. Derartige Fälle sind in der Regel gegeben, wenn eine Lenkungssteuer Einfluß auf die Berufsausübung nimmt oder die Berufswahl des Betroffenen über psychologische Hemmnisse hinaus beeinflußt. Eine solche lenkende Steuer mit berufsregelnder Tendenz ist an Art. 12 Abs. 1 GG zu messen. Weist diese jedoch keine berufsregelnde Tendenz auf, was auch bei Lenkungssteuern möglich ist, die überwiegend wirtschaftslenkende Zwecke verfolgen und somit die freie Berufswahl zumindest beeinflussen können, ist der Schutzbereich des Art. 12 Abs. 1 GG nicht berührt.

Die Wirkungen einer erdrosselnden Steuer sind zwar mit der Wirkung einer lenkenden Steuer verwandt, jedoch wesentlich intensiver. Daher sind erdrosselnde Steuern - anders als lenkende Steuern - grundsätzlich an Art. 12 Abs. 1 GG zu messen, wenn sie durch ein Übermaß an wirtschaftlicher Belastung die Ausübung des Berufs dauerhaft unmöglich machen. Die erdrosselnde Steuer wird dann erhoben, um bestimmte Verhaltensweisen oder möglicherweise auch ganze Berufe zu unterdrücken. Zwar ist die erdrosselnde Steuer, wie auch eine lenkende Steuer mit berufsregelnder Tendenz, letztlich ein mittelbarer Eingriff in die Berufsfreiheit, doch wird dieser mittelbare Eingriff über die Höhe der Steuer gezielt herbeigeführt. Grund der Steuererhebung bei der erdrosselnden Steuer ist daher nicht die Einnahme des Steuergeldes, sondern die gewünschte Lenkungswirkung. In diesem Fall wirkt der Staat zwar über ein ökonomisches Instrument auf den Bürger ein, doch tut er dies mit so erdrückendem wirtschaftlichem Zwang und mit genau bestimmtem Ziel, daß der Eingriff in die Berufsfreiheit mit einem unmittelbaren zu vergleichen ist. Soll die erdrosselnde Steuer also gezielt einen Beruf unterdrücken, ist sie immer an Art. 12 Abs. 1 GG zu messen (z.B. die erdrosselnde Besteuerung der Zucht von Kampfhunden). Eine erdrosseinde Steuer, die dagegen nicht auf die Erdrosselung eines Berufs oder eines Berufszweigs zielt, ist nur dann an Art. 12 Abs. 1 GG zu messen, wenn sie

237 BVerfGE 13, 181 (185); BVerfGE 47, 1 (21); BVerfGE 52, 42 (54); BVerfGE 55, 7 (25); BVerfGE 61, 291 (308); BVerfGE 70, 191 (214); BVerfGE 81, 108 (121); *Selmer,* JuS 1974, 661ff.; *ders.* , AöR 101 (1976), 399 (423). Diese Abgrenzung wird in der Literatur zum Teil stark kritisiert, da die Berufsfreiheit, wie jedes andere Grundrecht auch, nicht nur durch finale Eingriffe, sondern von jeder hoheitlichen, rechtlichen oder tatsächlichen Maßnahme tangiert werde. Zudem sei eine Trennung zwischen „objektiv berufsregelnd" und „subjektiv berufsregelnd" kaum zu ziehen. *Breuer,* in Isensee/Kirchhof, Handbuch des Staatsrechts, Bd. VI, § 148, Rn. 31; *Papier,* Der Staat 11 (1972, 483 (494); *ders.,* DVBl. 1984, 801 (805); *Sodan,* DÖV 1987, 858; *Weber/Crezelius,* in: Festschrift für Klein, S. 542 (546).

eine objektiv berufsregelnde Tendenz aufweist (z.B. die Besteuerung von Werkfernverkehr, die Betriebe wirtschaftlich extrem belastet hat[238]). Im letzten Fall wird sie nicht gezielt eingesetzt, um die Erdrosselung einer beruflichen Betätigung herbeizuführen, sondern soll ein anderes Verhalten weitgehend unterdrücken, das sich wiederum mittelbar auf die berufliche Betätigung auswirkt. Dann ist die erdrosselnde Steuer wie eine lenkende Steuer ohne erdrosselnde Wirkung, aber mit berufsregelnder Tendenz zu behandeln. Sie stellt hinsichtlich des Art. 12 Abs. 1 GG einen rein mittelbaren Eingriff dar. Festzuhalten bleibt aber, daß in beiden Fällen ein Eingriff in den Schutzbereich von Art. 12 Abs. 1 GG vorliegt.

cc) Verfassungsrechtliche Rechtfertigung des Eingriffs in die Berufsfreiheit

Wie der Eingriff in die Eigentumsfreiheit nach Art. 14 Abs. 1 GG könnte auch der durch die erdrosselnde Steuer erfolgende Eingriff in die Berufsfreiheit verfassungsrechtlich gerechtfertigt sein.

α) Stufentheorie

Wie schon dargestellt, ist Art. 12 Abs. 1 GG ein einheitliches Grundrecht, das einheitlich unter dem Regelungsvorbehalt steht. Die Grenzen der Einschränkbarkeit des Grundrechts unterscheiden sich jedoch von den übrigen Grundrechten; sie sind aber auch innerhalb des Grundrechts unterschiedlich ausgestaltet.

Anders als bei den übrigen Grundrechten wird der Grundsatz der Verhältnismäßigkeit bei Art. 12 Abs. 1 GG in Gestalt der Stufenlehre angewandt.[239] Wie oben gezeigt, stellt eine erdrosselnde Steuer, die gezielt auf einen bestimmten Beruf gerichtet ist, einen Eingriff in den Schutzbereich von Art. 12 Abs. 1 GG dar. Selbst wenn die erdrosselnde Steuer nicht final auf die Verdrängung eines Berufs gerichtet ist, sondern vornehmlich ein anderes Ziel verfolgt, dabei jedoch eine berufsregelnde Tendenz entfaltet, liegt ein mittelbarer Eingriff in das Grundrecht vor. Allerdings ist damit nicht geklärt, ob der Eingriff in das Grundrecht auf Berufsausübung oder in das Grundrecht auf Berufswahl erfolgt ist. In beide Ausformungen des Grundrechts kann eingegriffen werden, wobei der Freiheit der Berufswahl ein höherer Wert zuerkannt wird als der Berufsausübung, da Einschränkungen der Berufswahl einen die Freiheit des Betroffenen stärker beeinträchtigenden Eingriff darstellen als Einschränkungen der Berufsausübung.[240] Bei einem Eingriff in die Berufswahlfreiheit besteht somit ein

238 BVerfGE 16, 147.

239 Siehe dazu das Apothekenurteil: BVerfGE 7, 377.

240 *Wieland*, in: Dreier (Hrsg.), Grundgesetz Kommentar, Bd. I, Art. 12, Rn. 69; *Breuer*, in: Isensee/Kirchhof, Handbuch des Staatsrechts, Bd. VI, § 147, Rn. 7; *Manssen*, in: von Mangoldt/Klein/Starck (Hrsg.), Bonner Kommentar zum GG, Bd. I, Art. 12, Rn. 121.

erhöhter Rechtfertigungsbedarf. Um diesem erhöhten Rechtfertigungsbedarf zu entsprechen, hat das Bundesverfassungsgericht die Stufentheorie entwickelt, nach der eine abgestufte Rechtfertigungsprüfung erfolgt.

Dafür muß zunächst festgestellt werden, auf welcher „Stufe" der Eingriff erfolgt ist, auf der Stufe der Berufsausübung oder auf der Stufe der Berufswahl. Hinsichtlich der Berufswahlregelungen ist zu differenzieren zwischen objektiven Bedingungen der Zulassung zu einem Beruf, die vom Bewerber nicht beeinflußt werden können und unabhängig von seiner beruflicher Qualifikation zu sehen sind,[241] und subjektiven Zulassungsvoraussetzungen, welche die Wahl eines Berufs an persönliche Eigenschaften, Fähigkeiten und Qualifikationen knüpfen.[242] Schließlich kann der Gesetzgeber eine Einschränkung der Berufsausübung vornehmen. In diesen Fällen regelt er nicht das „ob" der Berufsausübung, sondern das „wie".[243]

Anhand dieser Einstufungen des Eingriffs nimmt das Bundesverfassungsgericht die verfassungsrechtliche Rechtfertigung vor. Dabei bedürfen die in der Regel relativ milden Ausübungsregeln eines geringeren Rechtfertigungsbedarfs als die sehr restriktiven und intensiv beeinträchtigenden objektiven Zulassungsvoraussetzungen. So sind Ausübungsregelungen gerechtfertigt, wenn sie durch vernünftige Erwägungen des Allgemeinwohls begründet werden. Ein Eingriff auf der zweiten Stufe, also eine subjektive Zulassungsvoraussetzung, ist gerechtfertigt, wenn der Schutz von Gemeinschaftsgütern dies erfordert. Ein Eingriff auf der dritten Stufe, der objektiven Zulassungsvoraussetzungen, ist wegen seiner Schwere nur dann zulässig, wenn nur auf diesem Wege höchstwahrscheinliche Gefahren für ein überragendes Gemeinschaftsgut abgewendet werden können. Letztlich ist diese sogenannte Stufentheorie das Ergebnis der strikt angewendeten Verhältnismäßigkeitsprüfung.[244]

---

241 BVerfGE 7, 377 (406); BVerfGE 9, 39 (49); BVerfGE 14, 105 (111); BVerfGE 25, 1 (11); *Wieland,* in: Dreier (Hrsg.), Grundgesetz Kommentar, Bd. I, Art. 12, Rn. 70; *Starck,* VerwArch 71 (1980), 1 (7).

242 BVerfGE 9, 338 (345); BVerfGE 13, 97; BVerfGE 63, 266 (286); BVerwGE 94, 352 (357); *Breuer,* in: Isensee/Kirchhof, Handbuch des Staatsrechts, Bd. VI, § 147, Rn. 7; *Schmidt-Bleibtreu,* in: Schmidt-Bleibtreu/Klein (Hrsg.), Kommentar zum Grundgesetz, Bd. I, Art. 12, Rn. 17.

243 BVerfGE 65, 237 (245).

244 BVerfGE 13, 97 (104); so auch *Manssen,* in: von Mangoldt/Klein/Starck (Hrsg.), Bonner Kommentar zum GG, Bd. I, Art. 12, Rn. 139; *ders.,* Grundrechte, Rn. 564.

β) Einordnung der erdrosselnden Steuer und ihre Verhältnismäßigkeit

aaa) erdrosselnde Steuern als objektive Zulassungsvoraussetzungen

Für die Frage der verfassungsrechtlichen Zulässigkeit der erdrosselnden Steuern ist somit entscheidend, auf welcher Stufe der Eingriff in die Berufsfreiheit erfolgt. Ist eine erdrosselnde Steuer so ausgestaltet, daß sie tatsächlich die Ausübung eines ganzen Berufs verhindert, muß sie als objektive Zulassungsvoraussetzung eingestuft werden. Zwar stellt die erdrosselnde Steuer keinen unmittelbaren Eingriff dar, jedoch ist sie in ihrer mittelbaren Wirkung einer unmittelbaren Maßnahme vergleichbar. Sie kann daher nach vorstehend Gesagtem nur gerechtfertigt werden, wenn überragende Gründe des Allgemeinwohls für die Unterbindung des Berufes sprechen. Es ist somit festzustellen, ob der verfolgte Gemeinschaftszweck tatsächlich nur um den Preis der Grundrechtsbeeinträchtigung erreicht werden kann. Wenn das der Fall ist, zeigt sich allein darin der hohe Wert des Gemeinschaftsguts.[245] Die besondere Schwierigkeit, die sich bei erdrosselnden Steuern ergibt, liegt nicht in der Beschränkung der Berufszugangsmöglichkeiten, sondern in der im Mittel begründeten Unsicherheit. Muß der Gesetzgeber aus überragenden Gründen des Allgemeinwohls die Ausübung eines bestimmten Berufs einschränken, wird er sich nicht auf ein so unsicheres Mittel wie eine erdrosselnde Steuer verlassen können. Der intensive Eingriff in das Grundrecht der Berufsfreiheit kann letztlich nur gerechtfertigt werden, weil das entgegenstehende Gemeinschaftsgut besonders hochwertig ist. In diesem Fall kann die erdrosselnde Steuer den Schutz des überragenden Gemeinschaftsguts in der Regel jedoch nicht gleichwertig einem Verbot schützen. In dem der erdrosselnden Steuer immanenten Vorteil der größeren Freiheit, liegt gleichzeitig ihr Nachteil begründet, daß sie kein ebenso sicheres Mittel ist wie ein Verbot oder eine ausdrückliche Zugangsbeschränkung. Grundsätzlich ist demnach festzuhalten, daß eine erdrosselnde Steuer, die als objektive Zulassungsbeschränkung eingesetzt werden soll, nicht das geeignete Mittel sein wird, um das überragende Rechtsgut zu schützen.

bbb) Erdrosselnde Steuern als Berufsausübungsregeln

Allerdings muß eine erdrosselnde Steuer nicht grundsätzlich als objektive Zulassungsbeschränkung qualifiziert werden. Eine erdrosselnde Steuer, die nicht auf die weitgehende Verdrängung eines ganzen Berufs gerichtet ist, sondern nur auf einen Teil des Berufs oder nur eine wirtschaftliche Betätigung,[246] wird in der Regel eine Berufsausübungsregel sein. Diese erdrosselnden Steuern sind dann in ihrer Wirkung auf die Berufsfreiheit wie eine lenkende Steuer mit berufs-

---

245 So auch *Pieroth/Schlink*, Grundrechte, Rn. 923; *Langer*, JuS 1993, 203 (210); *Manssen*, in: von Mangoldt/Klein/Starck (Hrsg.), Bonner Kommentar zum GG, Bd. I, Art. 12, Rn. 142.

246 Wie z.B. der Werkfernverkehr in BVerfGE 16, 147.

regelnder Tendenz zu behandeln. Ihre erdrosselnde Wirkung entfalten sie nicht hinsichtlich der Wahl eines Berufes, sondern nur bezüglich eines Verhaltens, und tangieren das Freiheitsgrundrecht der Berufsausübung. Ihre Intention ist aber in diesen Fällen nicht, einen Beruf vollständig zurückzudrängen, so daß der Eingriff nicht erst auf der Stufe der objektiven Zulassungsvoraussetzungen erfolgt, sondern bereits auf der Stufe der Berufsausübungsregel. In diesen Fällen reichen für die verfassungsrechtliche Rechtfertigung des Eingriffs in Art. 12 Abs. 1 GG sachgerechte Gründe aus. Eine erdrosselnde Steuer kann also als Mittel der Reduktion eines Teils eines Berufs eingesetzt werden, wenn sachgerechte Gründe dafür vorliegen. Im Beispiel der Besteuerung des Werkfernverkehrs mußten einige Betriebe aufgeben, weil die Kosten durch die Besteuerung und den Werkfernverkehr unrentabel machten. Die eigentliche wirtschaftliche Betätigung der Betriebe lag freilich nicht im Werkfernverkehr, der lediglich dazu diente, ihre Produkte auszuliefern und zu verkaufen. Das Bundesverfassungsgericht hat in diesem Fall anerkannt, daß es sich um eine Steuer mit berufsregelnder Tendenz handele, von der allerdings keine erdrosselnde Wirkung ausgehe.[247]

dd) Zusammenfassung

Eine erdrosselnde Steuer, die dazu führt, daß ein Beruf insgesamt oder in Teilen nicht mehr ausgeübt werden kann, stellt einen Eingriff in Art. 12 Abs. 1 GG dar. Schwierigkeiten bereitet allerdings die Einordnung des Eingriffs in das Stufensystem, welches das Bundesverfassungsgericht hinsichtlich Art. 12 Abs. 1 GG entwickelt hat. Je nach Zielrichtung der erdrosselnden Steuer kann diese eine objektive Zulassungsbeschränkung darstellen oder auch „nur" eine Berufsausübungsregel. Grundsätzlich kann auch eine erdrosselnde Steuer als objektive Zulassungsvoraussetzung gerechtfertigt sein, wenn mit ihr ein überragendes Rechtsgut, das der Berufsfreiheit entgegensteht, geschützt wird. Allerdings bedarf gerade ein so überragendes Rechtsgut, das die Einschränkung der Berufswahl auf objektiver Stufe zu rechtfertigen vermag, besonderen Schutzes. Diesen vermag aber eine erdrosselnde Steuer wegen der ihr immanenten Wahlfreiheit, die Steuer zu zahlen oder das Verhalten zu unterlassen, gerade nicht zu gewähren, so daß dieser Schutz allein durch ein ordnungsrechtliches Ver- oder Gebot gewährleistet werden kann.[248] Sie ist folglich kein geeignetes Mittel zur Durchsetzung der objektiven Zulassungsbeschränkung. Als reine Ausübungsregel kann eine erdrosselnde Steuer allerdings eingesetzt werden und ist bei sachgerechten Gründen, die für sie sprechen, auch gerechtfertigt.

---

247 BVerfGE 16, 147 (185).

248 Siehe zu dem grundsätzlichen Problem *P. Kirchhof,* in: Wendt, u.a. (Hrsg.), Festschrift für Friauf, S. 669 (679); *P. Kirchhof,* DStJG Bd. 15 (1993), S.3 (7).

(3) Art. 2 Abs. 1 GG

Nach der eingehenden Prüfung der erdrosselnden Steuer anhand des Grundrechts auf Eigentumsfreiheit nach Art. 14 Abs. 1 GG und, falls die erdrosselnde Steuer berufsregelnde Tendenz aufweist, des Grundrechts auf Berufsfreiheit nach Art. 12 Abs. 1 GG, könnte eine erdrosselnde Steuer auch in die allgemeine Handlungsfreiheit nach Art. 2 Abs. 1 GG eingreifen. Geht man anders als nach der hier vertretenen Ansicht davon aus, daß Art. 14 Abs. 1 GG nicht vor Auferlegung von Geldleistungspflichten schützt, muß Art. 2 Abs. 1 GG geprüft werden, da in diesem Falle das Steuergesetz in die allgemeine Handlungsfreiheit in ihrer wirtschaftlichen Ausprägung eingreift.[249] Da Art. 2 Abs. 1 GG jedoch durch jedes verfassungskonforme Gesetz einschränkbar ist, ist der durch Art. 2 Abs. 1 GG vermittelte Schutz vor Besteuerung weitaus geringer als durch Art. 14 Abs. 1 GG.[250] Da der Schutzbereich des Art. 14 Abs. 1 GG nach richtiger Auffassung auch durch einen steuerlichen Eingriff eröffnet werden kann, bedarf es eines Rückgriffs auf den Art. 2 Abs. 1 GG in seiner Ausformung als wirtschaftliche Handlungs- und Betätigungsfreiheit nicht mehr. Art. 2 Abs. 1 GG kommt somit allein in seiner Funktion als Auffanggrundrecht in Betracht.[251] Da diese Auffangfunktion jedoch nur dann zum Tragen kommt, wenn kein spezielles Grundrecht - wie z.B. Art. 14 Abs. 1 GG - einschlägig ist, bedarf es einer weiteren Prüfung hier nicht.

b) Allgemeiner Gleichheitssatz

Einer erdrosselnden Steuer können aber nicht nur die zuvor geprüften Freiheitsrechte entgegenstehen, sondern auch der allgemeine Gleichheitssatz aus Art. 3 Abs. 1 GG. Der Gleichheitssatz und die aus ihm abgeleiteten steuerspezifischen Prinzipien sind für das Steuerrecht von herausragender Bedeutung; durch die Anforderungen des Gleichheitssatzes soll es zu einer gleichen Steuerbelastung für alle Bürger kommen. Nach *Herzog* ist der Gleichheitssatz die „Magna Charta" des Steuerrechts[252] und nach *Vogel/Waldhoff* ist der Gleichheitssatz der Hauptprüfungsmaßstab zur Beurteilung der Verfassungsmäßigkeit von Steuer-

---

249 Ständige Rechtsprechung seit BVerfGE 4, 7 (17); siehe im weiteren BVerfGE 10, 89 (116); BVerfGE 75, 108 (154); BVerfGE 78, 232 (245); BVerfGE 91, 207 (220). Ob diese Rechtsprechung seit dem Urteil des Zweiten Senats des Bundesverfassungsgerichts zu den Einheitswertbeschlüssen aufrecht erhalten bleiben wird, ist derzeit noch unklar. Der Erste Senat sowie die übrigen Obersten Gerichte haben sich von der bisherigen Rechtsprechung jedoch noch nicht abgewandt.

250 *Kloepfer*, in: Mackscheidt/Ewringmann/Gawel (Hrsg.), Festschrift für Hansmeyer, S.161 (165).

251 Dazu *Dreier*, in: Dreier (Hrsg.), Grundgesetz Kommentar, Bd. I, Art. 2 Abs. 1, Rn. 22.

252 *Herzog*, in: Bund der Steuerzahler (Hrsg.), VI. Deutscher Steuerzahlerkongreß, S. 11.

gesetzen.[253] Auch *Isensee* betont, daß die Steuer mit der Gleichheit stehe und falle; da sie sich nicht aus dem individuellen Interesse des Bürgers rechtfertigen lasse, sondern nur aus dem Interesse der Allgemeinheit, akzeptiere der Bürger die Besteuerung nur, wenn die Last alle Bürger in gleichem Maße treffe. Die Lastengleichheit sei zudem wesentliches Merkmal des Steuerstaats, da dieser auf die Partizipation an den wirtschaftlichen Leistungen seiner Bürger angewiesen sei. Ohne das Prinzip der Steuergleichheit sei jedoch die Steuermoral der Bürger nicht aufrechtzuerhalten.[254] Somit dient die Steuergerechtigkeit nicht nur dem steuerpflichtigen Bürger, sondern kommt unmittelbar auch dem steuererhebenden Staat zugute.

Im folgenden soll daher geprüft werden, inwieweit die allgemeinen Anforderungen der Steuergerechtigkeit auf eine erdrosselnde Steuer übertragen werden können. Ist die erdrosselnde Steuer an diesen steuerspezifischen Anforderungen des Art. 3 Abs. 1 GG zu messen, muß geprüft werden, ob eine erdrosselnde Steuer dagegen verstößt.

(1) Allgemeine Bedeutung des Gleichheitssatzes

Der Gleichheitssatz gemäß Art. 3 Abs. 1 GG enthält nach der Rechtsprechung des Bundesverfassungsgerichts die allgemeine Weisung, bei steter Orientierung am Gerechtigkeitsgedanken Gleiches gleich, Ungleiches seiner Eigenart entsprechend verschieden zu behandeln.[255] Nach dieser Rechtsprechung ist der Gleichheitssatz immer dann verletzt, wenn sich ein vernünftiger, ein sich aus der Natur der Sache ergebender oder sonstwie sachlich einleuchtender Grund für die gesetzliche Differenzierung oder Gleichbehandlung nicht finden läßt, kurzum, wenn die Bestimmung als willkürlich bezeichnet werden muß. Es darf weder wesentlich Gleiches *willkürlich ungleich*, noch darf wesentliches Ungleiches *willkürlich gleich* behandelt werden.[256] Dabei kommt es nach dem Gericht auf den jeweiligen Sachbereich an, die Prüfung ist daher auch „sachbereichsbezogen".[257] Das Bundesverfassungsgericht versteht Willkür „im objektiven Sinn

---

253 *Vogel/Waldhoff*, Grundlagen des Finanzverfassungsrechts, Rn. 500.

254 *Isensee*, StuW 1994, 1 (7); *ders.*, in: Stödter/Thieme (Hrsg.), Festschrift für Ipsen, S. 409 (418).

255 Grundlegend BVerfGE 3, 35 (135); ferner BVerfGE 18, 38 (46); BVerfGE 42, 64 (72); BVerfGE 71, 255 (271); in der Literatur grundlegend *Leibholz*, dessen Arbeit lange das Verständnis des Gleichheitssatzes prägte: *Leibholz*, Die Gleichheit vor dem Gesetz, 2. Aufl.

256 BVerfGE 4, 144 (155), BVerfGE 86, 81 (87); ähnlich auch schon BVerfGE 1, 14 (52); BVerfGE 27, 364 (371); BVerfGE 78, 104 (121).

257 BVerfGE 75, 108 (157); BVerfGE 76, 256 (329); BVerfGE 83, 89 (107); BVerfGE 85, 176 (187); BVerfGE 89, 132 (142); BVerfGE 90, 145 (196); BVerfGE 83, 239 (268) spricht von einer „bereichsbezogenen" Prüfung.

als eine Maßnahme, die im Verhältnis zu der Situation, derer sie Herr werden will, tatsächlich und eindeutig unangemessen ist".[258]

Allerdings wurde diese Formel wegen ihrer „leerformelhaftigen Ungenauigkeit"[259] stark kritisiert. Dieser Kritik suchte das Bundesverfassungsgericht, insbesondere der Erste Senat, seit Beginn der 1980er Jahre zu begegnen, indem er die sog. neue Formel einführte. Nach dieser neuen Formel soll der Gleichheitssatz dann verletzt sein, „wenn eine Gruppe von Normadressaten im Vergleich zu anderen Normadressaten anders behandelt wird, obwohl zwischen beiden Gruppen keine Unterschiede solcher Art und Güte bestehen, daß sie eine ungleiche Behandlung rechtfertigen könnten."[260] Daraus folgt, daß das Verhältnismäßigkeitsprinzip auf die Ungleichbehandlung angewendet wird und sich so die Kontrolldichte erhöht.[261] Der Unterschied zu der älteren Rechtsprechung des Bundesverfassungsgerichts besteht darin, daß die ältere Formel einen sachlichen Grund als Rechtfertigungsgrund ausreichen ließ,[262] während nach der neuen Formel der rechtfertigende Grund auch in einem angemessenen Verhältnis zur Ungleichbehandlung stehen muß.[263] Allerdings geht das Bundesverfassungsgericht nur dann zu einer Verhältnismäßigkeitsprüfung über, wenn sich die Ungleichbehandlung auf Personen bezieht und nicht nur auf bloße Sachverhalte.[264] Ob das hinsichtlich des Umstands, daß letztlich alle Sachverhalte einen

---

258 BVerfGE 80, 48 (51); BVerfGE 83, 82 (84); zum ersten Male BVerfGE 2, 266 (281), seitdem ständige Rechtsprechung, wenngleich z.T. in leicht abgewandelter Form, vgl. BVerfGE 70, 93 (97).

259 *Böckenförde*, Der allgemeine Gleichheitssatz und die Aufgabe des Richters, S. 48; *Scholler*, Die Interpretation des Gleichheitssatzes als Willkürverbot oder als Gebot der Chancengleichheit, S. 36; *Schoch*, DVBl. 1988, 863 (875); *Maaß*, NVwZ 1987, 14 (20); *Martini*, Art.3 Abs. 1 GG als Prinzip absoluter Rechtsgleichheit, S. 19.

260 Ständige Rechtsprechung: BVerfGE 55, 72 (88); BVerfGE 60, 123 (133); BVerfGE 74, 9 (24); BVerfGE 81, 1 (8); BVerfGE 81, 108 (118); BVerfGE 81, 156 (205); BVerfGE 87, 234 (255).

261 Dezidiert so *Katzenstein* im Sondervotum zu BVerfGE 74, 28 (30); *Hesse*, AöR 109 (1984), 174 (189); *Robbers*, DVBl. 1988, 749 (751); *Wendt*, NVwZ 1988, 778 (781); *Kloepfer*, Gleichheit als Verfassungsfrage, S. 54ff; *Robbers*, DVBl. 1988, 749 (751); *Wendt*, NVwZ 1988, 778 (784); *Jarass*, NJW 1997, 2545 (2549).

262 *Hesse*, AöR 109 (1984), 174 (189); *Gubelt*, in: von Münch/Kunig (Hrsg.), Grundgesetzkommentar, Bd. I, Art. 3, Rn. 14; *Heun*, in: Dreier (Hrsg.), Grundgesetz Kommentar, Bd. I, Art. 3, Rn. 19.

263 BVerfGE 81, 208 (224); BVerfGE 82, 126 (146).

264 BVerfGE 78, 104 (121); BVerfGE 83, 1 (23); BVerfGE 89, 15 (22); BVerfGE 89, 365 (375); BVerfGE 90, 46 (56); *Hesse*, in: Badura/Scholz (Hrsg.), Festschrift für Lerche, S. 121 (124).

personalen Bezug aufweisen, ein sinnvolles Abgrenzungskriterium ist, ist fraglich.[265]

Der Zweite Senat hat die „neue Formel“ zwar zum Teil übernommen,[266] betont jedoch stärker als der Erste Senat die „Eigenart des zu regelnden Sachbereichs“ und stellt darauf ab, ob sich die Ungleichbehandlung „sachbereichsbezogen - auf einen vernünftigen oder sonstwie einleuchtenden Grund zurückführen läßt“.[267] Obwohl zum Teil vertreten wird, daß zwischen beiden Auffassungen ein gravierender Unterschied bestünde,[268] sind sie sich letztlich doch sehr ähnlich: Das Bundesverfassungsgericht hat schon früher auf den Sachbereich abgestellt,[269] und der Begriff des wesentlich Gleichen der alten Formel läßt ebenfalls Abstufungen zu, freilich ohne diese Abstufungen klar auszuweisen.

(2) Steuergerechtigkeit

Aus dem allgemeinen Gleichheitssatz des Art. 3 Abs. 1 GG hat das Bundesverfassungsgericht das Prinzip der Steuergerechtigkeit abgeleitet.[270] Die Herleitung der Steuergerechtigkeit aus Art. 3 Abs. 1 GG entspricht der Bedeutung, die dem Gleichheitssatz als einer der grundlegenden Gerechtigkeitsvorstellungen des Grundgesetzes zukommt.[271] Dabei entfaltet sich die Wirkung des Art. 3 Abs. 1 GG sowohl hinsichtlich der gleichmäßigen Anwendung der Steuergesetze durch Finanzbehörden und Finanzgerichte (*Rechtsanwendungsgleichheit*)[272] wie auch hinsichtlich des Steuergesetzgebers, der ebenfalls an den Gleichheitssatz gebunden ist (*Rechtssetzungsgleichheit*).[273]

---

265 *Hesse,* in: Badura/Scholz (Hrsg.), Festschrift für Lerche, S. 121 (128); *Leibholz,* Die Gleichheit vor dem Gesetz, S. 173; *ders.,* in: Link (Hrsg.), Der Gleichheitssatz im modernen Verfassungsstaat, S. 106.

266 BVerfGE 75, 108 (157); BVerfGE 75, 256 (329); BVerfGE 78, 249 (287); BVerfGE 92, 277 (318).

267 BVerfGE 75, 108 (157); BVerfGE 83, 239 (268).

268 *Robbers,* DVBl. 1988, 749 (751); *Wendt,* NVwZ 1988, 778 (779); kritisch dagegen *Böckenförde,* VVSDStRL 47 (1989), 96 (Diskussionsbeitrag).

269 BVerfGE 17, 122 (130); siehe dazu auch *Sacksofsky,* Das Grundrecht auf Gleichberechtigung, S. 307.

270 BVerfGE 6, 70; BVerfGE 9, 9; BVerfGE 13, 202; BVerfGE 23, 253; 84, 268; u.a.; siehe auch *Tipke,* Die Steuerrechtsordnung, 2. Aufl., Bd. 1, S. 298 m.w.N.

271 *Zippelius,* VVDStRL 47 (1989), 7 (23); *G. Müller,* VVDStRL 47 (1989), 37 (43); *Huster,* Rechte und Ziele - Zur Dogmatik des allgemeinen Gleichheitssatzes, S. 29.

272 Grundlegend BVerfGE 84, 239 (Zinssteuerurteil des Bundesverfassungsgerichts); BFH BStBl. 1992, 707; BFH BStBl. 1997, 499 (508); BFH BStBl. 1999, 361; *Eckhoff,* Rechtsanwendungsgleichheit im Steuerrecht; *Ondracek,* in: Kley/Sünner/Willemsen (Hrsg.), Festschrift für Ritter, S. 227.

273 BVerfGE 1, 52 ; BVerfGE 32, 360; BVerfGE 34,328; BVerfGE 42, 72.

Die oben dargestellten Standards hinsichtlich des Gleichheitssatzes wendet das Bundesverfassungsgericht auch in seinen steuerrechtlichen Entscheidungen an. Dabei wurde dem Gericht in der Vergangenheit zum Teil vorgeworfen, daß es dem Gesetzgeber zu viel Gestaltungsspielraum einräume und so die Bedeutung des Gleichheitssatzes und der Steuergerechtigkeit nicht ausreichend zur Geltung komme.[274] Die gegenwärtige Rechtsprechungspraxis des Bundesverfassungsgerichts überprüft nämlich nur die einzelne Steuer in ihrem Binnenbereich, nicht aber das Gesamtsteuersystem.[275] Hinzukommt, daß das Bundesverfassungsgericht vertritt, daß das Gebot der Gleichmäßigkeit der Steuerbelastung den Gesetzgeber nicht in seinem Entscheidungsspielraum bei der Auswahl des Steuergegenstandes einschränke.[276] Allerdings wird dieser dem Steuergesetzgeber vom Bundesverfassungsgericht zugebilligte weitreichende Entscheidungsspielraum bei der Erschließung von Steuerquellen durch erhöhte Anforderungen an die Umsetzung der einmal getroffenen Belastungsentscheidung beschränkt.[277] Das bedeutet, daß der Gesetzgeber die einmal getroffene Belastungsentscheidung folgerichtig i.S.d. Belastungsgleichheit umsetzen muß.[278] Der Grundsatz der Steuergerechtigkeit wird im Steuerrecht also vor allem über die sachgerechte Umsetzung der Belastungsentscheidung des Gesetzgebers hergestellt. Eingeschränkt wird der Gedanke der Folgerichtigkeit der gesetzlichen Regelung im Steuerrecht jedoch durch den Umstand, daß bisher immer nur einzelne Steuernormen auf ihre innere Konsequenz überprüft wurden, nicht jedoch das gesamte Steuersystem auf seine Systemgerechtigkeit.[279]

---

274 *Tipke*, Die Steuerrechtsordnung, 2. Aufl., S. 291; *Trzaskalik*, Inwieweit ist die Verfolgung ökonomischer, ökologischer und anderer öffentlicher Zwecke durch Instrumente des Abgabenrechts zu empfehlen?, Gutachten E für den 63. Deutschen Juristentag, S. E 57.

275 *Tipke*, Die Steurechtsordnung, 2. Aufl., S. 305; *Trzaskalik*, Inwieweit ist die Verfolgung ökonomischer, ökologischer und anderer öffentlicher Zwecke durch Instrumente des Abgabenrechts zu empfehlen?, Gutachten E für den 63. Deutschen Juristentag, S. E 57.

276 BVerfG DStR 1999, 109 (111).

277 *Vogel*, DStJG Bd.12 (1989), S.123; *Osterloh*, in: Sachs (Hrsg.), Kommentar zum Grundgesetz, Art. 3, Rn. 142; *Trzaskalik*, Inwieweit ist die Verfolgung ökonomischer, ökologischer und anderer öffentlicher Zwecke durch Instrumente des Abgabenrechts zu empfehlen?, Gutachten E für den 63. Deutschen Juristentag, S. E 58.

278 So auch das Bundesverfassungsgericht BVerfGE 96, 1 (6): „Soweit das Einkommenssteuerrecht mehrere Einkunftsarten unterscheidet und daran auch unterschiedliche Rechtsfolgen knüpft, müssen letztere ihre Rechtfertigung - wenn auch in typisierender und generalisierender Weise - in sachlichen Gründen finden.“, bestätigt durch BVerfGE 99, 88 (95), wobei dort von besonderen sachlichen Gründen die Rede ist.

279 Allgemein zur Systemgerechtigkeit siehe *Battis*, in: Stödter/Thieme (Hrsg.), Festschrift für Ipsen, S. 11; *Degenhart*, Systemgerechtigkeit und Selbstbindung des Gesetzgebers als Verfassungspostulat; *ders*, JZ 1985, 886; *ders.*, DÖV 1981, 477; *Peine*, Systemgerechtigkeit; *Kischel*, AöR 124 (1999), 189; *Haass*, KJ, 2002, 104; *Gubelt*, in: von

aa) Prinzip der Leistungsfähigkeit

Aus dem Prinzip der Steuergerechtigkeit, das seinerseits aus dem allgemeinen Gleichheitsgrundrecht abgeleitet wird, entnehmen das Bundesverfassungsgericht und die herrschende Lehre das Prinzip der Leistungsfähigkeit, wonach die Besteuerung anhand der wirtschaftlichen Leistungsfähigkeit erfolgen muß und prinzipiell alle Steuerpflichtigen gleichmäßig nach ihrer Leistungsfähigkeit zum Tragen der Steuerlast herangezogen werden sollen.[280] Alle Bürger sollen ihrer Leistungsfähigkeit entsprechend zur Finanzierung des Gemeinwesens beitragen und so die ihren wirtschaftlichen Fähigkeiten angemessene und trotzdem vergleichbare Last tragen.

Anders als die Weimarer Reichsverfassung vom 11. 08. 1919, deren Art. 134 WRV bestimmte: „Alle Bürger ohne Unterschied tragen im Verhältnis ihrer Mittel zu allen öffentlichen Lasten nach Maßgabe der Gesetze bei." und zahlreiche Verfassungen anderer Länder,[281] enthält das Grundgesetz keine entsprechende steuerrechtliche Spezialnorm.[282] Trotzdem ist das Prinzip der Leistungsfähigkeit von großen Teilen der Literatur als Fundamentalprinzip gerechter Besteuerung anerkannt.[283]

Allerdings wird auch die gegenteilige Ansicht vertreten, nach der das Leistungsfähigkeitsprinzip kein Fundamentalprinzip des Steuerrechts sein könne, da ein solches nicht beschränkbar sei. Aus diesem Grunde könne man das Leistungsfähigkeitsprinzip nicht als Strukturprinzip bezeichnen, da es unter be-

---

Münch/Kunig (Hrsg.), Grundgesetzkommentar, Bd. 1, Art. 3, Rn. 30; *Starck*, in: von Mangoldt/Klein/Starck (Hrsg.), Bonner Kommentar zum GG, Art. 3, Rn. 44.

280 BVerfGE 6, 55 (67); BVerfGE 8, 51 (68); BVerfGE 9, 237 (243); BVerfGE 13, 290 (197); BVerfGE 14, 34 (41); BVerfGE 27, 58 (64); BVerfGE 32, 333 (339); BVerfGE 36, 66 (72); BVerfGE 43, 108 (120); BVerfGE 47, 1 (29); BVerfGE 55, 274 (302); BVerfGE 61, 319 (343); BVerfGE 66, 214 (223); *Birk*, Das Leistungsfähigkeitsprinzip als Maßstab der Steuernormen, S. 21ff.; *Schuppert*, in: Fürst/Herzog/Umbach (Hrsg.), Festschrift für Zeidler, S. 691 (711); *Tipke*, Die Steuerrechtsordnung, 2. Aufl., S. 481; *Tipke/Lang*, Steuerrecht, 17. Aufl., § 4, Rn. 81; *Jachmann*, Verfassungsrechtliche Grenzen der Besteuerung, S. 7; *dies.*, in: von Mangoldt/Klein (Hrsg.), Bonner Kommentar zum GG, Bd. III, Art.105, Rn. 25; a.A. *Kruse*, StuW 1990, 322 (327), der vertritt, daß das Prinzip der Leistungsfähigkeit sich nicht aus dem Gleichheitssatz oder aus der Steuergerechtigkeit ergebe, sondern die Steuergerechtigkeit nur konkretisiere, d.h. das Leistungsfähigkeitsprinzip mache die Steuergerechtigkeit erst anwendbar.

281 Siehe dazu *Tipke*, Die Steuerrechtsordnung, 2. Aufl., S. 488ff.

282 Zur Diskussion über die Aufnahme des Leistungsfähigkeitsprinzips in eine Verfassungsnorm, siehe *Schemmel*, StuW 1995, 39ff.

283 *Tipke*, Die Steuerrechtsordnung, 2. Aufl., S. 480; *Tipke/Lang*, Steuerrecht, 17. Aufl., § 4, Rn. 83; *dies.*, StuW 1984, 127 (129); *Birk*, Das Leistungsfähigkeitsprinzip als Maßstab der Steuernormen, S. 236; *P. Kirchhof*, StuW 1984, 297 (303); *ders*, StuW 1985, 310; *Friauf*, StuW 1985, 308 (312).

stimmten Umständen (z.B. im Falle einer Lenkungssteuer) eingeschränkt werde, ein Strukturprinzip aber nicht eingeschränkt werden könne. Zudem sei es untauglich, weil es zu unbestimmt und vieldeutig sei, um daraus Schlüsse ziehen zu können.[284] Dem ist jedoch entgegenzuhalten, daß das Leistungsfähigkeitsprinzip zwar relativ unbestimmt sein mag,[285] doch spricht allein seine Unbestimmtheit nicht gegen ein Rechtsprinzip. Vielmehr liegt es in der Natur eines Prinzips, daß es unbestimmt ist, da dem Prinzip ein hoher Grad an Allgemeinheit eigen sein muß.[286] Zudem kann gegen ein Prinzip nicht eingewandt werden, daß es einschränkbar sei. Auch die Privatautonomie, ein Fundamentalprinzip des Zivilrechts, ist zugunsten des schwächeren Vertragspartners einschränkbar. Allein die Möglichkeit der Restriktion läßt es nicht zu, die Privatautonomie als Fundamentalprinzip zu bestreiten. Gleiches gilt für das Leistungsfähigkeitsprinzip, das zwar unbestimmt ist, nicht jedoch unbestimmbar.[287]

Leistungsfähigkeitsprinzip ist nur die verkürzte Bezeichnung für „Prinzip gleichmäßiger Besteuerung nach der Leistungsfähigkeit.[288] Da Steuern nur aus dem gespeicherten Einkommen entrichtet werden können, liefert das Leistungsfähigkeitsprinzip den Ansatz zur Bestimmung, welchen Teil des Einkommens der Bürger als Steuer abzuführen hat. Das Leistungsfähigkeitsprinzip verlangt daher, daß die Steuerlast mit dem Einkommen wächst. Es geht dabei von der wirtschaftlichen Leistungsfähigkeit aus, die sich im Einkommen ausdrückt, wobei allerdings die steuerliche Leistungsfähigkeit hinter der wirtschaftlichen zurückbleiben muß, da jeder Bürger einen Teil seines Einkommens für seine eigene Existenz oder die seiner Familie benötigt. Steuerliche Leistungsfähigkeit ist somit die Fähigkeit von Personen, Steuern aus dem gespeicherten Einkommen entsprechend der Höhe ihres disponiblen Einkommens zahlen zu können. Gleiches gilt für Unternehmen, auf den Gewinn bezogen.[289]

---

284 *Kruse*, in: Wendt u.a. (Hrsg), Festschrift für Friauf, S. 793; *ders.*, StuW 1990, 322 (327ff.); *ders.*, DStJG 5 (1982), S. 77; *Arndt*, NVwZ 1988, 787 (791); *ders.*, in: Damrau (Hrsg.), Festschrift für Otto Mühl, S. 17 (29); *K. Schmidt*, JbFSt. 1995/1996, S.31; *Martens*, KritV 1987, 39.

285 So auch *Tipke*, Die Steuerrechtsordnung, 2. Aufl., S. 492; *Tipke/Lang*, Steuerrecht, 17. Aufl., § 4, Rn. 83.

286 Das hat das Leistungsfähigkeitsprinzip mit anderen Rechtsprinzipien gemein, so z.B. mit dem Rechtsstaatsprinzip, dem Sozialstaatsprinzip, dem zivilrechtlichen Prinzip von Treu und Glauben etc. Dazu auch *Huster*, Rechte und Ziele - Zur Dogmatik des allgemeinen Gleichheitssatzes, S. 369.

287 *Tipke*, Die Steuerrechtsordnung, 2. Aufl., S. 491.

288 *Tipke*, Die Steuerrechtsordnung, 2. Aufl., S. 480.

289 *Tipke*, Die Steuerrechtsordnung, 2. Aufl., S. 481; *Schuppert*, in: Fürst/Herzog/Umbach (Hrsg.), Festschrift für Zeidler, S. 691 (711); *Kruse*, StuW 1990, 322 (327); *Arndt/Schumacher*, AöR 118 (1993), 513 (518); *Bach*, StuW 1991, 116 (117); *Jach-*

bb) Anwendbarkeit des Leistungsfähigkeitsprinzips auf Lenkungssteuern

Die Anwendbarkeit des Leistungsfähigkeitsprinzips auf die verschiedenen Steuerarten ist nicht unumstritten:[290] Eindeutig steht die Anwendbarkeit des Leistungsfähigkeitsprinzips auf die Einkommenssteuer fest. Allerdings werden nach herrschender Meinung auch indirekte Steuern auf den Konsum, wie die Umsatzsteuer und die speziellen Verbrauchssteuern, vom Leistungsfähigkeitsprinzip erfaßt, obwohl diese Steuern die persönlichen Einkommens- und Vermögensverhältnisse nicht zur Kenntnis nehmen. In den Fällen der indirekten Besteuerung soll die steuerliche Belastbarkeit vielmehr durch den Wert des erworbenen Wirtschaftsgutes indiziert werden.[291]

Problematisch ist jedoch die Anwendbarkeit des Leistungsfähigkeitsprinzips auf Lenkungssteuern, da diese, anders als Fiskalzwecksteuern, weder den Zweck haben, Einkünfte für den Staat zu erzielen, noch eine gerechte und gleichmäßige Steuerlast zu erzielen. Vielmehr sind Lenkungsnormen darauf ausgerichtet, eine soziale, wirtschaftliche oder umweltschützende Umgestaltung herbeizuführen. Zum Teil wird den Lenkungssteuern und gerade den Umweltlenkungssteuern vorgeworfen, sie verstießen gegen das Prinzip der Leistungsfähigkeit, da sie nicht an die Indikatoren der individuellen Belastbarkeit anknüpften, sondern an persönliche Verhältnisse oder andere nichtwirtschaftliche Parameter.[292] Allerdings wird demgegenüber auch vertreten, daß Lenkungssteuern gar nicht am Grundsatz der Leistungsfähigkeit gemessen werden könnten, da sie von diesem gezielt und bewußt abwichen.[293] Zwar läßt sich dem entgegenhalten, daß durch eine umweltbelastende, gesundheitsbelastende oder anderweitig sozialschäd-

---

mann, Verfassungsrechtliche Grenzen der Besteuerung, S. 8; *P. Kirchhof,* in: Isensee/Kirchhof, Handbuch des Staatsrechts, Bd. IV, § 88, Rn. 117.

290 Ausführlich siehe *Tipke,* Die Steuerrechtsordnung, 2. Aufl., S. 499 ff.

291 BVerfGE 16, 64 (74); BVerfGE 49, 343 (354); BVerfGE 65, 325 (346); *Schmölders,* Handbuch der Finanzwissenschaft, Bd. II, 1956, S.365; *P. Schmidt,* Konsumbesteuerung durch Mehrwertsteuer; *Tipke/Lang,* Steuerrecht, 17. Aufl., § 4, Rn. 111; *P. Kirchhof,* in: Isensee/Kirchhof, Handbuch des Staatsrechts, Bd. IV, § 88, S. 141. Zum Teil wird allerdings auch vertreten, daß das Leistungsfähigkeitsprinzip insgesamt nur auf Einkommenssteuern anzuwenden sei. Die Annahme, daß der Konsum bestimmter Güter zwangsläufig die Zahlungskraft ausdrücke, sei gerade bei Gütern des täglichen Bedarfs bedenklich. Trotzdem zweifelt niemand die speziellen Verbrauchssteuern und ihre verfassungsrechtliche Zulässigkeit an. So *Sacksofsky,* NJW 2000, 2619 (2621); skeptisch auch *Osterloh,* in: Sachs (Hrsg.), Kommentar zum Grundgesetz, Art. 3, Rn. 134; vorsichtig in der Formulierung auch BVerfGE 82, 60 (86).

292 *Köck,* JZ 1991, 692 (696); *Hey,* StuW 1998, 32 (40); *Jachmann,* Verfassungsrechtliche Grenzen der Besteuerung, S. 16; *P. Kirchhof,* DStJG 15 (1993), 3 (7); *Trzaskalik,* StuW 1992, 135 (141).

293 *Tipke/Lang,* Steuerrecht, 17. Aufl, § 4, Rn. 124; *Tipke,* Die Steuerrechtsordnung, 2. Aufl., S. 495; skeptisch *Sacksofsky,* NJW 2000, 2619 (2621).

liche Aktivität, die der Gesetzgeber unterbunden wissen will, die Leistungsfähigkeit des Steuerschuldners zum Ausdruck gebracht wird, wenn dieser sein sozialschädliches Verhalten trotz der Steuer fortsetzt. Eine Lenkungssteuer zielt aber gerade nicht auf die Leistungsfähigkeit ab, so daß eine möglicherweise hinter dem Verhalten zu vermutende Leistungsfähigkeit im Fall der Lenkungssteuer irrelevant ist. Eine Lenkungssteuer verfolgt vielmehr gesellschaftspolitische, wirtschaftliche oder umweltpolitische Zwecke, die von der Leistungsfähigkeit gelöst sind; Maßstab für die Höhe der Steuer ist somit nicht die Leistungsfähigkeit, sondern das Lenkungsbedürfnis.

Da Lenkungssteuern aber das Leistungsfähigkeitsprinzip als Grundprinzip des Steuerrechts durchbrechen, bedürfen sie einer anderen Rechtfertigung: Die Abweichung vom Leistungsfähigkeitsprinzip und dessen darin liegende Verletzung werden in einer „zweigleisigen" Prüfung gegen die Interessen abgewogen, welche die lenkende Steuernorm rechtfertigen.[294] Die Rechtfertigung soll sich dabei auf folgende Prinzipien stützen können: das Gemeinwohlprinzip, das Bedürfnisprinzip sowie das Verdienstprinzip. Die beiden letzteren Prinzipien sind überwiegend geeignet, Steuervergünstigungen zu rechtfertigen. Steuervergünstigungen verstoßen ebenso wie Sondersteuern gegen das Leistungsfähigkeitsprinzip und sind für diese Untersuchung nicht weiter von Bedeutung.[295] Steuerliche Sonderbelastungen, wie auch die erdrosselnde Steuer, werden dagegen in der Regel durch das Gemeinwohlprinzip gerechtfertigt.[296] Dies ist dem Umstand geschuldet, daß eine allein im Interesse einzelner Bürger oder Gruppen begründete Sonderbelastung durch Steuern nicht die Durchbrechung des Leistungsfähigkeitsprinzips zu rechtfertigen vermag; erfolgt die Sonderbelastung dagegen im Interesse der Allgemeinheit und konkretisiert so das Wohl der Allgemeinheit, kann auch eine Durchbrechung des Leistungsfähigkeitsprinzips gerechtfertigt werden.[297]

Ähnlich geht auch das Bundesverfassungsgericht vor, das zwar nicht zwischen Lenkungs- und Fiskalzwecknormen unterscheidet, aber eine Verletzung des Grundsatzes der Gleichmäßigkeit der Besteuerung dann als gerechtfertigt an-

---

294 *Birk*, Das Leistungsfähigkeitsprinzip als Maßstab der Steuernormen, S. 232; *Isensee*, in: Festschrift für Dürig, S. 42 (59); *Jachmann*, in: von Mangoldt/Klein/Starck (Hrsg.), Bonner Kommentar zum GG, Bd. III, Art. 105, Rn.26; *dies*, Verfassungsrechtliche Grenzen der Besteuerung, S. 16.

295 Siehe dazu: *Tipke*, Steuergerechtigkeit in Theorie und Praxis, S.16ff., der das Verdienst- und das Bedürfnisprinzip nach den Regeln von *Chaim Perelmann* (Jedem nach seinen Bedürfnissen, jedem nach seinen Verdiensten) entwickelt hat.

296 Zum Gemeinwohlprinzip m. w. N. *Jachmann*, DStZ 2001, 225.

297 *Lang*, DStJG Bd. 15 (1993), 115 (157); *Birk*, Steuerrecht, § 2, Rn. 168; *Selmer*, Steuerinterventionismus und Verfassungsrecht, S. 356; *Heun*, in: Dreier (Hrsg.), Grundgesetz Kommentar, Bd. I, Art. 3, Rn. 68.

sieht, wenn diese Verletzung einem besonderen wirtschaftlichen oder sozialen Zweck dient.[298]

cc) Gleichheitsrechtliche Strukturprinzipien und erdrosselnde Steuern

Fraglich ist hier jedoch, wie eine erdrosselnde Steuer vor dem Hintergrund eines möglichen Verstoßes gegen gleichheitsrechtliche Strukturprinzipien zu behandeln ist.

Ebenso wie Lenkungssteuern weichen erdrosselnde Steuern bewußt vom Kriterium der Leistungsfähigkeit ab und knüpfen die Steuerpflicht an Sachgründe an, die in der Person des Steuerpflichtigen, seinem Verhalten etc. begründet liegen. In dieser Abkoppelung liegt freilich derselbe Verstoß gegen den Gleichheitssatz begründet wie bei der Lenkungssteuer. Hinsichtlich dieser rechtfertigt die h. M. die Abkehr vom Leistungsfähigkeitsprinzip durch den Lenkungszweck der Steuer, der der Durchsetzung besonders wichtiger wirtschaftlicher oder sozialer Belange dient. Daher ist zu prüfen, ob der in der erdrosselnden Wirkung der Steuer liegende Verstoß gegen das Leistungsfähigkeitsprinzip ebenso gerechtfertigt werden kann. Anders als die Lenkungssteuer ist die erdrosselnde Steuer auf eine möglichst weitgehende Zurückdrängung des mißbilligten Verhaltens gerichtet. In ihrer Wirkung soll die erdrosselnde Steuer einem ordnungsrechtlichen Verbot gleichkommen, ohne das Verhalten ausdrücklich zu verbieten; dazu soll die Steuerlast der erdrosselnden Steuer im Vergleich zu einer Lenkungssteuer als wesentlich erdrückender empfunden werden. Insoweit unterscheidet sie sich zwar nur in ihrer Intensität von der Lenkungssteuer, doch diese Intensität einen so gravierenden Verstoß gegen das Leistungsfähigkeitsprinzip darstellt, daß die erdrosselnde Steuer nicht mehr zu rechtfertigen ist.

Allein die Intensität der Wirkung der erdrosselnden Steuer kann keinen anderen Rechtfertigungsmaßstab begründen. Denn die erdrosselnde Steuer verzichtet ebenso wie die Lenkungssteuer bewußt auf die Anbindung an die Leistungsfähigkeit, weil es ihr gerade nicht um die Erzielung von Staatseinnahmen geht, sondern nur um die Erreichung eines Sachziels. Das Leistungsfähigkeitsprinzip, das den steuerpflichtigen Bürger vor ungerechter und ungleicher Besteuerung schützen soll, ist auf die Steuer hin ausgelegt, die zur Finanzierung der Staatsaufgaben dient. Dieser Schutzzweck entfällt bei der erdrosselnden Steuer, da sie einen anderen, nichtfiskalischen Zweck verfolgt. Werden die Steuerpflichtigen mit einer erdrosselnden Steuer belastet, bedürfen sie nicht des Schutzes vor einer ungleichen und ungerechten Steuerlastverteilung, denn die Steuerlast ist für alle Betroffenen gleich hoch. Vielmehr wird es dem Gesetz-

---

298 BVerfGE 16, 147 (183ff.); BVerfGE 38, 61 (97); BVerfGE 84, 239 (274); BVerfGE 85, 238 (244).

geber bei Erlaß eines Steuergesetzes mit erdrosselnder Wirkung um die Durchsetzung eines Sachzwecks gehen, so daß auch bei der erdrosselnden Steuer allein ihr Sachzweck die Loslösung vom Prinzip der Leistungsfähigkeit rechtfertigen muß. Entscheidend ist der verfassungsrechtliche Rang des verfolgten Lenkungszwecks, der in einem angemessenen Verhältnis zu dem Eingriff in die Steuergerechtigkeit stehen muß. Daher ist bei einer erdrosselnden Steuer zu untersuchen, ob die Loslösung vom Leistungsfähigkeitsprinzip zugunsten des von ihr verfolgten Zwecks zulässig ist. Es kommt somit, wie schon bei den Freiheitsgrundrechten ausführlich dargestellt, auf den verfassungsrechtlichen Stellenwert des verfolgten Lenkungszwecks an, der die Nichtbeachtung der Leistungsfähigkeit rechtfertigen muß.

Wie eben schon erwähnt kommt es bei der Erhebung einer erdrosselnden Steuer noch zu einem weiteren gleichheitsrechtlichen Problem, da durch den Einsatz einer erdrosselnden Steuer reiche Steuerpflichtige bevorzugt werden könnten. Der Reiche kann die erdrosselnde Steuer bezahlen und sich so dem steuerlichen Verhaltensbefehl entziehen, während der Arme sich ihm gleich einem Verbot beugen muß.[299] Diesem Vorwurf ist jedoch zum einen entgegenzuhalten, daß der Gleichheitsgrundsatz nicht ökonomische Unterschiede auszugleichen vermag und dies auch nicht seine Funktion ist.[300] Zudem rührt diese ungleiche Wirkung auch aus der Durchbrechung des Leistungsfähigkeitsprinzips her, da eine erdrosselnde Steuer eben gerade nicht an die individuelle Leistungsfähigkeit der Steuerpflichtigen (anders als eine *nicht* mit Lenkungsintention erhobene Steuer) anknüpft, sondern ausschließlich an den Lenkungszweck der Steuer. Eine aus dem erdrosselnden Effekt folgende ungleiche Ausgangssituation von armen und reichen Steuerzahlern, denen die erdrosselnde Steuer auferlegt wird, kann aber durch einen besonderen und gemeinwohldienlichen Zweck gerechtfertigt werden, da auch Art. 3 Abs. 1 GG nicht grundsätzlich vor einer Differenzierung nach der Zahlungsfähigkeit schützt. Liegt eine Ungleichbehandlung vor, die aus der unterschiedlichen Zahlungsfähigkeit herrührt, handelt es sich nicht automatisch um eine verfassungswidrige Norm. Kann die ungleiche Behandlung durch den Lenkungszweck gerechtfertigt werden, ist das Steuergesetz trotz des Eingriffs in das Gleichheitsgrundrecht verfassungsgemäß. Soziale Verwerfungen, die erdrosselnde Abgaben ohne Zweifel mit sich bringen können, müssen hingenommen werden, wenn sie durch besonders hohe Werte des Allgemeinwohls gerechtfertigt werden. Zudem können sie durch andere sozialpolitische Maßnahmen ausgeglichen werden.[301]

---

299 So bezüglich der Lenkungssteuern *P. Kirchhof,* DStJG 15 (1993), S. 3 (7).
300 *Sacksofsky,* NJW 2000, 2619 (2622).
301 Siehe dazu auch *Sacksofsky,* NJW 2000, 2619 (2622).

(3) *Zusammenfassung*

Eine erdrosselnde Steuer wird somit in das Gleichheitsgrundrecht nach Art. 3 Abs. 1 GG eingreifen. Sie ist jedoch nicht per se verfassungswidrig, sondern es ist zu prüfen, ob sie durch den ausschließlich verfolgten Sachzweck zu rechtfertigen ist. Anders als die zur Finanzierung von Staatsaufgaben erhobenen Steuern knüpfen Lenkungssteuern, ob mit oder ohne erdrosselnde Wirkung, an die individuelle Leistungsfähigkeit des Steuerzahlers nicht an. Es geht ihnen gerade nicht um eine gleichmäßige und wirtschaftlich angemessene Verteilung der Steuerlast zur Herstellung von Steuergerechtigkeit, sondern um den gezielten Einsatz der Steuerlast als Mittel zur Lenkung der Steuerpflichtigen. Da bei der erdrosselnden Steuer die Finanzierung gerade nicht in Rede steht, kann sich die verfassungsrechtliche Prüfung nur auf die sachliche Intention beziehen, so daß zwar der Gleichheitsgrundsatz beachtet werden muß, die Lastengleichheit jedoch nicht im Vordergrund steht. Bei einer erdrosselnden Steuer kann ein Verstoß gegen die Steuergerechtigkeit somit durch den von der Steuer verfolgten Sachgrund gerechtfertigt werden.

c) Zusammenfassung Erdrosselnde Steuern und Grundrechte

Erdrosselnde Steuern greifen in Grundrechte der betroffenen Steuerpflichtigen ein. Sie entfalten dabei eine zweifache Wirkung: Zum einen können sie durch ihre verbotsgleiche Wirkung in ein Freiheitsgrundrecht eingreifen, zum anderen in ihrer Rechtsform als Steuervorschrift in Art. 14 Abs. 1 GG und Art. 3 Abs. 1 GG. Die Formel des Bundesverfassungsgerichts, nach welcher eine Steuer verfassungsrechtlich unzulässig ist, wenn sie ihre Finanzierungsfunktion verliert und in eine reine Verwaltungsvorschrift mit Verbotscharakter umschlägt, ist allerdings für die verfassungsrechtliche Beurteilung der erdrosselnden Steuer ungeeignet. Statt auf die formale Grenze der Ertragsrelevanz abzustellen, muß anhand der jeweiligen erdrosselnden Steuer festgestellt werden, ob der durch sie erfolgende Grundrechtseingriff noch gerechtfertigt werden kann. Dazu muß der Zweck, der mit der erdrosselnden Steuer verfolgt wird, Gemeinwohlinteressen repräsentieren und in der Regel von hohen Verfassungsrang haben, daß er die einschneidenden Grundrechtseingriffe zu rechtfertigen vermag. Dabei kann es freilich sein, daß eine erdrosselnde Steuer nicht zu rechtfertigen ist. Allein der Hinweis auf die erdrosselnde Wirkung der betreffenden Steuer kann jedoch keine Verfassungswidrigkeit begründen. Es muß somit auch bei einer erdrosselnden Steuer eine Prüfung des verfassungsrechtlichen Übermaßverbots erfolgen; überwiegen dabei die Gründe, die für eine solche Steuer sprechen, kann durch sie auch ein Verhalten „verboten“ werden.

2. Erdrosselnde Steuern und rechtsstaatliche Vorgaben

Nachdem nachgewiesen worden ist, daß erdrosselnde Steuern zwar in die Grundrechte der Betroffenen (in der Regel in Art. 14 Abs. 1 und Art. 3 Abs. 1 GG, zum Teil aber auch in Art. 12 Abs. 1 GG) eingreifen können, mit einem solchen Eingriff jedoch nicht automatisch ihre Verfassungswidrigkeit einhergeht, sollen im folgenden Abschnitt die rechtsstaatlichen Einwände, die gegen den Einsatz der erdrosselnden Steuer erhoben werden, auf ihre verfassungsrechtliche Relevanz überprüft werden. Insbesondere wird der erdrosselnden Steuer vorgeworfen, daß sie zu unbestimmt sei und der Betroffene nicht erkennen könne, wie er sich zu verhalten habe. Zudem stelle sie einen verfassungswidrigen Formenmißbrauch dar, da der Staat sich zu entscheiden habe, ob er ein Verhalten durch ein Verbot vollständig unterbinden wolle oder eine Steuer erheben und somit die Staatseinnahmen erhöhen wolle.

a) Bestimmtheitsgebot und erdrosselnde Steuern

Gegen lenkende Steuergesetze im allgemeinen wird eingewandt, daß diese durch eine charakteristische „Unschärfe des Eingriffs“ gekennzeichnet seien, die gegen das rechtsstaatliche Gebot der Bestimmtheit aus Art. 20 Abs. 1 GG verstoße.[302] Diese Unschärfe resultiere aus dem Umstand, daß die Lenkungssteuern Wirkungen herbeiführten, die weitgehend der Kontrolle des Gesetzgebers entzogen seien, da ihre Wirkungen von zu vielen Faktoren abhingen, die der Gesetzgeber nicht bestimme könne. Dem Gesetzgeber sei eine effektive Kontrolle der von der Steuer ausgehenden Lenkungswirkungen also zu jedem Zeitpunkt entzogen; er könne weder vorhersagen, ob die von ihm angestrebten Wirkungen eintreten werden oder welche Auswirkungen die lenkende Steuer neben den angestrebten möglicherweise entfaltet, noch könne er die tatsächlichen Auswirkungen kontrollieren.[303]

In dieser Situation befindet sich der Gesetzgeber auch beim Erlaß einer erdrosselnden Steuer. Der Gesetzgeber regelt einen Lebenssachverhalt, kann aber nicht vorhersehen, ob die betroffenen Steuerpflichtigen so reagieren werden, wie er es wünscht. Bei Erlaß des Steuergesetzes ist ihm somit nicht klar, welche Folgen er mit dem Gesetz auslösen wird. Trotzdem muß ein Steuergesetz den

---

302 *Friauf,* Verfassungsrechtliche Grenzen der Wirtschaftslenkung und Sozialgestaltung durch Steuergesetze, S. 33; *ders.,* BB 1967, 1345 (1349); *ders.* VVDStRL 27, 1 (9); *Von der Heydt,* Die verfassungsrechtliche Beurteilung der Wirtschaftslenkung durch die Steuergesetzgebung, S. 92; *K. Vogel,* in: Jb. d. Fachanwälte f. StR, 1968/1969, S. 225 (234); *P. Kirchhof,* DStJG 15 (1993), S. 3 (5).

303 *Friauf,* Verfassungsrechtliche Grenzen der Wirtschaftslenkung und Sozialgestaltung durch Steuergesetze, S. 33; *P. Kirchhof,* DStJG 15 (1993), S. 3 (5).

rechtsstaatlichen Anforderungen an die Bestimmtheit genügen.[304] Das bedeutet, daß die in Frage stehenden Vorschriften, hier also die Steuergesetze mit erdrosselnder Wirkung, so genau zu fassen sein müssen, „wie dies nach der Eigenart der zu ordnenden Lebenssachverhalte und mit Rücksicht auf den Normzweck möglich ist".[305] Für Steuergesetze gilt, daß es für die Steuerpflichtigen, schon bevor sie ihren Steuerbescheid erhalten, möglich sein muß zu bestimmen, wie groß die steuerliche Belastung sein wird.[306] Dabei wird das Bestimmtheitsgebot auch als „Tatbestandsmäßigkeit der Besteuerung" bezeichnet.[307]

Bei erdrosselnden Steuern besteht nun aber die Gefahr, daß sich die angestrebte erdrosselnde oder verbotsgleiche Wirkung nicht an der vom Gesetzgeber geplanten „Stelle" auswirkt, sondern bei Sachverhalten, die der Gesetzgeber gar nicht treffen wollte. Auf diese Weise könnte eine erdrosselnde Steuer sozialschädliche Wirkungen entfalten, die vom Gesetzgeber bei Erlaß des Steuergesetzes nicht angestrebt worden waren. Der Umstand, daß der Steuergesetzgeber nicht voraussehen kann, ob sich trotz der erdrosselnden Höhe der Steuer doch noch Steuerpflichtige finden, die fähig und bereit sind, die Steuer zu zahlen, führt dazu, daß der Gesetzgeber nur noch die generelle Entscheidung über die Intervention trifft, die eigentliche Entscheidung, wen und wie die gewollte Intervention trifft, aber den Kräften des Marktes überläßt.[308]

Diese Einwände, die gegen die Genauigkeit der Wirkungen einer erdrosselnden Steuer erhoben werden, treffen zwar zu, sind aber nicht nur ein Problem von erdrosselnden Steuergesetzen, sondern gelten gleichermaßen für andere wirtschafts- und sozialpolitische Maßnahmen.[309] Im übrigen wird das rechtsstaatliche Gebot der Bestimmtheit nicht dadurch verletzt, daß die erdrosselnden Wirkungen nicht genau vorherbestimmt werden können. Das Bestimmtheitsgebot verpflichtet den Gesetzgeber, die Maßnahmen tatbestandlich klar und unmißverständlich zu formulieren, so daß die Betroffenen die Rechtslage erkennen und ihr Verhalten danach bestimmen können.[310] Es bezieht sich also al-

---

304 Zum Bestimmtheitsgebot im allgemeinen BVerfGE 49, 168 (181); BVerfGE 59, 104 (114); BVerfGE 62, 169 (183); BVerfGE 80, 103 (107).

305 BVerfGE 49, 168 (181); BVerfGE 59, 104 (114); BVerfGE 87, 234 (263).

306 BVerfGE 19, 253 (267); BVerfGE 49, 343 (362); BVerfGE 73, 388 (400).

307 *Vogel*, in: Isensee/Kirchhof, Handbuch des Staatsrechts, Bd. IV, § 87, Rn. 49.

308 *Friauf*, Verfassungsrechtliche Grenzen der Wirtschaftslenkung und Sozialgestaltung durch Steuergesetze, S. 35.

309 BVerfGE 38, 61 (82); das gilt zumindest bei allen wirtschafts- oder sozialpolitischen Maßnahmen, die nicht direkt durch Ge- oder Verbote bewirkt werden sollen. Es ist der indirekten Steuerung wesensimmanent, daß die Maßnahmen ein gewisses Maß an Unschärfe aufweisen.

310 BVerfGE 38, 61 (82); BVerfGE 17, 306 (314); BVerfGE 8, 274 (325); BVerfGE 9, 137 (147).

lein auf die Stellung des einzelnen Normadressaten gegenüber dem ihn verpflichtenden Eingriff, nicht darüber hinaus auf die allgemeinen Auswirkungen des Gesetzes.[311] Ist also der gesetzliche Tatbestand des Steuergesetzes eindeutig formuliert, liegt kein Verstoß gegen das rechtsstaatliche Gebot der Bestimmtheit vor, auch nicht, wenn die Folgen des betreffenden Gesetzes durch den Gesetzgeber nicht vorhergesagt werden können. Der betroffene Bürger muß aus dem gesetzlichen Tatbestand entnehmen können, ob er den steuerlichen Tatbestand erfüllt, ob er also selbst ein Steuerpflichtiger i.S.d. Gesetzes ist. Im Umkehrschluß bedeutet dies, daß der Steuerpflichtige gleichfalls in der Lage sein muß zu erkennen, wann er den Steuertatbestand nicht mehr erfüllt. Die Tatsache, daß der Gesetzgeber nicht vorhersagen kann, wer sich dem steuerlichen Verhaltenszwang beugen wird und wer, statt sich zu beugen, lieber die Steuer entrichtet, schadet nicht der Bestimmtheit des Steuergesetzes.

Zudem ist im Fall einer erdrosselnden Steuer aus der Sicht des Steuergesetzgebers sogar kontraproduktiv, wenn der Steuerpflichtige aus dem gesetzlichen Tatbestand nicht erkennen kann, was der Gesetzgeber mit dem Gesetz zu erreichen versucht. Der Tatbestand eines erdrosselnd wirkenden Steuergesetzes muß allein deshalb klar und eindeutig formuliert sein, weil andernfalls der Steuerpflichtige nicht erkennen kann, welches Verhalten der Gesetzgeber zu unterbinden versucht und zu viele Steuerpflichtige dem Verhaltensbefehl nicht nachkommen, sondern die Steuer entrichten, was gerade dem Zweck der erdrosselnden Steuer widerspräche. Somit ist die Voraussetzung der Bestimmtheit des Tatbestands auch bei der erdrosselnden Steuer in jedem Fall gegeben. Gleichzeitig ist die der Lenkungssteuer vorgeworfene Unschärfe bei der erdrosselnden Steuer nur in weit geringerem Ausmaße gegeben. Aufgrund der extremen Höhe der Steuer werden nur wenige Steuerpflichtige die Steuer entrichten und sich weit mehr dem Verhaltensappell beugen als im Fall der nicht erdrosselnden Lenkungssteuer. Da die Wirkungen der erdrosselnden Steuer somit besser vorhersehbar sind, greift das oben genannte Argument der Kritiker, der Gesetzgeber gebe seinen Einfluß aus der Hand und überlasse die Verhaltenslenkung der Bürger den Kräften des Marktes, nicht. Durch die erdrosselnde Wirkung, die verbotsgleich die betroffenen Bürger trifft, erzeugt die erdrosselnde Steuer der „normalen" Lenkungssteuer gegenüber wesentlich genauer zu bestimmende Effekte. Es bleibt somit festzuhalten, daß der Einsatz einer erdrosselnden Steuer rechtsstaatliche Grundsätze zumindest nicht wegen mangelnder Bestimmtheit verletzt.

---

311 *Selmer,* Steuerinterventionismus und Verfassungsrecht, S. 213; *ders.;* AöR 101 (1976), 399 (404).

b) Formenmißbrauch des Staates durch erdrosselnde Steuern

Das Bundesverfassungsgericht wie auch Teile der Literatur werfen dem Einsatz einer erdrosselnden Steuer als Interventionsmittel des Staates vor, es handele sich um einen rechtsstaatlich unzulässigen und verfassungswidrigen Formenmißbrauch.[312]

Allerdings hat das Bundesverfassungsgericht die Möglichkeit eines Formenmißbrauchs zwar in verschiedenen Entscheidungen in Betracht gezogen, im Einzelfall die zum Teil sehr einschneidend und belastend wirkenden Steuern[313] aber nicht für erdrosselnd gehalten und damit auch den Formenmißbrauch verneint. Zudem erörtert das Bundesverfassungsgericht den Formenmißbrauch unter dogmatischen Gesichtspunkten nicht.[314] Vielmehr hat es in den verschiedenen Einzelfällen die Steuergesetze für sich auf einen möglichen Formenmißbrauch geprüft. Dabei hat es grundsätzlich anerkannt, daß gesetzliche Eingriffe in das Spiel wirtschaftlicher Kräfte auch in Form von Steuergesetzen zulässig sind. Allein die Verfolgung eines wirtschaftspolitischen Zwecks führe nicht schon zu der Folgerung, es liege ein verfassungsrechtlich unzulässiger Formenmißbrauch vor. Von einem solchen Mißbrauch sei allenfalls dann zu sprechen, wenn das Steuergesetz seinem ihm begrifflich zukommenden Zweck der Erzielung von Steuereinnahmen geradezu zuwiderliefe, indem es ersichtlich darauf angelegt sei, die Erfüllung des Steuertatbestands unmöglich zu machen, also eine erdrosselnde Wirkung auszuüben.[315] Nach Auffassung des Bundesverfassungsgerichts ist eine Steuer zumindest immer wegen eines verfassungswidrigen Formenmißbrauchs unzulässig, wenn sie wegen ihrer erdrosselnden Wirkung keine Ertragsrelevanz mehr aufweist.

Auch die Vertreter der Literatur argumentieren wie das Bundesverfassungsgericht: Bei einer lenkenden Steuer, die noch einen Steuerertrag aufweise, stelle sich die Frage nach dem verfassungswidrigen Formenmißbrauch gar nicht, da es sich dabei sowohl in der Form als auch in der Sache um ein wirkliches Steuergesetz handele.[316] Zum verfassungswidrigen und „rechtsstaatlich unerträg-

---

312 BVerfGE 16, 147 (161); BVerfGE 38, 61 (81); BVerfGE 14, 776 (99); BVerfGE 29, 327 (331); BVerwGE 96, 272; *Friauf*, VVDStRL 27 (1969), 1 (7); *Rupp*, NJW 1968, 569 (570); *Lerche*, Übermaß und Verfassungsrecht, S. 45.

313 z.B. die Besteuerung des Werkfernverkehrs, die einige Betriebe zur Aufgabe zwang, BVerfGE 16, 147.

314 So auch *Pestalozza*, „Formenmißbrauch" des Staates, S. 59.

315 BVerfGE 16, 147 (161).

316 *Friauf*, Verfassungsrechtliche Grenzen der Wirtschaftslenkung und Sozialgestaltung durch Steuergesetze, S. 33; *ders.*, BB 1967, 1345 (1346); *Lerche*, Übermaß und Verfassungsrecht, S. 45; *Kohlhaas/Runge*, BB 1968, 844 (846, Fn. 35); *Rüfner*, DVBl. 1970, 881 (886); *Selmer*, Steuerinterventionismus und Verfassungsrecht, S. 208.

lichen" Formenmißbrauch komme es dagegen, wenn die Steuer überhaupt keinen Ertrag mehr erbringe, also das Steuermerkmal der Ertragserzielung entfalle.[317]

Grundsätzlich besteht zwischen Rechtsprechung und Literatur also Einigkeit über den formenmißbräuchlichen Charakter von erdrosselnden Steuern. Ob diese Ansichten zutreffend sind und die erdrosselnde Steuer tatsächlich verfassungsrechtlich unzulässig ist, weil sie einen verfassungswidrigen Formenmißbrauch darstellt, soll im folgenden untersucht werden.

(1) Begriff des Formenmißbrauchs

Schwierigkeiten bereitet die Einordnung der erdrosselnden Steuer als formenmißbräulich, weil es keinen allgemeingültigen und klar definierten Tatbestand des Formenmißbrauchs gibt. Es finden sich jedoch einige Fallgruppen, in denen Exekutivakte als formenmißbräuchlich und somit als verfassungswidrig eingestuft wurden: So wurden bundesstaatliche Konfliktlagen[318] sowie die Wahrnehmung einer Aufgabe durch Staatsvertrag statt durch Gesetz als Formenmißbrauch bezeichnet;[319] die Fondsverwaltung[320] wurde ebenso als Formenmißbrauch bewertet wie die Verwendung einer öffentlich-rechtlichen Form durch den Staat, wenn eine private zur Verfügung stand.[321] Am häufigsten wurde dem Gesetzgeber Formenmißbrauch im Zusammenhang mit solchen Gesetzen vorgeworfen, die aufgrund einer Steuerkompetenz erlassen wurden und dem Wortlaut nach eine Steuer regelten, die in Wahrheit aber eine Sachregelung trafen.[322] Auch wurde die gesetzliche Staffelung von Gebühren nach sozialen Gesichtspunkten als formenmißbräuchlich gerügt.[323] Es zeigt sich also, daß der Be-

---

317 *Von Zezschwitz*, StuW 1971, 26 (31); *Friauf*, Verfassungsrechtliche Grenzen der Wirtschaftslenkung und Sozialgestaltung durch Steuergesetze, S. 33; *ders.*, BB 1967, 1345 (1346); *Lerche*, Übermaß und Verfassungsrecht, S. 45; *Kohlhaas/Runge*, BB 1968, 844 (846, Fn. 35); *Rüfner*, DVBl. 1970, 881 (886); *Söhn*, in: Burmeister (Hrsg.), Festschrift für Klaus Stern, 587 (590).

318 *Pestalozza*, „Formenmißbrauch" des Staates, S. 17.

319 *Grawert*, Verwaltungsabkommen zwischen Bund und Ländern, S. 160, 166.

320 *Lerche*, DÖV 1961, 486 (492).

321 *Isensee*, DÖV 1970, 397; *Rupp*, VVDStRL 27 (1969), 113 (169); *Lerche*, Übermaß und Verfassungsrecht, S. 45; *Schricker*, Wirtschaftliche Tätigkeit der öffentlichen Hand und unlauterer Wettbewerb, S.76; *Zacher*, RdA 1971, 193 (194).

322 *Von Zezschwitz*, StuW 1971, 26ff. für Steuersubventionen; *Friauf*, Verfassungsrechtliche Grenzen der Wirtschaftslenkung und Sozialgestaltung durch Steuergesetze, S. 33; *ders.*, BB 1967, 1345 (1346); *Lerche*, Übermaß und Verfassungsrecht, S. 45; *Isensee*, Subsidiaritätsprinzip und Verfassungsrecht, S. 280, Fn. 216; *Kohlhaas/Runge*, BB 1968, 844 (846, Fn. 35); *Rüfner*, DVBl. 1970, 881 (886).

323 *Stephan*, Jura 1970, 867; *Leisner*, in: Conrad u.a. (Hrsg.), Gedächtnisschrift für Peters, S. 730 (746).

griff des Formenmißbrauchs für eine Vielzahl von verschiedenen Erscheinungsformen eingesetzt wird, ohne ihm jedoch eine klare Kontur zu verleihen.[324]

An dieser Stelle kann und soll freilich nicht die gesamte Diskussion um mögliche Fälle des Formenmißbrauchs nachvollzogen werden, da hier allein der auf Steuergesetze bezogene Vorwurf interessiert. Es wird vertreten, der Staat betreibe mit dem Formenmißbrauch „Etikettenschwindel", der Staat benutze also eine bestimmte anerkannte Rechtsform, verfolge aber ein grundsätzlich mit dieser Form nicht zu erreichendes Ziel.[325]

Pestalozza, der sich umfassend und ausführlich zu den Erscheinungsformen des Formenmißbrauchs geäußert hat, hat den Formenmißbrauch als Subsumtionsfehlschlag angesehen. Das bedeutet, daß ein Subsumtions*vorschlag* von einer bestimmten Sicht des Sachverhalts ausgeht, wobei ein „Mißbrauch" dann vorliegt, wenn der maßgebliche Rechtsanwender diesem Vorschlage nicht zustimmt.[326] Dabei ist es nicht relevant, ob der Rechtsanwender, im Falle eines Gesetzes also der Gesetzgeber, die Fehlsubsumtion wissentlich vorgenommen hat oder ob diese offenkundig ist.[327] Nach *Pestalozza* geht es bei einem Formenmißbrauch letztlich also um eine falsche Interpretation des Rechts und ihre Korrektur.[328]

(2) Formenmißbräuchlichkeit der erdrosselnden Steuer

Nun ist jedoch fraglich, ob es sich auch um einen unzulässigen Formenmißbrauch handelt, wenn der Staat durch eine Steuer verbotsgleich in bestimmte Sachverhalte eingreift. Nach h.M. handelt es sich nicht um einen rechtsstaatlichen Formenmißbrauch, wenn eine solche Steuer noch Ertragsrelevanz aufweist.[329] Dabei wird die Höhe des Ertrages nicht genau beziffert; Ertragsrelevanz wird jedoch dann noch anzunehmen sein, wenn die Steuer ein nicht zu vernachlässigendes Aufkommen hat und die Einnahmeerzielung neben den außerfiskalischen Zwecken objektiv Bestand hat.[330] Nach dem hier zugrundegelegten Begriff der Erdrosselung kann eine erdrosselnde Wirkung aber auch schon

---

324 *Pestalozza* sieht den Begriff eben gerade wegen seines Umfangs in die Nähe einer Leerformel gerückt, *Pestalozza,* „Formenmißbrauch" des Staates, S. 25.

325 *Von Zezschwitz,* StuW 1971, 26 (31).

326 *Pestalozza,* „Formenmißbrauch" des Staates, S. 66; so auch *Krüger,* DVBl. 1953, 97 (98).

327 *Pestalozza,* „Formenmißbrauch" des Staates, S. 67.

328 *Pestalozza,* „Formenmißbrauch" des Staates, S. 107.

329 *Friauf,* Verfassungsrechtliche Grenzen der Wirtschaftslenkung und Sozialgestaltung durch Steuergesetze, S. 33; *ders.,* BB 1967, 1345 (1346); *Söhn,* in: Burmeister (Hrsg.), Festschrift für Stern, 587 (590); *Pestalozza,* „Formenmißbrauch" des Staates, S. 40.

330 BVerfGE 98, 106 (112); BVerwGE 96, 272 (276).

dann eintreten, wenn die Steuer noch ertragsrelevant ist. Der Fall, in dem tatsächlich niemand mehr die Steuer entrichtet, ist selbst bei einer exorbitant hohen Steuer unwahrscheinlich. Stellt man zudem auf die Intention der Steuer ab, so ist eine erdrosselnde Steuer nicht als staatliche Finanzierungsquelle gedacht. Die Möglichkeit, daß ein gewisses Einkommen erzielt wird, wird der Gesetzgeber aber selbst bei einer erdrosselnden Steuer zumindest nicht von vornherein ausschließen. Es ist also zunächst zu prüfen, ob die in Frage stehende erdrosselnde Steuer noch Ertragsrelevanz aufweist oder nicht. In den meisten Fällen wird sie noch ertragsrelevant sein, so daß sich die Frage nach einem möglichen Formenmißbrauch nicht stellt.

Problematisch ist dagegen die Erscheinungsform der erdrosselnden Steuer, die ihr ihren Namen gegeben hat: Eine Steuer, die so hoch ist, daß tatsächlich niemand mehr bereit ist, sie zu entrichten, und die einzig darauf angelegt ist, ihre Steuerquelle zu unterbinden. Es gilt somit zu untersuchen, ob eine erdrosselnde Steuer ohne Ertragsrelevanz wegen ihrer Form verfassungswidrig ist, der Gesetzgeber also allein deshalb unzulässig handelt, weil er ein Verbot durch eine andere Form als üblich, nämlich durch das Steuergesetz, übermittelt. Unstreitig anerkannt ist, daß der Gesetzgeber auf indirektem Wege, also durch Lenkungssteuern oder durch Steuererleichterungen, lenkend in wirtschaftliche oder soziale Abläufe eingreifen darf. Ebenso unstreitig ist, daß der Gesetzgeber bei solchen Eingriffen grundsätzlich Gestaltungsfreiheit genießt, d.h. er hat die Befugnis, von den ihm zustehenden Kompetenzen freien Gebrauch zu machen.[331] Freilich hat er dabei die verfassungsrechtlichen Vorgaben zu beachten; hält der Gesetzgeber es aber für richtig, ein bestimmtes Verhalten zu unterbinden, kann er das grundsätzlich tun, es sei denn, gerade dieses Verhalten ist wiederum verfassungsrechtlich besonders geschützt. Feststeht also, daß der Gesetzgeber ein Verhalten unterbinden kann, solange er die verfassungsrechtlichen Grenzen beachtet und keine willkürliche Rechtsetzung betreibt.[332] Diese Erwägungen beantworten aber nicht die Frage nach der Formenmißbräuchlichkeit einer erdrosselnden Steuer ohne Ertragsaufkommen, die gleich einem Verbot wirkt.

Anders als der überwiegende Teil der Literatur bis dahin, hat *Pestalozza* den Formenmißbrauch als einen Subsumtionsfehler klassifiziert.[333] Allerdings ist auch ein solcher im Falle der erdrosselnden Steuer nicht gegeben; der Gesetzgeber wählt ja gerade bewußt das Mittel der Steuer aus, um das Verhalten zu unterbinden. Er begeht keinen Subsumtionsfehler, wenn er das Mittel des Steuergesetzes wählt; er bedient sich vielmehr einer ihm zur Wahl stehenden Form

331 BVerfGE 36, 321; *Lachmayer,* DÖV 1977, 33; *Recknagel,* Gesetzgeberisches Ermessen; *Krems,* Grundfragen der Gesetzgebung; *Meßerschmidt,* Gesetzgebungsermessen.

332 BVerfGE 6, 70; BVerfGE 13, 202 (230); BVerfGE 19, 101.

333 *Pestalozza,* „Formenmißbrauch“ des Staates, S. 66ff.

gesetzgeberischen Handelns. Daß der Gesetzgeber durchaus befugt ist, durch Abgaben lenkend in wirtschaftliche oder soziale Lebenssachverhalte einzugreifen, wird auch an den verschiedenen Formen der Sonderabgaben deutlich, die nicht allein zur Finanzierung von bestimmten Sonderaufgaben erhoben werden, sondern zum Teil auch zur Verhaltenslenkung durch die Höhe der Sonderabgaben. Diese Sonderabgaben sind gerade nicht darauf gerichtet, einen Ertrag für eine Sonderaufgabe zu erzielen, auch wenn sie in der Regel einen solchen erzielen, aber Ziel der Erhebung der Sonderabgabe ist allein die Lenkung.

Der Gesetzgeber kann also grundsätzlich ein Verhalten durch die ihm zur Verfügung stehenden Formen unterbinden, denn ein Steuergesetz zu nichtfiskalischen Zwecken zu nutzen ist verfassungsrechtlich unproblematisch. Verfassungsrechtliche Schwierigkeiten wirft im Zusammenhang mit einer erdrosselnden Steuer demnach auch nicht der Vorwurf des Formenmißbrauchs auf, sondern die Frage der kompetenzrechtlichen Zulässigkeit der erdrosselnden Steuer. Diese Auffassung wird durch die Ausführungen des Bundesverfassungsgerichts bestätigt, das zwar nicht ausdrücklich feststellt, daß es sich bei der Frage des Formenmißbrauchs letztlich um einen Vorgang kompetenzrechtlicher Qualifikation handelt, sondern in erster Linie prüft, ob das vorliegende Gesetz noch ein Steuergesetz ist, da es sich nur insoweit auf die steuerrechtliche Kompetenz aus Art. 105 ff GG stützen kann. Unter dem Stichwort des Formenmißbrauchs untersucht das Bundesverfassungsgericht also das Vorliegen der Steuermerkmale und prüft, ob sich das Steuergesetz tatsächlich auf die steuerrechtlichen Kompetenzgrundlagen des Art. 105 ff. GG stützen kann.[334] Das Bundesverfassungsgericht hat auch in Entscheidungen, in denen es nicht ausdrücklich auf den Formenmißbrauch abstellt, ähnlich argumentiert und gefragt, ob ein Bundesland möglicherweise im Gewande eines Steuergesetzes in ihm nicht zustehende Bundeskompetenzen eingegriffen haben könnte.[335]

Folglich verbirgt sich hinter dem Stichwort des Formenmißbrauchs im Zusammenhang mit erdrosselnden Steuern eine kompetenzrechtliche Konfliktlage: Eine erdrosselnde Steuer ohne Ertragsrelevanz erfüllt nicht die Merkmale des Steuerbegriffs des § 3 Abs. 1 AO, der nach h.M. auch dem verfassungsrechtlichen Steuerbegriff zu Grunde liegt. Liegen die verfassungsrechtlichen Steuermerkmale nicht vor, ist die erdrosselnde Steuer ohne Ertragsrelevanz keine Steuer i.S.d. Steuerbegriffs und kann somit auch nicht auf die steuerrechtlichen Kompetenzgrundlagen gestützt werden. Ihre verfassungsrechtliche Zulässigkeit kann dann nur über eine Sachkompetenz begründet werden.[336]

---

334 BVerfGE 16, 147 (162).

335 BVerfGE 13, 181 (196); BVerfGE 14, 76 (99); BVerfGE 31, 8 (16; 22).

336 So auch *Pestalozza,* „Formenmißbrauch" des Staates, S. 40 und S. 18, Fn. 75. *Pestalozza* geht nicht automatisch von der Unzulässigkeit einer solchen Steuer aus, sondern

c) Zusammenfassung

Weder für den Fall der erdrosselnden Steuer mit Ertragsrelevanz noch für die erdrosselnde Steuer ohne Ertragsrelevanz ist folglich der Vorwurf des Formenmißbrauchs haltbar. Die erdrosselnde Steuer mit Ertragsrelevanz ist so zu behandeln wie eine Lenkungssteuer, für die anerkannt ist, daß sie ein zulässiges Lenkungsinstrument des Gesetzgebers ist. Die erdrosselnde Steuer ohne Ertragsrelevanz ist ebenfalls nicht formenmißbräuchlich, da der Gesetzgeber einen Beurteilungsspielraum hat und in der Wahl seiner Mittel grundsätzlich frei ist. Das Problem, daß sich im Stichwort des Formenmißbrauchs in Bezug auf eine erdrosselnde Steuer ohne Ertragsrelevanz verbirgt, besteht darin, ob diese von der steuerrechtlichen Kompetenz der Art. 105 ff. GG gedeckt ist.

3. Erdrosselnde Steuern und bundesstaatliche Vorgaben

Nach der bisherigen Prüfung stehen dem Einsatz einer erdrosselnden Steuer keine grundsätzlichen verfassungsrechtlichen Bedenken entgegen. Im folgenden soll geprüft werden, ob einem solchen Einsatz bundesstaatliche Vorgaben widersprechen könnten. Zunächst soll aber untersucht werden, inwieweit den Gesetzgebern in Bund und Ländern ein „Steuererfindungsrecht“ zukommt, sie also befugt sind, in Art. 106 GG nicht genannte Steuern zu erlassen. Nur wenn es ein Steuererfindungsrecht gibt, kann die erdrosselnde Steuer auch auf andere Steuertatbestände als die in Art. 106 GG genannten angewendet werden. Damit hätten die Gesetzgeber die Möglichkeit, erdrosselnde Steuern als Interventionsinstrument in vielen Bereichen einzusetzen. Des weiteren soll geprüft werden, ob eine erdrosselnde Steuer auf Grund der Steuerkompetenzen aus Art.105 ff GG erlassen werden kann oder ob eine solche Steuer zusätzlich oder ausschließlich auf eine Sachkompetenz gestützt werden muß. Im Zusammenhang mit der Frage der Kompetenzgrundlage für eine erdrosselnde Steuer wird zu untersuchen sein, ob zwischen erdrosselnden Steuern mit Ertragsrelevanz und erdrosselnden Steuern ohne Ertragsrelevanz zu differenzieren ist.

a) Steuererfindungsrecht

Der Begriff des Steuererfindungsrechts[337] beschreibt die Frage, ob und ggf. inwieweit die Aufzählung der Steuerarten in Art. 106 GG die Gesetzgeber in

---

schlägt vor, ohne „rechtsstaatliche Entrüstung“ nach einer anderen Kompetenzgrundlage zu suchen, denn es sei nicht einzusehen, warum ein Verbot in Form eines Steuergesetzes rechtsstaatlich unerträglich sein solle, wenn ein Verbot grundsätzlich gerechtfertigt wäre.

337 Für eine grundlegende Darstellung des Problems soll an dieser Stelle auf *Tipke*, Die Steuerrechtsordnung, Bd. III, S. 1088; *Vogel/Walter*, in: von Mangoldt/Klein/Starck

Bund und Ländern in ihrer Steuergesetzgebungskompetenz einschränkt. Eine solche Beschränkung der Steuerkompetenz bestünde nur, wenn die Aufzählung der Steuerarten in Art. 106 GG abschließenden Charakter hätte. Folge dieser geschlossenen Aufzählung wäre dann die Unzulässigkeit anderer nicht genannter Steuerarten.

Für die vorliegende Frage der verfassungsrechtlichen Zulässigkeit der erdrosselnden Steuer ist dieses Problem nur dann relevant, wenn die erdrosselnde Steuer nicht unter einen der bestehenden Steuertypen des Art. 106 GG zu fassen ist. Dabei ist zu bedenken, daß die erdrosselnde Steuer nicht ausdrücklich genannt ist. Vielmehr wird es sich in der Regel um eine Verbrauchssteuer (auch: Steuer auf spezielle Güter) handeln, weil Verbrauchssteuern besonders geeignet sind, bestimmte Verhaltensweisen zu unterbinden. Diese sind aber in Art. 106 Abs. 1 Nr. 2 GG genannt, so daß sich die Frage nach dem Steuererfindungsrecht in der Regel nicht stellen wird.

Grundsätzlich ist auch eine erdrosselnde Steuer, die nicht unter eine der im Katalog des Art. 106 Abs. 1 oder 2 GG genannten Steuerarten zu subsumieren ist, denkbar. So könnte der Steuergesetzgeber z.B. eine erdrosselnde Steuer erheben, die bestimmte Schadstoffemissionen besteuert. Eine Steuer auf Emissionen ist allerdings nicht unter eine der im Katalog des Art. 106 GG aufgeführten Steuern zu subsumieren, da diese Steuern nicht unter die herkömmlichen Mineralöl- oder Kraftfahrzeugsteuern zu fassen ist. Dieses Problem stellt sich bei einer Vielzahl von Umweltsteuern, da sie in der Regel nicht den Verbrauch eines Gutes besteuern, für das sich auf dem Markt ein Preis herausgebildet hat, sondern ein sog. „freies" Gut, für das der Steuergesetzgeber „künstliche" Preise einführen will.[338] Hinsichtlich solcher Steuern ist umstritten, ob sie als Verbrauchssteuern angesehen werden können, da sich Verbrauchssteuern herkömmlich nur auf den Verbrauch marktvermittelter Güter beziehen.[339] Geht man davon aus, daß Umweltsteuern keine Verbrauchssteuern sind, ist zu entscheiden, ob der Gesetzgeber ein Steuererfindungsrecht hat, da andernfalls eine Umweltsteuer, sei sie erdrosselnd oder nicht, verfassungsrechtlich unzulässig wäre.

(Hrsg.), Bonner Kommentar zum GG, (Zweitbearbeitung 1972), Bd. III, Art. 106, Rn. 159, verwiesen werden.

338 Diskutiert worden ist dieses Problem z.B. anhand der Chlorsteuer, der Mineraldüngersteuer, der Luftschadstoffabgaben sowie des Wasserpfennigs. Siehe dazu auch: *Selmer*, in: Breuer/Kloepfer/Marburger/Schröder, Umweltschutz durch Abgaben, UTR 16, 1992, S. 15ff.

339 *Selmer*, in: Breuer/Kloepfer/Marburger/Schröder, Umweltschutz durch Abgaben, UTR 16, 1992, S. 15 (37); *Köck*, JZ 1991, 692 (697).

Die herrschende Meinung in der Literatur verneint ein Steuererfindungsrecht des Steuergesetzgebers und bejaht einen Typenzwang[340] des Art. 106 GG, so daß nach dieser Ansicht eine Erhebung anderer Steuertypen, als in Art. 106 GG aufgeführt, ausgeschlossen sein muß.[341] Diese Autoren vertreten, daß es dem Steuergesetzgeber verwehrt sei, durch einfaches Recht Steuertatbestände zu definieren, die nicht von Art. 106 GG erfaßt werden. Zwar erkennt auch diese Ansicht an, daß die Begrenzung des Steuererfindungs- und Steuererhebungsrechts auf die in Art. 106 GG genannten Steuerarten eine Beeinträchtigung der Gestaltungsfreiheit des Gesetzgebers darstellt, gleichwohl seien die verfassungsrechtlichen Vorgaben über die Ertragsverteilung als Schranken des Gesetzgebers anzusehen.[342] Die verfassungsrechtlich vorgegebene Ertragsverteilung dürfe nicht durch die Einführung neuartiger Steuern unterlaufen werden. Die Finanzverfassung bilde eine in sich geschlossene Rahmen- und Verfahrensordnung, die durch eine detaillierte Verteilung der Ertragshoheiten und des Finanzaufkommens zwischen Bund, Ländern und Gemeinden charakterisiert werde.[343] Die Einführung einer neuen Steuer führe jedoch zu einer Lücke im Verteilungssystem, die der Gesetzgeber -außer im Wege einer Grundgesetzänderung - nicht zu schließen befugt sei.[344] Andernfalls wäre ihm ein Weg eröffnet, das grundgesetzlich vorgesehene und für den einfachen Gesetzgeber nicht disponible Verteilungssystem zu umgehen. Dadurch würde die Stabilität der Finanzverfassung gefährdet.

---

340 *Vogel/Walter* vertreten in der sog. *Typenlehre,* daß die Steuergesetzgebungs- und Steuerertragshoheit nicht nach systemfähigen Steuerbegriffen, sondern nach historisch begründeten Steuertypen verteilt wird; *Vogel/Walter,* Bonner Kommentar zum GG, (Zweitbearbeitung 1972), Art. 105, Rn. 98; so auch *Vogel,* in: Isensee/Kirchhof, Handbuch des Staatsrechts, § 87, Rn. 13.

341 *Vogel/Walter*, Bonner Kommentar zum GG, (Zweitbearbeitung 1972), Art. 106, Rn. 159; *Vogel*, Finanzverfassung und politisches Ermessen, S. 9; *ders.*, JA 1980, 577ff.; *ders.*, in: Lang (Hrsg.), Festschrift für Tipke, S. 93ff.; *Arndt,* Steuern, Sonderabgaben und Zwangsanleihen, S. 59; *Meßerschmidt*, in: Breuer/Kloepfer/Marburger/Schröder, Jahrbuch des Umwelt- und Technikrechts UTR 3, 1987, S. 83 (95); *Ossenbühl/DiFabio*, StuW 1988, 349 (352); *Friedrich,* DÖV 1974, 761 (764); *Maunz,* in: Maunz/Dürig, Kommentar zum Grundgesetz, Art. 106, Rn. 46; noch weitergehend *Wacke*, Das Finanzwesen der Bundesrepublik, S. 62; der davon ausgeht, daß der 10. Abschnitt des Grundgesetzes das Steuersystem verfassungsrechtlich festlege.

342 *Schwarz,* in: von Mangoldt/Klein/Starck (Hrsg.), Bonner Kommentar zum GG, Bd. III, Art. 106, Rn.18; *Starck,* StuW 1974, 271 (278); *Birk,* in: Wassermann (Hrsg.), Alternativkommentar zum Grundgesetz, Bd. II, Art. 106, Rn. 6.

343 BVerfGE 67, 256 (288).

344 *Vogel,* in: Lang (Hrsg.), Festschrift für Tipke, S.93 (96); *Siekmann,* in: Sachs (Hrsg.), Kommentar zum Grundgesetz, Art. 105, Rn. 45; *Schwarz,* in: von Mangoldt/Klein/Starck (Hrsg.), Bonner Kommentar zum GG, Bd. III, Art. 106, Rn. 18.

Allerdings spricht sich auch ein großer und gewichtiger Teil der Literatur gegen diese Einschränkung des Steuergesetzgebers durch Art. 106 GG aus.[345] Nach dieser Ansicht stellt Art. 106 GG eine Regelung des bundesstaatlichen vertikalen Finanzausgleichs dar, nicht aber eine verfassungsrechtliche Schranke für den Steuergesetzgeber hinsichtlich der Erhebung neuartiger Steuern. Auf eine solche Einschränkung der gesetzgeberischen Gestaltungsfreiheit deuteten weder der Wortlaut des Art. 106 GG, noch seine Entstehungsgeschichte, noch Sinn und Zweck der Norm oder das Gesamtsystem der Finanzverfassung hin.[346] Es sei allgemeine Ansicht, die auch von den Vertretern der Gegenansicht geteilt werde, daß der Gesetzgeber nicht gehindert ist, bestehende Steuern abzuschaffen und neue Steuern einzuführen, wenn diese unter eine der in Art. 106 GG genannten Steuerarten fallen. Gerade diese anerkannte Freiheit des Steuergesetzgebers lasse den Schluß zu, daß der Verfassungsgeber kein starres und unflexibles Verteilungssystem schaffen wollte und ein solches von der Verfassungstradition auch nicht vorgegeben sah; vielmehr ging der Verfassungsgeber von der Möglichkeit des Gesetzgebers aus, neue Steuern zu schaffen sowie bestehende Steuern abzuschaffen.[347] Daß durch die Veränderung von Steuerarten eine „Lücke" im Verteilungssystem entstehen könne, sei unschädlich, solange die Funktionsfähigkeit des durch Art. 106 GG geschaffenen Systems erhalten bleibe.[348] Dafür spreche auch der Umstand, daß das Verteilungssystem des Art. 106 GG ebenso durch die Variation von anerkannten Steuerarten nachhaltig gestört werden könne, ohne daß die Vertreter der ersten Ansicht meinten, daß die Erhebung einer Steuer, die sich unter einen bekannten Steuertyp subsumieren lasse, oder gar die Abschaffung einer bestehenden Steuer verfassungswidrig seien. Somit enthalte Art. 106 GG zwar die generelle Schranke, die Funktionsfähigkeit des verfassungsmäßigen Steuerverteilungssystems aufrechtzuerhalten, allerdings werde das Steuerverteilungssystem nicht durch die Erfindung neu-

---

345 *Tipke,* Die Steuerrechtsordnung, Bd. III, S. 1090; *ders.,* BB 1994, 437; *Tipke/Lang,* Steuerrecht, 17. Aufl, § 3, Rn. 4; *Fischer-Menshausen,* in: von Münch/Kunig (Hrsg.), Grundgesetzkommentar, Bd. III, Art. 106, Rn. 17; *Heun,* in: Dreier (Hrsg.), Grundgesetz Kommentar, Bd. III, Art. 106, Rn. 14ff.; *Selmer,* Steuerinterventionismus und Verfassungsrecht, S. 154ff.; *Osterloh,* NVwZ 1991, 823 (828); *Sacksofsky,* NJW 2000, 2619 (2623); *Gaddum,* BayVBl. 1977, 585; *Wendt,* in: Isensee/Kirchhof, Handbuch des Staatsrechts, § 104, Rn. 29ff.

346 *Osterloh,* NVwZ 1991, 823 (828); *Heun,* in: Dreier (Hrsg.), Grundgesetz Kommentar, Bd. III, Art. 106, Rn. 14ff.; *Tipke,* Die Steuerrechtsordnung, Bd. III, S. 1090.

347 *Fischer-Menshausen,* in: von Münch/Kunig (Hrsg.), Grundgesetzkommentar, Bd. III, Art. 106, Rn. 17.

348 *Wendt,* in: Kirchhof/Isensee, Handbuch des Staatsrechts, Bd. IV, § 104, Rn. 28ff.; *Selmer,* Steuerinterventionismus und Verfassungsrecht, S. 138ff.

artiger Steuern gestört.[349] Darüber hinaus könne man aus der das Steuererfindungsrecht ablehnenden Ansicht folgern, daß alle in Art. 106 GG aufgeführten Steuerarten unter einen verfassungsrechtlichen Schutz fielen, da der Verfassungsgeber sie anerkannt habe.[350] Dieser habe jedoch lediglich die bestehenden Steuerarten als Grundlage der Finanzverfassung angesehen, ohne diese auf ihre verfassungsrechtlichen Implikationen zu untersuchen.[351] Werde nun festgestellt, daß einzelne Steuerarten, die bei Schaffung des Grundgesetzes anerkannt waren, mit diesem kollidierten und daher abgeschafft werden müßten, könne der Gesetzgeber keine neue Steuerarten schaffen, wenn Art. 106 GG tatsächlich als Schranke fungierte.[352]

In den wahrscheinlich seltenen Fällen, in denen über die Verfassungsmäßigkeit einer erdrosselnden Steuer zu befinden ist, die nicht unter den Katalog des Art. 106 GG zu subsumieren ist, ist der Ansicht zu folgen, die ein Steuererfindungsrecht grundsätzlich für zulässig erachtet. Freilich müßte zunächst festgestellt werden, ob durch diese neuartige erdrosselnde Steuer die Funktionsfähigkeit des Steuerverteilungssystems beeinträchtigt würde, ob also eine gleichmäßige Verteilung des Steueraufkommens trotz der Einführung der erdrosselnden Steuer gegeben ist. Sollte das Verteilungssystem so nachhaltig gestört werden, daß eine vom Grundgesetz vorgesehene Verteilung der Steuereinnahmen zwischen Bund und Ländern nicht mehr oder nur noch eingeschränkt stattfinden kann, wäre die neuartige erdrosselnde Steuer nach allen Auffassungen verfassungswidrig. Hinsichtlich der Einführung einer neuartigen erdrosselnden Steuer besteht gerade wegen des faktisch nicht existenten Ertragsaufkommens der Steuer keine Gefahr, daß durch sie das Steuerverteilungssystem des Art. 106 GG nachhaltig gestört würde.

Es bleibt festzuhalten, daß der Einwand, der Gesetzgeber habe kein Steuererfindungsrecht, der Einführung einer erdrosselnden Steuer grundsätzlich nicht entgegensteht. Zum einen ist es unwahrscheinlich, daß es sich bei der erdrosselnden Steuer um eine völlig neuartige Steuer handelt. Zum anderen wäre auch eine neuartige erdrosselnde Steuer zumindest nicht wegen eines Verstoßes ge-

---

349 *Tipke,* Die Steuerrechtsordnung, Bd. III, S. 1092; *Osterloh,* NVwZ 1991, 823 (828); *Fischer-Menshausen,* in: von Münch/Kunig (Hrsg.), Grundgesetzkommentar, Bd. III, Art. 106, Rn. 17; *Selmer,* Steuerinterventionismus und Verfassungsrecht, S. 154ff.

350 *Tipke,* Die Steuerrechtsordnung, Bd. III, S. 1094.

351 *Tipke,* Die Steuerrechtsordnung, Bd. III, S. 1094, freilich war das kaum möglich, da das Grundgesetz als Maßstab noch nicht existierte, sondern gerade erst geschaffen wurde.

352 *Tipke* vertritt, daß die Vermögensteuer, die Gewerbesteuer, die betriebliche Versicherungssteuer, die Grundsteuer und die besonderen Fiskalzweck- Verbrauchssteuern nicht zu rechtfertigen sind und an deren Stelle eine rechtsformneutrale, und wettbewerbsneutrale Unternehmensteuer treten sollte; *Tipke,* Die Steuerrechtsordnung, Bd. III, S. 1094, Fn. 30.

gen Art. 106 GG unzulässig, weil die Funktionsfähigkeit des Steuerverteilungssystems weiterhin gewahrt bliebe.

b) Kompetenzgrundlage für erdrosselnde Steuern

Nachdem festgestellt worden ist, daß nichts der Einführung neuartiger, nicht unter die in Art. 106 GG aufgeführten Steuerarten zu subsumierender erdrosselnder Steuern entgegensteht, stellt sich die Frage, auf welche Kompetenzgrundlage erdrosselnde Steuern zu stützen sind.

Als Steuer müßte sich eine erdrosselnde Steuer auf die steuerliche Kompetenzgrundlage des Art. 105 GG gründen, da dieser Artikel die Gesetzgebungshoheit des Bundes und der Länder auf dem Gebiet der Steuern abschließend regelt. Art. 105 GG geht als Spezialvorschrift den allgemeinen Regelungen der Art. 70ff GG vor, so daß die Zuständigkeitsvermutung des Art. 70 Abs. 1 GG nicht gilt.[353] Dabei ist aber zu bedenken, daß eine erdrosselnde Steuer für den Staat keine Einnahmen erzielen soll, sondern nur erhoben wird, damit das Verhalten der betroffenen Bürger gesteuert wird. Wegen der besonderen Höhe der erdrosselnden Steuer, die mehr als eine „normale“, nicht erdrosselnde Steuer auf einen bestimmten Sachbereich einwirkt, könnte man vertreten, daß eine erdrosselnde Steuer nicht allein aufgrund der Steuergesetzgebungshoheit des Art. 105 GG erhoben werden kann, sondern zusätzlich auf die Sachkompetenz der Art. 70 ff GG gestützt werden muß.

(1) Verfassungsrechtlicher Steuerbegriff

Um sich auf die Steuerkompetenz des Art. 105 GG stützen zu können, müßte die erdrosselnde Steuer alle Begriffsmerkmale einer Steuer erfüllen. Der verfassungsrechtliche Steuerbegriff greift auf den traditionellen, vornehmlich finanzwissenschaftlich geprägten Steuerbegriff des heutigen § 3 Abs. 1 AO zurück,[354] der wiederum auf den Steuerbegriff des § 1 RAO und die Begriffsprägung durch *Otto Mayer* zurückzuführen ist.[355]

---

353 *Jachmann,* in: von Mangoldt/Klein (Hrsg.), Bonner Kommentar zum GG, Art. 105, Rn. 20; *Siekmann,* in: Sachs, Kommentar zum Grundgesetz, Art. 105, Rn. 4; *Heun,* in: Dreier (Hrsg.), Kommentar zum GG, Bd. III, Art. 105, Rn. 6; *Wendt,* in: Isensee/Kirchhof, Handbuch des Staatsrechts, § 104, Rn. 17.

354 BVerfGE 3, 407 (435); BVerfGE 7, 244 (251); BVerfGE 29, 402 (408); BVerfGE 36, 66 (79); BVerfGE 38, 61 (79); BVerfGE 49, 343 (353); BVerfGE 67 , 256 (282); *Maunz,* in: Maunz/Dürig, Kommentar zum Grundgesetz, Art. 105, Rn. 2; *Spanner,* StuW 1970, 379; *Stern,* Das Staatsrecht der Bundesrepublik Deutschland, Band II, § 46, S. 1097; *Knies,* Steuerzweck und Steuerbegriff, S. 1; für eine stärkere Trennung zwischen dem traditionellen und dem verfassungsrechtlichen Steuerbegriff: *Siekmann,* in: Sachs (Hrsg.), Kommentar zum Grundgesetz, Vor Art. 104 a, Rn. 42.

355 *Otto Mayer*, Deutsches Verwaltungsrecht, Bd. 1, 1914, S. 331.

Die reine Übernahme des einfachgesetzlichen Steuerbegriffs zur Ausfüllung des verfassungsrechtlichen Steuerbegriffs wäre freilich nicht unbedenklich, da es dadurch von der Verfassungsmäßigkeit der Gesetze zur Gesetzmäßigkeit der Verfassung kommen könnte.[356] Nach herrschender Meinung geht daher der verfassungsrechtliche Steuerbegriff, der dem X. Abschnitt des Grundgesetzes zugrundeliegt, über das Konzentrat einfachgesetzlicher Normen hinaus.[357] Der verfassungsrechtliche Steuerbegriff ist folglich aus dem Grundgesetz selbst, insbesondere aus dem Funktions- und Zweckzusammenhang, in dem die Verfassung den Begriff der Steuer verwendet, zu gewinnen. Grundsätzlich ist die Begriffsbestimmung des § 3 Abs. 1 AO lediglich Interpretationshilfe.[358] Dabei ist allerdings nicht zu vergessen, daß der Verfassungsgeber bewußt an den ihm bekannten Steuerbegriff der Reichsabgabenordnung angeknüpfte.[359] Das Bundesverfassungsgericht erkennt zwar die Eigenständigkeit des verfassungsrechtlichen Steuerbegriffs gegenüber dem einfachgesetzlichen an, definiert den verfassungsrechtlichen bisher jedoch weitgehend inhaltsgleich.[360]

(2) Voraussetzungen des verfassungsrechtlichen Steuerbegriffs

Um den verfassungsrechtlichen Steuerbegriff zu erfüllen, muß die erdrosselnde Steuer eine einmalige oder laufende Geldleistung sein, die nicht eine Gegenleistung für eine besondere Leistung darstellt und von einem öffentlichen Gemeinwesen zur Erzielung von Einnahmen auferlegt wird, wobei die Einnahmeerzielung auch Nebenzweck sein kann. Solche Geldleistungen sind nur von denjenigen zu entrichten, die den Tatbestand erfüllen, an den das Gesetz die Leistungspflicht anknüpft. Grundsätzlich erfüllt eine erdrosselnde Steuer diese Tatbestandsmerkmale: Sie ist eine Geldleistungspflicht, die von einem öffentlichen Gemeinwesen erhoben wird und die alle entrichten müssen, bei denen der Steuertatbestand zutrifft.

---

356 *Leisner,* Von der Verfassungsmäßigkeit der Gesetze zur Gesetzmäßigkeit der Verfassung, S. 34; *ders.* JZ 1964, 201.

357 BVerfGE 67, 256 (282); BVerfGE 55, 274 (299); *Vogel,* in: Isensee/P. Kirchhof (Hrsg.), Handbuch des Staatsrechts, Bd. IV, § 87, Rn. 43ff.; *Söhn,* in: Burmeister u.a. (Hrsg.), Festschrift für Stern, S. 587 (589ff.); *Von der Heydte,* in: Kruse (Hrsg.), Festschrift für Paulick, S. 267 (270).

358 *Henneke,* Öffentliches Finanzwesen - Finanzverfassung, 2. Aufl, § 9 Rn. 283.

359 *P. Kirchhof,* Handbuch des Staatsrechts, Band IV, § 88, Rn. 53.

360 Siehe dazu BVerfGE 84, 239 (269): „Die Steuer ist eine Gemeinlast, die alle Inländer betrifft; sie werden zur Finanzierung der allgemeinen Staatsaufgaben herangezogen. Der Staat greift dabei - ohne individuelle Gegenleistung - auf das Vermögen des einzelnen zu, indem er ihm die Pflicht auferlegt, von dem Seinigen etwas abzugeben. Der darin liegende Eingriff in die Vermögens- und Rechtssphäre des Steuerpflichtigen gewinnt seine Rechtfertigung dabei auch und gerade aus der Gleichheit der Lastenzuteilung. Dadurch unterscheiden sich die Gemeinlasten von anderen staatlichen Eingriffen“, Fortführung von BVerfGE 29, 403 (408); BVerfGE 3, 407 (435).

Allerdings könnte man annehmen, daß das Steuermerkmal der fehlenden Gegenleistung nicht erfüllt wird, da derjenige, der die Geldleistung entrichtet, weiterhin das besteuerte Verhalten ausführen oder das besteuerte Gut konsumieren kann. Hierin könnte man die Gegenleistung des Staates sehen, weil der Steuerpflichtige durch die Entrichtung der Steuer die Möglichkeit des unerwünschten Verhaltens bewahrt und sich so „freikauft". Ein solches Verständnis des Begriffs der fehlenden Gegenleistung verkennt jedoch Funktion und Inhalt dieses Merkmals. Es dient der Abgrenzung von den sog. Vorzugslasten (Gebühren und Beiträgen), die kausal mit einer Leistung der Verwaltung oder der Gewährung oder der Möglichkeit, einen konkreten wirtschaftlichen Vorteil in Anspruch zu nehmen, verbunden sind. Die Geldleistung des Bürgers stellt also die Gegenleistung für eine besondere, dem Abgabepflichtigen individuell zurechenbare Leistung des öffentlichen Gemeinwesens dar.[361] Um eine solche handelt es sich bei der erdrosselnden Steuer aber auf keinen Fall. Zwar wird die Tatbestandserfüllung der erdrosselnden Steuer an einem bestimmten Verhalten oder dem Verbrauch eines Gutes angeknüpft, so daß die Zahlungspflicht entfällt, wenn der steuerpflichtige Bürger das Gut nicht mehr konsumiert oder das Verhalten einstellt. Die Möglichkeit, diesem Verhalten durch Zahlung der Geldleistungspflicht weiter nachgehen zu können, stellt aber keine Leistung des öffentlichen Gemeinwesens dar, sondern liegt im Wesen der Steuer begründet, die immer dann anfällt, wenn der Tatbestand, an den sie anknüpft, erfüllt ist. Die nach der Entrichtung der Steuer bestehende Möglichkeit, dem staatlich mißbilligten Verhalten weiter nachzugehen, ist keine individualisierbare Leistung der öffentlichen Verwaltung zugunsten des Bürgers, sondern allein Rechtsfolge des Steuertatbestandes. Folglich wird eine erdrosselnde Steuer ohne eine Gegenleistung des Staates erhoben.

aa) Ertragsrelevanz der erdrosselnden Steuer

Problematisch ist dagegen, ob eine erdrosselnde Steuer auch das Steuermerkmal „zur Erzielung von Einnahmen" erfüllt. Grundsätzlich läßt ein überwiegender Lenkungszweck eines Steuergesetzes dessen steuerlichen Charakter nicht entfallen, da der Steuerbegriff des § 3 Abs.1 AO ausdrücklich vorsieht, daß die Einnahmeerzielung auch nur Nebenzweck sein kann, was nach dem oben Gesagten für den verfassungsrechtlichen Steuerbegriff ebenfalls gilt. Danach muß eine Steuer trotzdem noch zur Einnahmeerzielung des Staates erhoben werden und eine gewisse Ertragsrelevanz aufweisen. Eine erdrosselnde Steuer ist aber nicht auf Einnahmeerzielung gerichtet, sondern dient allein der Lenkung der steuerpflichtigen Bürger. Das Steueraufkommen ist für diese Steuer irrelevant und es wird grundsätzlich angestrebt, keine Steuereinnahmen zu erzielen. Somit

361 *Birk*, Steuerrecht, Rn.108; *Tipke*, Die Steuerrechtsordnung, Bd. III, S. 1065; *Jarass*, Nichtsteuerliche Abgaben und lenkende Steuern unter dem Grundgesetz, S. 7.

erfüllt eine erdrosselnde Steuer nicht den verfassungsrechtlichen Steuerbegriff, wenn sie tatsächlich keine Ertragsrelevanz mehr aufweist.

α) Ertragsrelevanz als wesensimmanentes Merkmal des verfassungsrechtlichen Steuerbegriffs?

Da der verfassungsrechtliche Steuerbegriff nicht im Grundgesetz definiert ist, und die Ertragsrelevanz ausdrücklich nur Merkmal des § 3 Abs. 1 AO ist, könnte man vertreten, daß eine erdrosselnde Steuer ohne Ertragsrelevanz zwar keine Steuer i.S.d. einfachen Gesetzesrechts ist, trotzdem aber eine Steuer im verfassungsrechtlichen Sinne sein kann. Dann müßte das Steuermerkmal des Ertrags für die verfassungsrechtliche Definition ohne Bedeutung sein. Dafür spricht, daß verfassungsrechtlich grundsätzlich zulässig ist, durch Steuern lenkend in wirtschaftliche, soziale und umweltpolitische Fragen einzugreifen. Diese Überlegung, auf das Steuermerkmal der Ertragsrelevanz zu verzichten, läßt jedoch die vom Grundgesetz mit dem X. Abschnitt getroffene Entscheidung für einen Steuerstaat außer acht.[362] Die Steuer ist das Mittel des Staates, sich selbst und die von ihm wahrgenommenen Aufgaben zu finanzieren. Der Steuerstaat verzichtet auf eigene unternehmerische Tätigkeit und fördert die privatwirtschaftliche Tätigkeit, um wiederum durch die Steuereinnahmen an dieser zu partizipieren.[363] Nach diesem Staatsprinzip bedarf der Staat somit eines funktionierenden Steuersystems, weil er keine andere vergleichbare Einnahmequelle hat,[364] und nur mit Hilfe der Besteuerung an den wirtschaftlichen Freiheiten teilnehmen kann, die er seinen Bürgern gewährt. Hinzu kommt, daß die Wechselwirkung zwischen der Steuererhebung des Staates auf der einen Seite und der grundrechtlichen Garantie von Berufsfreiheit und Privateigentum auf der anderen durch eine steuerfinanzierte Finanzausstattung des Staates gefordert wird. Im Steuermerkmal der Einnahmeerzielung liegt also auch ein Element der steuerlichen Rechtfertigung.[365] Mit der Ertragsrelevanz entfällt folglich zumindest ein Aspekt, der zur verfassungsrechtlichen Rechtfertigung des steuerlichen Eingriffs beitragen konnte, weil der Staat durch die erdrosselnde Steuer ohne

---

362 *Isensee*, in: Stödter/Thieme (Hrsg.), Festschrift für Ipsen, S, 409 (414); *F. Kirchhof*, Die Verwaltung 1988, 137 (139); *Gawel*, Der Staat 2000, 209; *Hedtkamp*, in: Hansmeyer (Hrsg.), Staatsfinanzierung im Wandel, S. 11 (12); *P. Kirchhof*, Jura 1983, 505 (506); *Köck*, JZ 1991, 692 (693).

363 *Vogel*, in: Randelzhofer/Süß (Hrsg.), Konsens und Konflikt, S.133; *F. Kirchhof*, Die Verwaltung 1988, 137 (139); *Isensee*, in: Stödter/Thieme (Hrsg.), Festschrift für Ipsen, S, 409 (416); *Jachmann*, Verfassungsrechtliche Grenzen der Besteuerung, S. 28.

364 Anders war die Situation bis zum 1. Weltkrieg: Preußen und Bayern deckten damals 50 % ihres Finanzbedarfs aus Erwerbseinnahmen, vornehmlich aus dem Gewinn der Staatsbahnen.

365 *Vogel*, Der Staat 31 (1986) 481, (516); *Friauf*, Verfassungsrechtliche Grenzen der Wirtschaftslenkung und Sozialgestaltung durch Steuergesetze, S. 16; *P. Kirchhof*, in: Isensee/Kirchhof (Hrsg.), Handbuch des Staatsrechts, § 88, Rn. 47.

Ertragsrelevanz nicht mehr an der wirtschaftlichen Leistungsfähigkeit seiner Bürger teilnehmen will, um seine eigene zu erhalten. Vielmehr nutzt er die wirtschaftliche Kraft der Steuer, um durch die von der Steuer ausgehenden ökonomischen Anreize Einfluß auf den steuerpflichtigen Bürger zu nehmen. Freilich kann man diesen Argumenten entgegenhalten, daß der Staat nicht generell auf die Steuer als Einnahmequelle verzichten, sondern den Steuerbegriff auf nicht ertragsrelevante Abgaben ausdehnen will. Der grundsätzliche Zweck, die staatlichen Einnahmen mit Steuern zu erzielen, soll durch eine erdrosselnde Steuer nicht in Frage gestellt werden. Zudem kann eine Steuer auch durch andere Ziele des Gesetzgebers gerechtfertigt werden, wenn diese höherrangig sind als die Grundrechte, die durch die lenkende Steuer tangiert werden, so daß das Argument, ohne die Ertragsrelevanz entfalle die verfassungsrechtliche Rechtfertigung der Steuer, zumindest bei den anerkannten Steuerarten nicht überzeugt. Folglich könnte man die Ansicht vertreten, daß die Einnahmeerzielung nicht mehr notwendiges Merkmal der Steuer sein muß, da sich die Funktion der Steuer von einem reinen Finanzierungsmittel des Staates zu einem Interventionsinstrument gewandelt hat.

Gleichzeitig dient das Steuermerkmal der Einnahmeerzielung, also der Erhebung von Steuern zur Finanzierung des Gemeinwesens, auch als Abgrenzungskriterium, das die Steuer von anderen Abgabenformen, wie z.B. der Sonderabgabe, unterscheidet. Die Abgrenzung von Sonderabgaben und Steuern ist in besonderem Maße schwierig, da sich Steuern und Sonderabgaben in ihren abgabenrechtlichen Merkmalen sehr ähnlich sein können. Hinzukommt, daß mit dem Begriff „Sonderabgabe" nicht eine spezifische Abgabe beschrieben wird, sondern mit diesem Begriff eine Vielzahl von verschiedenen Abgaben zusammengefaßt werden. So hat das Bundesverfassungsgericht auch die Form der ertraglosen Lenkungssonderabgabe anerkannt.[366] Entfiele nun das die Steuer charakterisierende Merkmal der Ertragsrelevanz, wäre eine Unterscheidung der Steuern von den Sonderabgaben kaum noch möglich. Die klare Abgrenzungsfähigkeit der Steuern von anderen Abgabeformen ist aber Grundsäule der Finanzverfassung, die allein auf die Steuer ausrichtet ist. Durch die Aufgabe der Ertragsrelevanz als Merkmal der Steuer würde die Trennung zwischen Sachkompetenzen nach Art. 70ff GG und der Steuerkompetenz nach Art. 105 GG aufgegeben, so daß zumindest Steuer und Sonderabgabe zu einer „Superabgabe" verschmolzen würden. Der Gesetzgeber könnte dann die verfassungsrechtliche Grenze zwischen Steuer- und Sachgesetzgebung umspielen und sich je nach Belieben auf die eine oder die andere Kompetenz berufen.[367] Durch diese Möglichkeit drohen zwei Gefahren: Zum einen könnte der Bund die

366 *Jarass*, Nichtsteuerliche Abgaben und lenkende Steuern unter dem Grundgesetz, S. 46ff.
367 *Friauf*, Verfassungsrechtliche Grenzen der Wirtschaftslenkung und Sozialgestaltung durch Steuergesetze, S. 14.

Kompetenzzuweisungen zu Lasten der Bundesländer umgehen. Zum anderen wäre der betroffene Bürger einer willkürlichen Belastung durch Abgaben ausgesetzt, die er nur schwerlich überblicken könnte. Das Merkmal der Ertragsrelevanz ist somit auch für den verfassungsrechtlichen Steuerbegriff wesensimmanent. Eine erdrosselnde Steuer ohne Ertragsrelevanz kann - zumindest als Steuer - nicht verfassungsrechtlich zulässig sein. Eine solche „Steuer" kann folglich auch nicht auf die Steuergesetzgebungskompetenz nach Art. 105 GG gestützt werden.[368]

β) Erdrosselnde Steuer mit Ertragsrelevanz möglich?

Eine erdrosselnde Steuer ohne Ertrag kann also nicht mehr als Steuer bezeichnet werden. Insofern ist der Literatur und der Rechtsprechung zuzustimmen, die vertreten, daß eine erdrosselnde Abgabe in der Gestalt einer Steuer verfassungswidrig ist. Allerdings ist eine erdrosselnde Steuer, die keinen Ertrag erbringt, ein rein theoretisches Problem. In der Regel werden zumindest vereinzelte Steuerpflichtige bereit sein, die erdrosselnde Steuer als „Preis" für das im Steuertatbestand umschriebene Verhalten oder den Konsum eines bestimmtes Gutes zu entrichten. Auch wird der Steuergesetzgeber grundsätzlich in Kauf nehmen müssen, daß ein gewisser Ertrag selbst mit einer sehr hohen Steuer zu erzielen ist.

Anders als nach dem bisher in Rechtsprechung und Literatur vertretenen Begriff der Erdrosselung[369] kann eine Steuer somit auch vor Erreichen der Ertragslosigkeit erdrosselnde Wirkung entfalten. Freilich kann man dagegen einwenden, daß eine erdrosselnde Steuer, die noch ertragsrelevant ist, schlicht als eine lenkende Steuer zu charakterisieren ist und insoweit keine verfassungsrechtlichen Probleme aufweist. Damit würde man jedoch verkennen, daß zwischen einer lenkenden Steuer, die tatsächlich nur eine gewisse Verhaltensänderung erreichen will, und einer verbotsgleich strukturierten Steuer ein Unterschied in Höhe und Wirkung besteht. Zwar greift auch die lenkende Steuer regelnd in Sachverhalte ein, doch erreicht eine erdrosselnde Steuer eine andere Qualität, da sie auf

---

368 Es ist vertreten worden, daß eine solche Steuer durch die Heranziehung der Kompetenztitel aus Art. 70ff. GG „geheilt" werden könne, so *Pestalozza*, „Formenmißbrauch" des Staates, S. 40 und S. 18, Fn. 75; *Jarass*, Nichtsteuerliche Abgaben und lenkende Steuern unter dem Grundgesetz, S. 14. Ob diese Autoren allerdings wirklich eine erdrosselnde Steuer meinen oder möglicherweise nur die Möglichkeit einer erdrosselnden nichtsteuerlichen Abgabe in Betracht ziehen, lassen sie offen.

369 Die h.M. geht zumindest erst dann von einer erdrosselnden Steuer aus, wenn sie nicht mehr ertragsrelevant ist; anders dagegen *Jachmann*, die ebenfalls anerkennt, daß eine Steuer ein privatwirtschaftliches Handeln in einem solchen Maß treffen kann, daß seine Ausübung nicht mehr sinnvoll ist, ohne daß die Ertragswirksamkeit der Steuer fehlt, *Jachmann*, Verfassungsrechtliche Grenzen der Besteuerung, S. 35ff.

die Verdrängung und nicht nur auf eine Reduktion des unerwünschten Verhaltens ausgerichtet ist. Daß eine erdrosselnde Steuer auch ertragsrelevant sein kann, zeigen die Beispiele aus der verfassungsrechtlichen Rechtsprechung. Das Bundesverfassungsgericht hat eine erdrosselnde Wirkung der Steuer in mehreren Fällen zumindest in Betracht gezogen, obwohl die betreffenden Steuern unstreitig ertragsrelevant waren. Wegen dieser besagten Ertragsrelevanz hat das Bundesverfassungsgericht eine erdrosselnde Wirkung der Steuer abgelehnt, obwohl einige der betroffenen Steuerpflichtigen ihre Betriebe aufgeben mußten.[370] Ebenso hat das Bundesverwaltungsgericht in Erwägung gezogen, daß unterhalb der Erdrosselungsgrenze eine verbotsähnlich wirkende Steuer zulässig sein kann, wenn diese zwar nicht erdrosselnd wirkt, aber in ihrer konkreten Ausgestaltung nach Gewicht und Auswirkung einem unmittelbaren sachlichen (außerfiskalischen) Gebot oder Verbot gleichkommen kann.[371]

Somit kann ein erdrosselnder, verbotsgleicher Effekt auch bei vorhandener Ertragsrelevanz vorliegen. Eine solche erdrosselnde Steuer erfüllt die Voraussetzungen des Steuerbegriffs und unterfällt somit grundsätzlich der Steuerkompetenz nach Art. 105 GG.

bb) Zwischenergebnis

Eine erdrosselnde Steuer, die keine Ertragsrelevanz mehr aufweist, ist zumindest als Steuer verfassungsrechtlich unzulässig und kann folglich nicht auf die Steuerkompetenz nach Art. 105 GG gegründet werden. Allerdings kann - anders als von der h.M. bisher angenommen - die erdrosselnde Wirkung schon vor dem Eintritt der Ertragslosigkeit einsetzen, so daß bei der erdrosselnden Steuer mit Ertragsrelevanz die Steuereigenschaft gegeben ist.

(3) Erfordernis einer Sach- und einer Steuerkompetenz

Eine erdrosselnde Steuer mit Ertragsrelevanz erfüllt grundsätzlich alle Merkmale des Steuerbegriffs, so daß sie auf die Kompetenzgrundlage des Art. 105 GG gestützt werden kann. Allerdings greift der Steuergesetzgeber wegen der ausschließlich intendierten Lenkungswirkung mit einer erdrosselnden Steuer in die Sachgesetzgebungskompetenz ein. Daher könnte es erforderlich sein, eine erdrosselnde Steuer wegen ihrer Steuereigenschaft zum einen auf die Kompetenz aus Art. 105 GG, zum anderen auf einen Titel aus den Sachkompetenzen der Art. 70 ff GG zu stützen.[372] Diese Frage ist bereits eingehend für die Len-

370 BVerfGE 16, 147 (153; 165/166); BVerfGE 38, 61 (81).

371 BVerwGE 96, 272 (Leitsatz).

372 Für lenkende Steuern, ohne auf erdrosselnde oder verbotsgleiche Wirkungen einzugehen: BVerwGE 96, 272 (290); ähnlich auch *Vogel*, in: Isensee/Kirchhof, Handbuch

kungssteuer diskutiert worden,[373] allerdings stellt sich das Problem hinsichtlich erdrosselnden Steuer in noch verschärfter Weise, da diese Steuern aufgrund ihrer verbotsgleichen Wirkung qualitativ noch stärkere Sachregelungen für die Steuerpflichtigen treffen. Für das Erfordernis einer Sachkompetenz spricht, daß die von der erdrosselnden Steuer ausgehende Sachwirkung sehr hoch ist, und es grundsätzlich nicht auf das formale Argument ankommen sollte, daß die Sachregelung in dem Gewand des Steuergesetzes erfolgt. Auf diese Weise könnte im übrigen auch die Umgehung von Landeskompetenzen durch den Bundesgesetzgeber verhindert werden.

Gegen das Erfordernis einer doppelten Kompetenz spricht, daß praktisch alle Steuergesetze eine Gestaltungswirkung haben. Zu welchem Zeitpunkt die Sachregelung eine Qualität erreicht, die eine zusätzliche Sachkompetenz erforderlich macht, ist kaum zu bestimmen. Das Erfordernis eines Sachkompetenztitels würde zu einer Entwertung der steuerlichen Kompetenzordnung des Art. 105 GG führen, da diese nur noch in sehr begrenztem Umfange zu einer alleinigen Steuergesetzgebung ermächtigte. Zudem verstieße eine solche Doppelkompetenz gegen die vom Grundgesetz vorgenommene strikte Trennung zwischen den Steuer- und Sachkompetenzen als jeweils eigenständigen Regelungsbereichen.[374] Gerade das zusätzliche Erfordernis einer Sachkompetenz führte zu einer verfassungsrechtlich nicht gewollten Vermischung der Abgabeformen und löste die klare Trennung von Steuern und nichtsteuerlichen Abgaben auf. Hinzu kommt, daß auch eine erdrosselnde Steuer in ihren Rechtsfolgen keine Sachregelung enthält, sondern einen verbindlichen Steuertatbestand. Die starke Lenkungswirkung, die verbotsgleich auf die Betroffenen wirkt, ist letztlich kompetenzrechtlich nicht zu beachten, wenn der steuerrechtliche Zahlungsbefehl weiterhin die Rechtsfolge der Abgabe ist. Denn formal gesehen, verbietet die erdrosselnde Steuer nicht ein bestimmtes Verhalten, sondern knüpft daran nur eine sehr hohe Zahlungspflicht an.[375]

---

des Staatsrechts, § 87, Rn. 52; *Konrad*, BB 1995, (1109) 1114; *Kluth*, DVBl. 1992, 1261 (1265); *Tipke*, Die Steuerrechtsordnung, Bd. III, S. 1062.

373 Siehe dazu u.a. BVerfGE 3, 407 (453); BVerfGE 13, 181 (196); BVerfGE 16, 147 (160); BVerfGE 36, 66 (70); BVerfGE 38, 61 (89); BVerfGE 98, 106 (118); BVerwGE 96, 272 (287); *Pieroth*, WiVerw 1996, 65 (72ff.); *Jarass*, Nichtsteuerliche Abgaben und lenkende Steuern unter dem Grundgesetz, S. 14; *Hey*, StuW 1998, 32 (38); *Loritz*, NJW 1986, 1 (2); *Kloepfer/Bröcker*, DÖV 2001, 1 (2); *Rodi*, StuW 1999, 105ff.; *Trzaskalik*, Inwieweit ist die Verfolgung ökonomischer, ökologischer und anderer öffentlicher Zwecke durch Instrumente des Abgabenrechts zu empfehlen?, Gutachten für den 63. Deutschen Juristentag, S. E 36.

374 BVerfGE 98, 106 (118).

375 *Trzaskalik*, Inwieweit ist die Verfolgung ökonomischer, ökologischer und anderer öffentlicher Zwecke durch Instrumente des Abgabenrechts zu empfehlen?, Gutachten für den 63. Deutschen Juristentag, S. E 33.

Folglich bedarf es auch für die erdrosselnd wirkende Steuer mit Ertragsrelevanz keiner zusätzlichen Sachkompetenz. Mögliche Übergriffe des Steuergesetzgebers in einen ausschließlich durch einen anderen Sachgesetzgeber zu regelnden Bereich müssen über ein anderes Korrektiv reguliert werden. Freilich stellt sich dieses Problem nur bei den Sachbereichen, die durch zwei verschiedene Gesetzgeber (also in der Regel den Bundesgesetzgeber und die Landesgesetzgeber) geregelt werden können. Sind Sach- und Steuergesetzgeber identisch, ist das Problem weit weniger gravierend.[376]

(4) Verstoß gegen die Widerspruchsfreiheit der Rechtsordnung

Als Korrektiv, mit dem Übergriffe des Steuergesetzgebers in die Sachgesetzgebungskompetenzen verhindert werden könnten, kommt das Gebot der Widerspruchsfreiheit der Rechtsordnung in Betracht, welches das Bundesverfassungsgericht als verfassungsrechtliches Prinzip eingeführt hat.[377] Die Entscheidungen und die von ihnen eingeschlagenen, „bisher nicht diskutierten Wege"[378] haben in der Literatur ein lebhaftes, aber nicht ungeteiltes Echo ausgelöst.[379]

aa) Herleitung des Gebots der Widerspruchsfreiheit durch das Bundesverfassungsgericht

In den grundsätzlichen Entscheidungen zu den Landesabfallabgaben und der kommunalen Verpackungssteuer prüfte das Bundesverfassungsgericht zum Erstaunen einiger Kritiker,[380] anders als von den Beteiligten[381] und in den Rechtsgutachten[382] erörtert, nicht, ob der Bund von seiner Sachzuständigkeit nach Art. 74 Abs. 1 Nr. 24 GG umfassend und erschöpfend Gebrauch gemacht

376 So auch *Sacksofsky,* die dem Problem eine geringe praktische Relevanz zugesteht, da der Bund sowohl bei Steuer- als auch bei Sachkomptenzen ein deutliches Übergewicht entfalte und beide Kompetenzen in der Regel also parallel verliefen, *Sacksofsky,* Umweltschutz durch nicht - steuerliche Abgaben, S. 249. Dazu auch *Selmer,* Steuerinterventionismus und Verfassungsrecht, S. 160; *Knies,* Steuerzweck und Steuerbegriff, S. 160.

377 BVerfGE 98, 83 (Zulässigkeit von Landesabfallabgaben); BVerfGE 98, 106 (Kommunale Verpackungssteuer).

378 *Rodi,* StuW 1999, 105.

379 Zustimmend etwa: *Sodan,* JZ 1999, 864 (865); mit Einschränkungen auch *DiFabio,* NVwZ 1999, 1153 (1157); *Weidemann,* DVBl. 1999, 73; kritisch: *Sendler,* NJW 1998, 2875; *Kloepfer/Bröcker,* DÖV 2001, 1; *Frenz,* DÖV 1999, 41; *Franzius,* AöR 126 (2001), 403; *Jarass,* AöR 126 (2001), 589; *Schrader,* ZUR 1998, 152; *Lege,* Jura 1999, 127; *Fischer,* JuS 1998, 1099; *Konrad,* DÖV 1999, 13.

380 *Sacksofsky,* Umweltschutz durch nicht - steuerliche Abgaben, S. 248.

381 BVerfGE 98, 83 (95).

382 *Kloepfer,* Verfassungsrechtliche Zulässigkeit der baden-württembergischen Sonderabfallabgabe, S. 48; *Selmer,* Die hessische Sonderabfallabgabe, S.73; *Kloepfer/Schulte,* UPR 1992, 201.

hatte. Statt dessen stellte das Gericht das Gebot der Widerspruchsfreiheit der Rechtsordnung auf, das es aus der Verpflichtung zur Ausübung der Gesetzgebungskompetenz unter Beachtung der bundesstaatlichen Kompetenzgrenzen und in wechselseitiger bundesstaatlicher Rücksichtnahme (Art. 74 Abs. 1 Nr. 24 GG, Art. 105 Abs. 1 GG) i.V.m dem Rechtsstaatsprinzip ableitete.[383] Diese rechtsstaatlichen Vorgaben begründeten im Rahmen der bundesstaatlichen Ordnung der Gesetzgebungskompetenzen zugleich Schranken der Kompetenzausübung.[384]

Da das Gebot der Widerspruchsfreiheit der Rechtsordnung zunächst in dem Urteil über die kommunale Verpackungssteuer entwickelt und formuliert wurde, könnte man annehmen, daß es sich nur auf Lenkungssteuern beziehen sollte. Allerdings berief sich das das Bundesverfassungsgericht auch im Urteil über die Landesabfallabgaben auf das Gebot, ohne weiter darauf einzugehen, um was für eine Abgabenart es sich bei den betroffenen Landesabfallabgaben handelte.[385] Darüber hinaus wandte das Bundesverfassungsgericht das neu entwickelte Gebot auch im Zusammenhang mit dem Bayerischen Schwangerenhilfeergänzungsgesetz auf Kompetenzfragen an, die in keinem Zusammenhang mit dem Abgabenrecht standen.[386] Daraus läßt sich schließen, daß das Gebot der Widerspruchsfreiheit vom Bundesverfassungsgericht als allgemeingültiges Prinzip konzipiert wurde, das über die Grenzen des Abgabenrechts hinaus Anwendung finden soll.

Entwickelt wurde das Gebot der Widerspruchsfreiheit der Rechtsordnung allerdings zur Auflösung des schon kurz umschriebenen Streits um die Notwendigkeit einer Doppelkompetenz bei Lenkungssteuern. Die kommunale Verpackungssteuer war eine bundesgesetzlich nicht geregelte, nicht gleichartige örtliche Verkehrssteuer, für die die Gesetzgebungszuständigkeit beim Land lag.[387] Demgegenüber besteht nach Art. 74 Abs. 1 Nr. 24 GG eine Gesetzgebungszuständigkeit des Bundes für den Bereich der Abfallbeseitigung, von der der Bund in Form der Gesetzgebung zum Abfallrecht (z.B KrW-/AbfG) Gebrauch gemacht hatte. Zwischen beiden Kompetenzen, der steuerlichen Landeskompetenz und der sachlichen Bundeskompetenz, bestand eine Konfliktlage. Allerdings hat das Bundesverfassungsgericht nicht geprüft, ob der Bund erschöpfend von seiner Sachkompetenz in einer Weise Gebrauch gemacht hatte, die den Ländern eine weitere Regelung auf dem Gebiet der Abfallbeseitigung verwehrt hätte. Statt dessen stellte das Gericht fest, daß zwischen dem landes-

383 BVerfGE 98, 83 (97); BVerfGE 98,106 (118).
384 BVerfGE 98, 106 (119).
385 BVerfGE 98, 83 (100ff.).
386 BVerfGE 98, 265 (301).
387 BVerfGE 98, 106 (123).

rechtlichen Steuerrecht und der Sachregelung ein Widerspruch bestand, der darin begründet lag, daß die Abgabenregelung des Landes der Gesamtkonzeption der sachlichen Regelung im Bundesrecht widersprach.[388] Als Folge des Widerspruchs in der Rechtsordnung muß eine der Regelungen weichen; welche Regelung der anderen weichen muß, richtet sich nach Rang, Zeitfolge sowie Spezialität der Vorschriften.[389]

Aus dem Gebot der Widerspruchsfreiheit der Rechtsordnung folgt, daß der Gesetzgeber „aufgrund einer Steuerkompetenz nur insoweit lenkend und damit mittelbar gestaltend in den Kompetenzbereich eines Sachgesetzgebers eingreifen darf, als die Lenkung weder der Gesamtkonzeption der sachlichen Regelung noch konkreten Einzelregelungen zuwiderläuft".[390] Somit könnte auch eine erdrosselnde Steuer gegen das Gebot der Widerspruchsfreiheit der Rechtsordnung verstoßen. Sie ist also nur zulässig, wenn sie in ihrer sachlichen Regelungswirkung nicht in Widerspruch zu anderen Regelungen tritt. Der Gesetzgeber müßte nach der Rechtsprechung des Bundesverfassungsgerichts bei Erlaß einer solchen erdrosselnden Steuer einerseits prüfen, ob die Steuer auf einen Titel des Art. 105 GG gestützt werden kann, andererseits, ob die mit der Steuer gewollte Sachregelung zu Widersprüchlichkeiten innerhalb der Rechtsordnung führt.

bb) Kritik an der Rechtsprechung

Fraglich ist aber, ob das Gebot der Widerspruchsfreiheit tatsächlich eingeführt werden mußte, um potentielle Konflikte zu lösen. Grundsätzlich ist das Anliegen des Bundesverfassungsgerichts, die Rechtsordnung weitgehend frei von Widersprüchen zu halten, begrüßenswert, da in einem demokratischen und föderalistischen Staat mit zeitlich nacheinander wechselnden Regierungsmehrheiten bei gleichzeitig divergierenden politischen Mehrheiten innerhalb des föderalen Systems stets das Problem besteht, daß Widersprüche bei der Rechtsetzung sowie inhaltliche Spannungen in den gesetzlichen Grundwertungen auftreten können.[391]

388 BVerfGE 98, 106 (119); BVerfGE 98, 83 (98).

389 BVerfGE 98, 106 (119).

390 BVerfGE 98, 106 (119).

391 *Kloepfer,* UTR 1, 1986, S. 34: „Eine inhaltliche Gesamtkonzertierung aller Rechtsnormen" wäre illusorisch"; *Baldus,* Die Einheit der Rechtsordnung, S. 197.

Allerdings verfügt die Rechtsordnung über Regeln, wie Kollisionsfragen zu lösen sind.[392] Dazu gehören zunächst die verfassungsrechtlichen Vorgaben der bundesstaatlichen Kompetenzordnung nach Art. 70ff GG und Art. 105ff. GG, die der Gesetzgebung von Bund und Ländern deutliche Grenzen setzen,[393] weil ein Gesetz, das von einem Gesetzgeber erlassen wird, der nach der Kompetenzverteilung unzuständig ist, formell verfassungswidrig ist. Gerade hinsichtlich der Kompetenzvorschriften sollte nicht außer acht gelassen werden, daß diese nicht allein der Zuständigkeitsabgrenzung zwischen Bund und Ländern dienen, sondern auch als Schutzvorschriften für den Bürger und dessen Freiheitsbereich fungieren.[394] Die Kompetenzordnung dient auch dazu, dem Bürger deutlich zu machen, wer die Zuständigkeit und die Verantwortung für Regelungen trägt.[395] Dies resultiert aus den rechtsstaatlichen Vorgaben, die Sorge dafür tragen, daß die Kompetenzträger ihre Befugnisse so ausüben, daß der Bürger nicht einem ungeordneten doppelten staatlichen Eingriff konkurrierender Ebenen ausgesetzt ist.[396] Innerhalb der staatlichen Organisation hat die Ordnung rechtsstaatlich begrenzter und aufeinander abgestimmter Kompetenzen somit auch eine freiheitsschützende Funktion.[397]

Reichen die Kompetenznormen allein nicht aus, um widersprüchliche Regelungen zu verhindern, kommt die Regelung des Art. 31 GG zum Tragen, die im Konfliktfalle der bundesrechtlichen Norm zum Vorrang verhilft. Allerdings sind durch Art. 31 GG nur Normwidersprüche aufzulösen. Ein Normwiderspruch liegt in den eher seltenen Fällen vor, in denen zwei Regelungen an den gleichen Tatbestand zwei miteinander unvereinbare Rechtsfolgen knüpfen.[398] In diesem Fall ist gemäß Art. 31 GG allein die bundesrechtliche Regelung maßgeblich; das Landesrecht ist wegen Verstoßes gegen Art. 31 GG nichtig.[399] Sind die Rechtsfolgen zweier Regelungen grundsätzlich miteinander vereinbar, laufen in

---

392 „Regeln über die Rangordnung von Rechtsnormen" ist die Bezeichnung von *Ossenbühl*, in: Isensee/P. Kirchhof (Hrsg.), Handbuch des Staatsrechts, Bd. III, § 61, Rn. 62.

393 *Jarass*, NVwZ 1996, 1043; *ders*, AöR 126 (2001),588 (594); *Kloepfer/Bröcker*, DÖV 2001, 1 (4).

394 *Pieroth*, AöR 114 (1989), 422 (424); *Bleckmann*, DÖV 1983, 129; *Pestalozza*, Der Staat 11 (1972), 161.

395 *Sobota*, Das Prinzip Rechtsstaat, S. 179.

396 *Henneke*, ZG 1998, 1 (3).

397 *Kloepfer/Bröcker*, DÖV 2001, 1 (6).

398 BVerfGE 96, 345 (364) unter Berufung auf BVerfGE 26, 116 (135); BVerfGE 36, 342 (363); *Pietzcker*, in: Isensee/P. Kirchhof (Hrsg.), Handbuch des Staatsrechts, Bd. IV, § 99, Rn. 34; *Schilling*, Rang und Geltung von Normen in gestuften Rechtsordnungen, S. 378ff.; *Larenz/Canaris*, Methodenlehre der Rechtswissenschaft, S. 155; *Wiederin*, Bundesrecht bricht Landesrecht, S. 387; *Jarass*, AöR 126 (2001), 588 (592).

399 *Jarass/Pieroth*, in: Jarass/Pieroth, Grundgesetzkommentar, Art. 31, Rn. 5; *Maunz*, in: Maunz/Dürig, Kommentar zum Grundgesetz, Art. 31, Rn. 1.

ihrer Wertung aber auseinander, spricht man von Normdivergenzen oder Wertungswidersprüchen,[400] die vom Art. 31 GG nicht erfaßt werden. Bei solchen Normdivergenzen greift dagegen das aus dem Bundesstaatsprinzip abgeleitete Prinzip des bundesfreundlichen Verhaltens ein, das Bund und Länder bei der Ausübung ihrer Kompetenzen verpflichtet, die gebotene und zumutbare Rücksicht auf den anderen zu nehmen.[401] Wird gegen diesen Grundsatz verstoßen, ist die entsprechende Regelung verfassungswidrig und nichtig. Die mit diesen Grundsätzen verbundene Kontrolle der Kompetenzausübung dient jedoch nur der Einhaltung der äußersten Grenzen, da ein Verstoß nur bei mißbräuchlicher Inanspruchnahme einer Kompetenz angenommen wird.[402]

Des weiteren hält die Rechtsordnung noch eine Reihe anderer Kollisionsregeln bereit, die das Bundesverfassungsgericht zur Lösung der Konfliktlage hätte anwenden können: Widersprüche und Gegensätzlichkeiten müssen sich auch am Prinzip der Systemgerechtigkeit (auch Prinzip der Folgerichtigkeit) messen lassen, das aus Art. 3 Abs. 1 GG abgeleitet wird. Allerdings greift das Prinzip der Systemgerechtigkeit nur ein, wenn die Regelungen von der gleichen Instanz getroffen werden, da Art. 3 Abs. 1 GG jeden Träger öffentlicher Gewalt nur in seinem Zuständigkeitsbereich bindet.[403] Darüber hinaus gelten die Grundsätze der *lex specialis-* und der *lex posterior*-Regel. Nach der ersten geht die speziellere Regelung der generellen vor (lex specialis derogat legi generali),[404] nach der zweiten gilt, daß das später erlassene Recht dem früheren vorgeht (lex posterior derogat legi priori).[405]

Anhand der hier nur kurz angesprochenen Kollisionsregeln wird deutlich, daß gerade das Bundesstaatsprinzip, das Bund und Länder dazu verpflichtet, ihre

---

400 *Schilling,* Rang und Geltung von Normen in gestuften Rechtsordnungen, S. 377ff.; *Larenz/Canaris,* Methodenlehre der Rechtswissenschaft, S. 155.

401 BVerfGE 32, 199 (218); BVerfGE 34, 9 (44); BVerfGE 81, 310 (337).

402 BVerfGE 4, 115 (140); BVerfGE 81, 310 (337); für weitgehende Zurückhaltung bei der gerichtlichen Kontrolle plädieren auch: *Pieroth,* in: Jarass/Pieroth, Kommentar zum Grundgesetz, Art. 20, Rn. 20; *Fischer,* JuS 1998, 1097; *Isensee,* in: ders./P. Kirchhof (Hrsg.), Handbuch des Staatsrechts, Bd. IV, § 98, Rn. 157.

403 BVerfGE 21, 54 (68); BVerfGE 76 ,1 (73); BVerfGE 79, 127 (158); *Lange,* Die Verwaltung, 4 (1971), 259; *Ipsen,* AöR 90 (1965), 393 (412); *Osterloh,* in: Sachs (Hrsg.), Kommentar zum Grundgesetz; Art. 3, Rn. 98ff.; *Battis,* in: Stödter/Thieme (Hrsg.), Festschrift für Ipsen, S. 11; *Degenhart,* Systemgerechtigkeit und Selbstbindung des Gesetzgebers als Verfassungspostulat; *ders,* JZ 1985, 886; *ders.,* DÖV 1981, 477; *Peine,* Systemgerechtigkeit; *Kischel,* AöR 124 (199), 189; *Haass,* KJ, 2002, 104.

404 *Jarass,* AöR 126 (2001), 588 (597); *Larenz/Canaris,* Methodenlehre der Rechtswissenschaft, S.88ff.; *Kloepfer/Bröcker,* DÖV 2001, 1 (7).

405 *Schilling,* Rang und Geltung von Normen in gestuften Rechtsordnungen, S. 448; *Kloepfer/Bröcker,* DÖV 2001, 1 (6).

Zuständigkeiten in gegenseitiger Rücksichtnahme auszufüllen, und das Rechtsstaatsprinzip, das die Kompetenzinhaber verpflichtet, ihre Befugnisse so auszuüben, daß die Bürger vor widersprüchlichen Regelungen verschont bleiben, grundsätzlich geeignet sind, die Rechtsordnung möglichst frei von Widersprüchen zu halten. Nun könnte man die Ansicht vertreten, daß das Gebot der Widerspruchsfreiheit der Rechtsordnung nur eine Weiterentwicklung der bestehenden Kollisionsregelungen zum Schutze der Bürger ist. Allerdings verschärft das Gebot der Widerspruchsfreiheit der Rechtsordnung die bisher genannten Kollisionsregeln. So greift zum Beispiel der Grundsatz der Systemgerechtigkeit nur dann ein, wenn beide Regelungen von einem Gesetzgeber erlassen wurden und zudem kein ausreichender Grund für die ungleiche Behandlung besteht. Das Gebot der Widerspruchsfreiheit der Rechtsordnung legt dagegen die Gesamtkonzeption der Rechtsordnung zugrunde und ermittelt anhand dieses vieldeutigen Begriffs die Widersprüche. Dabei läuft man jedoch Gefahr, daß jede Regelung schon allein deswegen zu einem Widerspruch werden kann, weil sie anders ist.[406] Auf diese Weise würde jedoch nicht nur jede tatsächlich willkürliche und widersprüchliche Regelung innerhalb einer Rechtssetzungsgewalt verfassungswidrig, sondern auch divergierende landes- und bundesrechtliche Regelungen. Eine so konsequente Anwendung des Gebots der Widerspruchsfreiheit der Rechtsordnung liefe auch dem Demokratieprinzip zuwider, denn die strikte Anwendung des Gebots führte zu einer Selbstbindung des Gesetzgebers. Ein Parlament könnte dann seine Nachfolger durch Gesetze binden, weil diese nicht zu den vorausgegangenen Gesetzen in Widerspruch treten dürften. Im übrigen stünde es dem demokratischen Wechsel entgegen und könnte dem Kompromißcharakter von demokratisch gefundenen Rechtssätzen nicht gerecht werden.[407]

Somit kann entgegen der Rechtsprechung des Bundesverfassungsgerichts das Gebot der Widerspruchsfreiheit der Rechtsordnung nicht generell auf alle möglichen widersprüchlichen Normen angewandt werden. Beschränkt man das Gebot der widerspruchsfreien Rechtsordnung allerdings auf seinen ersten Anwendungsfall, die Lenkungssteuern, kann es ein sinnvolles Instrument sein, um eine Umgehung der Sachkompetenzen auf dem Wege der Steuergesetzgebung zu verhindern. Für das vorliegende Problem der erdrosselnden Abgaben und der bestehenden Gefahr, daß der Steuergesetzgeber unzulässig auf Bereiche einwirkt, die verfassungsrechtlich allein durch den Sachgesetzgeber geregelt werden können, ist die Widerspruchsfreiheit der Rechtsordnung im Zusammenspiel

---

406 *Sacksofsky,* Umweltschutz durch nicht - steuerliche Abgaben, S. 251; *Jarass,* AöR 126 (2001), 588 (596); *Führ,* KJ 1998, 503 (514); *Fischer,* JuS 1999, 1097 (1099).

407 *Kloepfer/Bröcker,* DÖV 2001, 1 (8); *Führ,* KJ 1998, 503 (515); *Schmidt/Diederichsen,* JZ 1999, 37 (41).

mit den anderen oben genannten Kollisionsregeln ein wirksames Mittel, um möglichen Mißbrauch zu verhindern.

Eine erdrosselnde Steuer ist folglich dann zulässig, wenn sie sich auf eine Steuergesetzgebungskompetenz stützen kann und sich gleichzeitig nicht in Widerspruch zu anderen sachlichen Regelungen setzt. Schließlich sollte aber nicht außer acht gelassen werden, daß inzwischen der Bundesgesetzgeber einen großen Teil der konkurrierenden Gesetzgebungskompetenzen ausgefüllt hat, so daß er zusammen mit der ausschließlichen Gesetzgebung einen großen Teil sowohl der Sach- als auch der Steuerpolitik bestimmen kann. Tatsächlich widersprüchliche Regelungen oder ein Versuch des Bundesgesetzgeber, durch ein erdrosselndes Steuergesetz auf Landesrecht Einfluß zu nehmen, sind somit eher unwahrscheinlich.

c) Zusammenfassung

Die erdrosselnde Steuer ohne Ertragsrelevanz erfüllt die Merkmale einer Steuer nicht. Da sie keine Steuer i.S.d. verfassungsrechtlichen Steuerbegriffs ist, kann eine erdrosselnde Steuer sich nicht auf die Steuergesetzgebungskompetenz des Art. 105 GG stützen. Ob eine solche Abgabe möglicherweise auf eine Sachkompetenz gestützt werden kann, soll im folgenden erörtert werden; als Steuer ist sie jedenfalls unzulässig. Allerdings kann der Erdrosselungseffekt weit vor dem Ausbleiben des Steuerertrags ansetzen, so daß es auch erdrosselnde Steuern mit Ertragsrelevanz geben kann. Diese erfüllen den Steuerbegriff und können sich also auf die steuerliche Gesetzgebungskompetenz stützen, ohne daß sie gleichzeitig eine Sachkompetenz erfüllen müssen. Möglichem Mißbrauch durch den Gesetzgeber, der auf diese Weise die Sachkompetenzen umgehen will, kann durch die oben aufgezählten rechtsstaatlichen und bundesstaatlichen Kollisionsregeln vorgebeugt werden. Dabei kann auch die Widerspruchsfreiheit der Rechtsordnung ergänzend zu den übrigen Kollisionsregeln einen möglichen Übergriff des Steuergesetzgebers in ausschließlich dem Sachgesetzgeber zur Regelung vorbehaltene Bereiche verhindern.

4. Zusammenfassung erdrosselnde Steuern

Die erdrosselnde Steuer bedarf einer neuen Einordnung in das Gefüge der lenkenden Steuern. Grundsätzlich ist der bisher herrschenden Meinung, eine erdrosselnde Steuer sei unzulässig, nur dann zuzustimmen, wenn sie keine Ertragsrelevanz mehr aufweist, d.h. wenn der durch die Steuer erwirtschaftete Ertrag gleich Null ist. Allerdings ist diese nur als Steuer i.S.d. Art. 105 ff. GG unzulässig. Ob eine ertragslose erdrosselnde Abgabe anderer Art zulässig sein kann, wird im folgenden noch zu klären sein; als Steuer kann sie jedenfalls nicht auf die steuerliche Gesetzgebungskompetenz gestützt werden.

Damit sind aber nicht alle Erscheinungsformen der erdrosselnden Steuer verfassungswidrig, denn ein erdrosselnder Effekt kann schon weit vor Beginn der Ertragslosigkeit einsetzen. Eine solche Steuer wurde in der Vergangenheit entweder mit dem Hinweis auf ihren möglichen erdrosselnden Charakter abgelehnt oder als „einfache" Lenkungssteuer behandelt, obwohl diese Steuern z.T. einschneidende Wirkungen entfalteten. Eine Steuer, die auf vollständige Unterbindung eines Verhaltens gerichtet ist und erdrosselnde Wirkung haben soll, ohne dabei allerdings ihre Ertragsrelevanz zu verlieren, sollte daher in Zukunft in ihrer Gesamtwirkung auf den Bürger einer umfassenden verfassungsrechtlichen Prüfung unterzogen werden. Dabei sollte sie weder mit dem pauschalen Hinweis auf ihre erdrosselnden Eigenschaften als verfassungsrechtlich unzulässig abgewiesen, noch als „einfache" Lenkungssteuer anerkannt werden. Die Prüfung muß alle möglichen grundrechtlichen und rechtstaatlichen Bedenken einbeziehen. Diese Prüfung kann zu zwei Ergebnissen führen: Sie kann ergeben, daß die konkrete Steuer mit erdrosselnder Wirkung verfassungsrechtlich unzulässig ist, weil sie ohne rechtfertigende Gründe in die Grundrechte der Betroffenen eingreift oder gegen rechtsstaatliche Vorgaben verstößt. Sie kann aber auch zu dem Ergebnis führen, daß die betreffende Steuer aus überwiegenden Gründen des Allgemeinwohl zulässig ist. Eine erdrosselnde Steuer kann in Zukunft den Kanon der staatlichen Instrumente erweitern, wenn sie sinnvoll und maßvoll genutzt wird.

B. Erdrosselnde nichtsteuerliche Abgaben

Nichtsteuerliche Abgaben, die wie die Steuern einseitig auferlegte öffentlich-rechtliche Zahlungspflichten sind,[408] werden wie die Steuern als Lenkungsinstrumente eingesetzt. Auch diese Abgaben sind zum Teil als erdrückend hoch empfunden worden[409] und sind vereinzelt dem Vorwurf der Erdrosselung ausgesetzt gewesen.[410] Innerhalb der Gruppe der nichtsteuerlichen Abgaben ist zwischen den „klassischen" Vorzugslasten, also der Gebühr und dem Beitrag, den Sonderabgaben und den neueren Abgabeformen wie zum Beispiel den Lizenzentgelten zu unterscheiden. Im folgenden soll überprüft werden, ob der Einsatz erdrosselnder nichtsteuerlicher Abgaben verfassungsrechtlich zulässig ist und welche verfassungsrechtlichen Voraussetzungen dazu erfüllt sein müssen.

1. Erdrosselnde Sonderabgaben

Sonderabgaben bilden eine eigene Gruppe der öffentlichen Abgaben, die im Grundgesetz nicht erwähnt und nicht vorausgesetzt werden. Ihre Gruppe ist durch die Rechtsprechung des Bundesverfassungsgerichts entwickelt worden.[411] Sonderabgaben sind öffentlich-rechtliche Zwangsabgaben, die weder Steuern noch Vorzugslasten sind.[412] Im Gegensatz zu den Vorzugslasten[413] werden sie, gleich der Steuer, ohne eine staatliche Gegenleistung oder staatliches Gegenleistungsangebot erhoben. Von der Steuer unterscheiden sich die Sonderabgaben dadurch, daß ihr Aufkommen nicht in den allgemeinen Staatshaushalt fließt, und sie in der Regel eine Gruppe wegen einer gruppenspezifischen Verantwortung belasten. Da die Sonderabgaben den Steuern sehr ähnlich sind und sie nicht den verfassungsrechtlichen Anforderungen der Art. 105 bis 108 GG unterliegen, werden sie in der Literatur zum Teil sehr skeptisch betrachtet. Ih-

---

408 *Jarass,* Nichtsteuerliche Abgaben und lenkende Steuern unter dem Grundgesetz, S. 4.

409 So z.B. die Gebühren nach dem UIG, die zum Teil als unangemessen hoch erachtet werden: *Röger,* UIG, § 10, Rn. 22ff; *Schomerus, in:* Schomerus/Schrader, HK-UIG, 2. Aufl., § 10, Rn. 7; aber auch bei den sog. neuen Abgabetypen wie z.B. den Lizenzgebühren: VG Köln, MMR 1993, 373, mit zustimmender Anmerkung von *Gebhardt* (ernstliche Zweifel an Rechtmäßigkeit der Gebührenbescheide wegen ihrer Höhe); OVG Münster, K&R 2000, 92; abschließend BVerWG NVwZ 2002, 858.

410 Erdrosselnde Gebühren: BVerwGE 12, 162; BVerwGE 13, 214; BVerwGE 26, 205; erdrosselnde Sonderabgaben: BVerfGE 93, 319:

411 Aus der Fülle von Urteilen siehe z.B.: BVerfGE 4, 7 (Investitionshilfe I); BVerfGE 13, 176 (Feuerwehrabgabe I); BVerfGE 17, 287 (Hebammenabgabe); BVerfGE 55, 275 (Berufsausbildungsabgabe); BVerfGE 57, 139 (Schwerbehindertenabgabe); BVerfGE 67, 252 (Investitionshilfe 82); BVerfGE 91, 186 (Kohlepfennig); BVerfGE 92, 91 (Feuerwehrabgabe II).

412 Friauf, JA 1981, 1981, 261.

413 Als Vorzugslasten werden Gebühren und Beiträge bezeichnet: BVerfGE 55, 275 (297); *Jarass,* DÖV 1989, 1013 (1015).

nen wird vorgeworfen, sie bezeichneten einen verfassungsrechtlichen Krisentatbestand, eine Bedrohung der Finanzverfassung durch gruppennützige Sonderbelastungen mit haushaltsflüchtigem Ertrag.[414] Durch die Inanspruchnahme der Sachkompetenzen und die Finanzierung einer bestimmten Sachaufgabe gefährdeten die Sonderabgaben die Allgemeinverbindlichkeit und Gestaltungskraft der Finanzverfassung und förderten die Bildung einer apokryphen Finanzverfassung.[415]

Trotz dieser anhaltenden Kritik[416] haben die Sonderabgaben sich inzwischen in der Abgabenpraxis durchgesetzt[417] und treten in verschiedenen Erscheinungsformen auf. Erdrosselnde Sonderabgaben sind grundsätzlich zulässig, wenn sie die für die Sonderabgaben entwickelten Voraussetzungen erfüllen. Ob eine erdrosselnde Wirkung bei allen Formen der Sonderabgaben verfassungsrechtlich zulässig ist, ist zu untersuchen.

a) Finanzierungssonderabgaben

Die bekannteste und namengebende Gruppe der Sonderabgaben ist die Sonderabgabe mit Finanzierungsfunktion,[418] die auch als gruppennützige Sonderabgabe[419] oder als Sonderabgabe im engeren Sinne[420] bezeichnet wird. Anhand der

---

414 *Friauf,* in: Schmölders u.a (Hrsg.), Festschrift für Haubrichs, S. 103; *Kirchhof,* in: Kirchhof/Isensee, Handbuch des Staatsrechts der Bundesrepublik Deutschland, Band IV - Finanzverfassung - Bundesstaatliche Ordnung, § 88, Rn. 257.

415 *Friauf,* in: Festschrift für Jahrreiß, S. 45 (48); *Selmer,* Steuerinterventionismus und Verfassungsrecht, S. 183; *Simon,* DÖV 2001, 63 (64); *Tipke/Lang,* Steuerrecht, 17. Aufl., § 3, Rn. 21.

416 So z.B. *Henseler,* Begriffsmerkmale und Legitimation von Sonderabgaben, S. 59; *ders.,* NVwZ 1985, 398; *Osterloh,* JuS 1982, 421.

417 Siehe dazu die zahlreichen Beispiele aus der Rechtsprechung: BVerfGE 4, 7 (Investitionshilfe I); BVerfGE 13, 176 (Feuerwehrabgabe I); BVerfGE 17, 287 (Hebammenabgabe); BVerfGE 55, 275 (Berufsausbildungsabgabe); BVerfGE 57, 139 (Schwerbehindertenabgabe); BVerfGE 67, 252 (Investitionshilfe 82); BVerfGE 91, 186 (Kohlepfennig); BVerfGE 92, 91 (Feuerwehrabgabe II); BVerfGE 101, 141 (Ausgleichsabgabe nach Hessischem Sonderurlaubsgesetz); BVerfG NVwZ 2003, 1241 (Landesrechtliche Altenpflegeabgabe).

418 Die Voraussetzungen der Finanzierungssonderabgabe hat das Bundesverfassungsgericht erstmalig in BVerfGE 55, 274 aufgestellt; BVerfGE 67, 256; BVerfGE 91, 186; *Jarass,* Nichtsteuerliche Abgaben und lenkende Steuern unter dem Grundgesetz, S. 24; *P. Kirchhof,* in: Wendt u.a. (Hrsg.), Festschrift für Friauf, S. 669 (678), der von Sonderabgaben mit Finanzierungszweck spricht.

419 *Schuppert,* in: Becker u.a. (Hrsg.), Festschrift für Thieme, S. 227 (232); *Rottländer,* Haushaltspolitische Bedeutung und Verfassungsmäßigkeit von Sonderabgaben, S. 23; *Patzig,* DÖV 1981, 729 (740).

420 *Schiller,* Sonderabgaben mit einer wirtschaftslenkenden Antriebs- und Sanktionsfunktion, S. 16; *Schuppert,* in: Becker, u.a. (Hrsg.), Festschrift für Thieme, S. 227 (231/232),

Finanzierungssonderabgabe hat sich das Bundesverfassungsgericht – im Urteil über die Berufsausbildungsabgabe[421] - erstmalig umfassend mit den Sonderabgaben beschäftigt und dieser Erscheinungsform der Sonderabgaben die klarsten Konturen gegeben. In diesem Urteil hat es die inzwischen anerkannten Abgrenzungs- und Zulassungskriterien für eine Finanzierungssonderabgabe entwickelt: Es muß eine homogene Gruppe belangt werden,[422] die eine Finanzierungsverantwortung trägt, das Aufkommen muß gruppennützig[423] verwendet und die Abgabe muß periodisch überprüft werden.[424] Das Bundesverfassungsgericht läßt die Sonderabgaben nur in engen Grenzen zu, da diese „neben" den Steuern auf Grundlage der Sachkompetenzen erhoben werden und somit eine doppelte Belastung für die betroffenen Bürger darstellen.[425]

Nach diesen Tatbestandsvoraussetzungen der Finanzierungssonderabgabe ist eine solche mit erdrosselnder Wirkung nicht zulässig. Konstituierender und rechtfertigender Zweck einer Sonderabgabe mit Finanzierungsfunktion ist die Erzielung von Einnahmen zu einem bestimmten Zweck; sie wird erhoben, um für ein bestimmtes Vorhaben einen Ertrag zu erlangen. Gerade diesem Zweck liefe eine erdrosselnde Finanzierungssonderabgabe zuwider. Zwar kann eine Abgabe grundsätzlich auch dann erdrosselnd und damit verbotsgleich wirken, wenn sie noch Ertragsrelevanz aufweist, doch zielt eine erdrosselnde Abgabe auf die Unterbindung des Verhaltens, an das die Abgabe anknüpft. Würde daher eine erdrosselnde Finanzierungssonderabgabe erhoben, verfolgte diese zwei gegenläufige Ziele: Zum einen die Erlangung eines möglichst hohen Ertrags, um das gruppennützige Vorhaben finanzieren zu können, zum anderen aber ge-

---

meint dagegen mit Sonderabgaben i.e.S. alle nichtsteuerlichen Abgaben, die nicht Gebühr, Beitrag oder Sozialversicherungsbeitrag oder Verbandslast sind. Nach seiner Definition von Sonderabgaben gehören zu diesen eben auch die Verbandslasten und die Sozialversicherungsbeiträge, da auch sie Parafiski seien.

421 BVerfGE 55, 274.

422 Allgemein zu den Zulässigkeitsvoraussetzungen der Finanzierungssonderabgaben *Friauf*, JA, 1981, 261; *Kloepfer/Thull*, DVBl. 1992, 195 (200); *Kluth*, JA, 1996, 260; *Köck*, JZ 1993, 59 (64); *Manssen*, DÖV 1996, 12 (16); *Osterloh*, JuS 1982, 421; *Pietzcker*, DVBl. 1987, 774; *P. Kirchhof*, in: Wendt u.a. (Hrsg.), Festschrift für Friauf, S. 669 (670); *Klein*, DStR 1981, 275; *Jarass*, DÖV 1989, 1013 (1017).

423 Aus dem Merkmal der Gruppennützigkeit leitet *Schuppert* für diese Abgabenform auch den Begriff „gruppennützige Sonderabgabe" ab, da entscheidender Anknüpfungspunkt die Gruppe sei, die zu einem bestimmten Zweck als eine finanzieller Zweckverbund etabliert werde; *Schuppert*, in: Becker, u.a. (Hrsg.), Festschrift für Thieme, S. 227 (232). Zur Unzulässigkeit von fremdnützigen Finanzierungssonderabgaben: BVerfGE 55, 274 (307); BVerfGE 67, 256 (276); BVerfGE 82, 159 (180); *P. Kirchhof*, in: Wendt u.a. (Hrsg.), Festschrift für Friauf, S. 669 (675).

424 *Tipke*, Die Steuerrechtsordnung, Bd. III, S. 1072.

425 *P. Kirchhof*, in: Wendt u.a. (Hrsg.), Festschrift für Friauf, S. 669 (670); *Tipke/Lang*, Steuerrecht, 17. Aufl., § 3, Rn. 21; *Friauf*, JA 1981, 261 (262).

rade das Unmöglichmachen des Abgabentatbestands. Somit entfiele entweder das Merkmal des Ertrags, das für eine Finanzierungssonderabgabe wesensimmanent ist, oder das mit der Erdrosselung verfolgte Ziel einer weitgehenden wirtschaftlichen Unterbindung des mit der Abgabe belasteten Verhaltens könnte nicht verfolgt werden. Eine erdrosselnde Sonderabgabe ist in Form einer Finanzierungssonderabgabe unzulässig, da sie den verfassungsrechtlichen Anforderungen an die Sonderabgabe nicht genügte und dem Zweck einer solchen zuwiderliefe.

b) Andere Sonderabgaben

Neben den Finanzierungssonderabgaben gibt es eine Anzahl anderer Erscheinungsformen der Sonderabgabe, die von der Finanzierungssonderabgabe grundsätzlich unterschieden werden, die allerdings in der Abgrenzung untereinander wie in der Terminologie unterschiedlich behandelt und bezeichnet werden.

(1) Fördernde Sonderabgaben

Eine den Sonderabgaben mit Finanzierungsfunktion recht ähnliche Abgabe ist die *fördernde* Sonderabgabe,[426] die allerdings nur vereinzelt in der Literatur als weiterer Versuch, die Sonderabgaben zu kategorisieren, auftaucht. Diese Sonderabgaben gewinnen ihre gestaltende Wirkung nicht aus dem Belastungseffekt, sondern, wie die Sonderabgabe mit Finanzierungsfunktion, aus der Verwendung des Aufkommens für Sachaufgaben. Die Abgabenschuldner müssen ebenfalls eine besondere Finanzierungsverantwortlichkeit innehaben und das Aufkommen für ihre eigenen Angelegenheiten verwenden.[427] In der Regel fördern diese Abgaben bestimmte Wirtschaftszweige und Branchen, wie z.B. die Weinbauern mit der Förderabgabe nach dem Weinwirtschaftsgesetz (§ 23 Abs. 1).[428] Da diese Abgaben gerade wegen ihres Ertrages erhoben werden, der zur Förderung einer bestimmten Personen- oder Wirtschaftsgruppe verwendet werden soll, gilt für die fördernde Sonderabgabe das für die Sonderabgabe mit Finanzierungsfunktion Gesagte. Eine fördernde Sonderabgabe kann nur dann verfassungsrechtlich zulässig sein, wenn eine homogene Gruppe mit der Abgabe belastet wird und der erzielte Ertrag dieser Gruppe selbst, sei es mit zeitlicher Verschiebung (z.B. um Ernteausfälle auszugleichen) oder durch bestimmte zentral gesteuerte Maßnahmen (z.B. eine Werbekampagne für die Weinwirtschaft Deutschlands) wieder zugute kommt. Dieser die Abgabe rechtfertigende Zweck

---

426 *P. Kirchhof,* in: Isensee/P. Kirchhof (Hrsg.), Handbuch des Staatsrechts, Bd. IV, § 88, Rn. 248ff.; *Rottländer,* Haushaltspolitische Bedeutung und Verfassungsmäßigkeit von Sonderabgaben, S. 25; *Patzig,* DÖV 1981, 729 (740).

427 *Patzig,* DÖV 1981, 729 (740).

428 Weinwirtschaftsgesetz vom 29.10.1992, BGBl. 1992 I S. 1824.

entfiele, wenn die fördernde Abgabe erdrosselnden Charakter hätte. Eine erdrosselnde Förderabgabe ist also ebenfalls unzulässig.

(2) Ausgleichsabgaben

Ausgleichsabgaben[429] sind solche Abgaben, die keinen Finanzierungszweck verfolgen und die innerhalb von bestimmten Wirtschaftszweigen eine durch bestimmte Marktstrukturen hervorgerufene oder eine durch vorausgegangene staatliche Intervention verursachte Belastungsungleichheit (z.B. staatliche Strukturmaßnahmen o.ä.) oder die durch die Nichterfüllung einer öffentlich-rechtlichen Rechtspflicht (z.B. die Einstellung von Schwerbehinderten) entstehende Ungleichheit ausgleichen sollen.[430] Die Sonderabgabe ersetzt dann im Rahmen von Rechtspflichten die nicht eingetretene reale Rechtspflichtengleichheit[431] durch eine ökonomische Lastengleichheit.[432] Zweck und Rechtfertigung der Abgaben liegen also allein in der individuellen Belastungswirkung der Abgabe, nicht im Abgabenaufkommen und seiner Verwendung.[433] Die Höhe dieser Abgabe ist daher auf den Wert des abzuschöpfenden Vorteils beschränkt.

Da also Zweck und Rechtfertigung der Ausgleichsabgaben allein in der individuellen Belastungswirkung der Abgabe liegen, nicht im Abgabenaufkommen und seiner Verwendung,[434] steht einer erdrosselnden Abgabe jedenfalls nicht der die Sonderabgabe rechtfertigende Finanzierungszweck entgegen wie z.B. bei der Finanzierungssonderabgabe. Von daher könnte die erdrosselnde Ausgleichsabgabe verfassungsrechtlich zulässig sein. Dabei ließe man allerdings den ausgleichenden Charakter der Sonderabgabe außer acht, der zu der Beschränkung der Abgabenhöhe auf den Wert des abzuschöpfenden Vorteils führt.

---

429 Zum Teil wird innerhalb dieser Abgabengruppe noch einmal differenziert: *Schuppert*, in: Becker, u.a. (Hrsg.), Festschrift für Thieme, S. 227 (232); *Rottländer*, Haushaltspolitische Bedeutung und Verfassungsmäßigkeit von Sonderabgaben, S. 24, unterscheiden zwischen der Ausgleichsabgabe, die Ungleichheiten innerhalb eines Wirtschaftszweigs ausgleichen soll, und der Sonderabgabe mit Ausgleichs- und Antriebsfunktion. *Köck* führt dagegen einen weiteren Oberbegriff ein, den der rechtspflichtbezogenen Sonderabgaben, unter dem er sowohl Ausgleichs- wie auch Lenkungsabgaben zusammenfaßt, *Köck*, Die Sonderabgabe als Instrument des Umweltschutzes, S. 118.

430 BVerfGE 92, 91 (118), BVerfGE 57, 139 (167); *Jarass*, Nichtsteuerliche Abgaben und lenkende Steuern unter dem Grundgesetz, S. 40ff.; *P. Kirchhof*, in: Isensee/P. Kirchhof (Hrsg.), Handbuch des Staatsrechts, Bd. IV, § 88, Rn. 242; *Schiller*, Sonderabgaben mit einer wirtschaftslenkenden Antriebs- und Sanktionsfunktion, S. 17.

431 *Jarass*, Nichtsteuerliche Abgaben und lenkende Steuern unter dem Grundgesetz, S. 42, spricht von einen Rechtspflichtenkonnex.

432 *Kirchhof*, in: Isensee/P. Kirchhof (Hrsg.), Handbuch des Staatsrechts, Bd. IV, § 88, Rn. 242.

433 *P. Kirchhof*, in: Wendt u.a. (Hrsg.), Festschrift für Friauf, S. 669 (678).

434 *P. Kirchhof*, in: Wendt u.a. (Hrsg.), Festschrift für Friauf, S. 669 (678).

Die Ausgleichsabgabe soll eine Lastengleichheit zwischen denjenigen, die sich der öffentlichen Rechtspflicht beugen oder von der staatlichen Strukturmaßnahme benachteiligt werden, und denjenigen, die daraus einen Vorteil ziehen, herstellen. Ziel ist es grundsätzlich nicht, über den Ausgleich hinaus Finanzmittel zu erlangen oder lenkend einzugreifen. Dagegen versucht die erdrosselnde Abgabe, den betroffenen Abgabenschuldner durch die Höhe der Abgabe zu dem gewünschten Verhalten zu „zwingen", wobei der Zwang ein ökonomischer ist. Die mit dem Ausgleich einhergehende Beschränkung der Abgabenhöhe liefe dem Zweck der Erdrosselung zuwider; gleichzeitig entfiele der die Ausgleichsabgabe rechtfertigende Ausgleich, so daß die Ausgleichsabgabe als solche verfassungsrechtlich unzulässig wäre. Zwar muß eine Ausgleichsabgabe nicht die Zulässigkeitsvoraussetzungen für die Sonderabgabe mit Finanzierungsfunktion erfüllen,[435] doch ist eine solche Abgabe nur dann zulässig, wenn sie dem Ausgleich dient. Eine erdrosselnde Ausgleichssonderabgabe ist somit ausgeschlossen.

Allerdings kann eine Ausgleichsabgabe zum Teil über den Ausgleichszweck hinaus auch einen Lenkungszweck verfolgen. Das ist der Fall, wenn sie keine staatlichen Strukturmaßnahmen ausgleichen soll, sondern innerhalb einer mit einer Rechtspflicht belasteten Gruppe die Lasten*ungleichheit* beheben soll, die durch die Nichterfüllung der Rechtspflicht durch die Abgabenschuldner entsteht. Eine derartige Ausgleichsabgabe soll dazu anregen, statt die Abgabe zu entrichten, die Lastengleichheit durch die Erfüllung der Rechtspflicht zu wahren, wie z.B. bei der von der Bundesregierung geplanten Ausbildungsabgabe oder der Schwerbehindertenabgabe.[436] Die Ausgleichsabgaben können folglich auch einen Lenkungszweck verfolgen. Nun stellt sich die Frage, ob eine erdrosselnde Ausgleichsabgabe auch in den Fällen ausgeschlossen ist, in denen durch die Abgabe nicht nur der finanzielle Ausgleich hergestellt, sondern auch lenkend auf den Abgabepflichtigen eingewirkt werden soll. Eine Ausgleichsabgabe mit Lenkungsfunktion bindet anders als die reine Ausgleichsabgabe den Zweck einer erdrosselnden Steuer mit in ihren Zweck ein, da auch sie versucht, den Abgabeschuldner durch ökonomischen Druck zur Erfüllung der Rechtspflicht anzuhalten. Allerdings ist eine Ausgleichsabgabe mit Lenkungsfunktion nicht in erster Linie auf die Lenkung gerichtet, sondern vorrangig auf den Ausgleich der Ungleichheit, erst nachrangig kommt der Lenkungszweck zum Tragen. Eine Erdrosselung widerspricht nun aber dem Ausgleich, denn eine erdrosselnde Abgabe soll das Verhalten vollständig unterbinden; die Ausgleichsfunktion liefe somit ins Leere. Eine Ausgleichsabgabe bedarf wegen ihres Ausnahmecharak-

---

435 BVerfGE 57, 139 (167); BVerfGE 67, 256 (277).

436 BVerfGE 57, 275 (Schwerbehindertenabgabe); Zur geplanten Ausbildungsabgabe siehe z.B. FAZ vom 11.10.2003 „Im Lehrstellenstreit setzt die SPD eine Frist", FAZ vom 13.09.2003 „Die Kehrseite der Lehrstellenmisere".

ters, wie die anderen Sonderabgaben auch, einer besonderen verfassungsrechtlichen Rechtfertigung. Zwar müssen die anderen Sonderabgaben nicht die Zulässigkeitsvoraussetzungen der Finanzierungssonderabgabe erfüllen, einer in ihnen selbst begründete Rechtfertigung bedürfen diese Sonderabgaben aber auch. Bei den Ausgleichsabgaben erfolgt diese Rechtfertigung der Abgabenerhebung über den eigentlichen Zweck der Abgabe, den Ausgleich; fehlt die Ausgleichsfunktion hingegen vollständig, kann die Abgabe jedenfalls nicht als Ausgleichsabgabe zulässig sein.[437] Folglich ist eine erdrosselnde Ausgleichsabgabe auch dann ausgeschlossen, wenn diese gleichzeitig Lenkungsfunktionen wahrnehmen soll, da eine mit erdrosselnder Wirkung erfolgende Lenkung den Ausgleichscharakter der Ausgleichsabgabe überlagerte und diese somit nicht als Ausgleichsabgabe gerechtfertigt werden könnte.

(3) Verursacherabgaben

Eine weitere, wenngleich nicht unumstrittene Abgabenform[438] ist die Verursacherabgabe, die überwiegend umweltpolitisch motiviert ist.[439] Die Verursacherabgabe knüpft an die dem Abgabenschuldner zurechenbare Beeinträchtigung öffentlicher Belange an;[440] der Verursacher der Beeinträchtigung soll typisierend mit den Kosten belastet werden, die er verursacht hat. Regelmäßig stellt sich bei solchen Beeinträchtigungen das Problem, daß die durch sie entstandenen Kosten nach geltendem Abgabenrecht nicht als individualisierbarer Aufwand übergewälzt werden können, also keine Gebühr erhoben werden kann, so daß die Allgemeinheit die Kosten der Einbußen an Gemeingütern zu tragen hat.[441] Eine Verursachungsabgabe soll daher die Lücke zwischen einem individualisierbaren Aufwand und einer Allgemeinlast schließen. Mit dieser Abgabenform sollen zum einen das Verusacherprinzip durchgesetzt und die Ko-

437 *P. Kirchhof,* in: Wendt u.a. (Hrsg.), Festschrift für Friauf, S. 669 (678).

438 Kritisch *P. Kirchhof,* in: Isensee/P. Kirchhof (Hrsg.), Handbuch des Staatsrechts, Bd. IV, § 88, Rn. 251ff.

439 *Köck,* Die Sonderabgabe als Instrument des Umweltschutzes, S. 141; *P. Kirchhof,* in: Isensee/P. Kirchhof (Hrsg.), Handbuch des Staatsrechts, Bd. IV, § 88, Rn. 251ff.; *Rottländer,* Haushaltspolitische Bedeutung und Verfassungsmäßigkeit von Sonderabgaben, S. 25; *Caesar,* FinArch n.F. 38 (1980), 385 (404); *Schröder,* DÖV 1983, 667 (671); *Zimmermann,* DVBl. 1989, 901; *Patzig,* DÖV 1981, 729 (738).

440 Im umweltrechtlichen Bereich können sie an die qualitative Inanspruchnahme der Umwelt (umweltverschmutzendes Verhalten) oder an die quantitative Inanspruchnahme (sonstiges umweltbelastendes Verhalten wie Umweltverbrauch) anknüpfen. Die Verursacherabgaben sind jedoch nicht auf den Umweltbereich beschränkt.

441 Die Veursachungsabgabe ist allerdings nicht unumstritten und wird zum Teil als überflüssig angesehen, denn einen tatsächlich individualisierbaren Kostenausgleich vermag die Gebühr besser zu leisten, während Umweltgemeinlasten durch die Steuer finanziert werden: *P. Kirchhof,* in: Isensee/P. Kirchhof (Hrsg.), Handbuch des Staatsrechts, Bd. IV, § 88, Rn. 253.

sten der Allgemeinheit auf den Verursacher übertragen, zum anderen soll das Verhalten der Verursacher durch die finanzielle Belastung verändert werden.[442] Rechtfertigungsgrund für diese Abgabe ist somit ein vorhergegangenes Verursachen, aus dem die Finanzierungsverantwortung abgeleitet werden kann; mithin die Umsetzung des Verursacherprinzips.[443]

Wie bei den anderen bisher dargestellten Formen der Sonderabgabe ist eine erdrosselnde Verursacherabgabe verfassungsrechtlich unzulässig. Die Verursacherabgabe wird, wenn man sie verfassungsrechtlich für zulässig erachtet, wegen der durch sie erfolgenden Umsetzung des Verursacherprinzips erhoben. Eine erdrosselnde Abgabe, die, wie bereits mehrfach betont, ausschließlich interventionistische Ziele verfolgt, liefe dem Ziel der Kompensation durch die Verursachungsabgabe entgegen. Zwar verfolgt die Verursacherabgabe zum Teil auch lenkende Ziele, doch haben die Ziele, das Verursacherprinzips umzusetzen und den ökonomischen Ausgleich des Schadens herbeizuführen, größeres Gewicht. Der hinzutretende lenkende Charakter verändert die Verursachungsabgabe nicht zu einer lenkenden Sonderabgabe. Soll die Lenkung im Vordergrund stehen, kann der Gesetzgeber eine reine Lenkungssonderabgabe erheben.

(4) Lenkungssonderabgaben

Die Lenkungssonderabgabe,[444] die von einigen Autoren nicht als eine Abgabe eigener Art anerkannt wird,[445] belastet bestimmte, vom Staat nicht gewünschte Verhaltensweisen, um den potentiellen Abgabenschuldner zur Vermeidung dieser Tatbestände zu veranlassen. Dieses Ziel erreicht die Lenkungssonderabgabe allein durch ihre Belastungswirkung, nicht dagegen durch die eingenommenen Mittel.[446] Die Lenkungssonderabgabe dient nicht einem Finanzierungszweck, sondern ausschließlich der Durchsetzung eines Verwaltungsprogramms. Nach der Rechtsprechung des Bundesverfassungsgerichts sind die Lenkungsabgaben

---

442 Beispiele für solche Verursachungsabgaben sind die Abwasserabgabe oder die Ausgleichsabgabe nach dem Altölgesetz.

443 Dazu umfassend *Kloepfer,* Umweltrecht, 3. Aufl., § 4 Rn. 22; *Bender/Sparwasser/Engel,* Umweltrecht, Kap. 1, Rn. 89ff.; *Frenz,* Das Verursacherprinzip im öffentlichen Recht, S. 43ff.

444 BVerfGE 57, 139 (167); BVerfGE 67, 256 (278); BVerwGE 74, 308 (310).

445 Ablehnend: *Manssen,* DÖV 1996, 17; *Henseler,* Begriffsmerkmale und Legitimation der Sonderabgaben, S. 78. Die Lenkungssonderabgabe anerkennend aber: *P. Kirchhof,* in: Isensee/P. Kirchhof (Hrsg.), Handbuch des Staatsrechts, Bd. IV, § 88, Rn. 245; *ders.,* in: Wendt u.a. (Hrsg.), Festschrift für Friauf, S. 669 (679); *Rottländer,* Haushaltspolitische Bedeutung und Verfassungsmäßigkeit von Sonderabgaben, S. 25; *Schiller,* Sonderabgaben mit einer wirtschaftslenkenden Antriebs- und Sanktionsfunktion, S. 19; *Jarass,* Nichtsteuerliche Abgaben und lenkende Steuern unter dem Grundgesetz, S. 53; *ders.,* DÖV 1989, 1014 (1019).

446 *Jarass,* Nichtsteuerliche Abgaben und lenkende Steuern unter dem Grundgesetz, S. 53.

nur dann eine eigenständige Abgabenart, wenn überhaupt kein Finanzierungszweck, auch nicht als Nebenzweck, verfolgt wird.[447] Das Bundesverwaltungsgericht läßt dagegen auch einen untergeordneten Finanzierungszweck zu.[448] Idealtypisch liegt das Aufkommen einer solchen Abgabe bei Null, allerdings ist ein rückläufiges Aufkommen nicht Zulässigkeitsvoraussetzung. Das durch die Abgabe erzielte Aufkommen muß zur Erfüllung des Verwaltungsprogramms eingesetzt werden, dem auch die Lenkung dient.[449]

aa) Erdrosselnde Lenkungssonderabgaben

Lenkungssonderabgaben dienen dem Gesetzgeber als Mittel, um den betroffenen Abgabeschuldnern eine bestimmte Verhaltensweise vorzuschreiben, ohne jedoch ein Gebot oder Verbot aussprechen zu müssen. Die lenkenden Sonderabgaben werden nicht mit dem Ziel erhoben, Finanzierungszwecke zu erfüllen. Ein zu dem Lenkungszweck hinzutretender Finanzierungszweck veränderte den Charakter der lenkenden Sonderabgabe; sie müßte dann den verfassungsrechtlichen Anforderungen einer Finanzierungssonderabgabe genügen,[450] wobei ein tatsächliches Ertragsaufkommen nicht schaden soll.[451] Ein bewußter Finanzierungszweck wird mit der Abgabe dann nicht verfolgt, wenn nach der objektiven Gestaltung des Abgabengesetzes der rechtfertigende Grund der Abgabe allein in ihrer Belastungswirkung liegt.[452]

Anders als die übrigen Sonderabgaben entspricht der Zweck einer Lenkungssonderabgabe dem einer erdrosselnden Abgabe. Zweck der erdrosselnden Abgabe ist es, das Verhalten, an das die Abgabe anknüpft, wirtschaftlich unmöglich zu machen. Die Lenkungsabgabe gewinnt den sie rechtfertigenden Grund allein aus ihrer Belastungswirkung; diese wird als Mittel eingesetzt, um das Verhalten der Abgabenschuldner zu verändern.

---

447 BVerfGE 67, 256 (278); BVerfGE 82, 159 (181), so auch *Kloepfer,* UPR 1997, 81 (88).

448 BVerwGE 74, 308 (310).

449 *P. Kirchhof,* in: Isensee/P. Kirchhof (Hrsg.), Handbuch des Staatsrechts, Bd. IV, § 88, Rn. 246.

450 BVerfGE 67, 256 (278); BVerfGE 82, 159 (181), so auch *Kloepfer,* UPR 1997, 81 (88). Das Bundesverwaltungsgericht läßt dagegen auch einen untergeordneten Finanzierungszweck neben dem Lenkungszweck zu, ohne daß die Sonderabgabe zu einer Finanzierungssonderabgabe wird; BVerwGE 74, 308 (310).

451 *Kluth,* NuR 1997, 105 (110); *P. Kirchhof,* ZIP 1984, 1423 (1430); *Schmidt,* NVwZ 1991, 36 (39); a.A. *Kloepfer/Schulte,* UPR 1992, 201 (208), die davon ausgehen, daß Ertragsrelevanz die Finanzierungsfunktion bedingt.

452 *Jarass,* Nichtsteuerliche Abgaben und lenkende Steuern unter dem Grundgesetz, S. 54; *ders.,* DÖV 1989, 1014 (1019); *W. Schmidt,* NVwZ 1991, 36 (39).

bb) Grundsätzliche Zulässigkeit der Lenkungssonderabgabe

Eine erdrosselnde Lenkungsabgabe muß als Lenkungssonderabgabe die an diese gestellten verfassungsrechtlichen Anforderungen erfüllen. An verfassungsrechtlichen Vorgaben des Bundesverfassungsgerichts ist die erdrosselnde Sonderabgabe allerdings nicht zu messen, weil das Bundesverfassungsgericht zwar grundsätzlich davon ausgeht, daß es Abgaben mit Lenkungsfunktion geben kann,[453] sich zu den von den Lenkungssonderabgaben zu erfüllenden verfassungsrechtlichen Anforderungen bisher aber nicht geäußert hat.

Die Lenkungssonderabgabe verfolgt keinen Finanzierungszweck; daher könnte man annehmen, daß bei Erhebung einer solchen Abgabe - anders als bei den Finanzierungssonderabgaben - keine Gefahr besteht, daß die Abgabe nicht ausreichend von einer Steuer abzugrenzen ist und so die finanzverfassungsrechtliche Ordnung umgangen wird. Zunächst liegt die Möglichkeit der Umgehung der verfassungsrechtlichen Anforderungen an ein Steuergesetz durch eine Lenkungssonderabgabe also nicht so nahe wie bei einer Finanzierungssonderabgabe. Bei diesen Überlegungen wird jedoch außer acht gelassen, daß auch bei einer Lenkungssonderabgabe - trotz der fehlenden Intention - regelmäßig ein Finanzierungseffekt eintreten wird. Somit besteht zumindest bei der reinen Lenkungssonderabgabe ohne Erdrosselungseffekt die Möglichkeit, die finanzverfassungsrechtlichen Vorgaben für eine Steuer zu umgehen. Hinzukommt, daß eine Sonderabgabe, gleichgültig in welcher Erscheinungsform, eine Ausnahme im Gefüge der Abgaben ist und daher einer weiteren Rechtfertigung bedarf.[454]

Für die Lenkungssonderabgaben gelten nicht die verfassungsrechtlichen Anforderungen, die das Bundesverfassungsgericht für die Finanzierungssonderabgaben entwickelt hat,[455] trotzdem bedürfen sie aber der Rechtfertigung. Zunächst könnte man den Lenkungseffekt der Sonderabgabe als rechtfertigendes Element anführen. Allerdings gehen von allen Abgaben lenkende Einflüsse aus, die im Bereich von Steuer- und Gebührenerhebung auch gezielt eingesetzt werden; lenkende Effekte können folglich auch mit den bekannten Abgaben erreicht werden, so daß die Lenkung als Rechtfertigung für eine weitere Abgabe nicht ausreicht. Um eine Lenkungssonderabgabe zu rechtfertigen, bedarf es somit mehr als nur eines Lenkungsziels: Wie auch die Finanzierungssonderabgabe darf die Lenkungssonderabgabe sich nur an Abgabenpflichtige wenden, die eine homogene Gruppe darstellen. Diese trifft dabei keine Finanzierungsverantwortung, sondern eine *handlungsbezogene Gruppenverantwortlichkeit* für das Len-

453 BVerfGE 67, 256 (278/279).
454 BVerfGE 91, 186 (202); BVerfGE 92, 91 (113).
455 BVerfGE 67, 256 (278).

kungsziel. Die Lenkungssonderabgabe ist somit nur dann zulässig, wenn sie einen Sachverhalt betrifft, der von der abgabenpflichtigen Gruppe unmittelbar verursacht oder veranlaßt wird.[456]

Da die Lenkungssonderabgabe ja gerade nicht auf die Erzielung eines Ertrags ausgerichtet ist, entfällt das für die Finanzierungssonderabgabe entwickelte Merkmal der gruppennützigen Verwendung des Ertrags.[457] Kommt es nun trotz des fehlenden Finanzierungszwecks der lenkenden Sonderabgabe zu einem Ertrag, stellt sich die Frage, wie dieser eingesetzt werden soll. Eine gruppennützige Verwendung des Abgabenaufkommens könnte zu einer Schwächung der Belastungswirkung der Abgabe führen und das Ziel der Abgabenerhebung würde geschwächt oder schlimmstenfalls vollständig verfehlt.[458] Die Konsequenz aus dieser Feststellung könnte somit sein, dem Gesetzgeber aufzugeben, wie er das Aufkommen einer Lenkungssonderabgabe zu verwenden hat. In einem solchen Fall würde eine Lenkungssonderabgabe zwar nicht von der Allgemeinheit, sondern von einer homogenen Gruppe mit einer besonderen Handlungsverantwortung erhoben, unterschiede sich aber sonst nicht von einer Lenkungssteuer. Da eine homogene Gruppe aber auch sehr groß sein kann, bedarf es eines weiteren Abgrenzungsmerkmals zu der Steuer. Im Unterschied zur Lenkungssteuer muß der Gesetzgeber im Fall der Lenkungssonderabgabe festsetzen, wie der möglicherweise erzielte Ertrag verwendet werden soll. Dabei muß die Ertragsverwendung zwar nicht gruppennützig erfolgen, sie muß jedoch in einem inneren Zusammenhang mit dem verfolgten Zweck stehen.[459]

Festzuhalten ist, daß eine Abgabe nur dann in Form einer Lenkungssonderabgabe zulässig ist, wenn sie von einer homogenen Gruppe mit Handlungsverantwortung erhoben wird und ein - nicht notwendigerweise tatsächlich aufkommender - Ertrag in einem inneren Zusammenhang mit dem verfolgten Zweck verwendet wird.

cc) Sonderprobleme der erdrosselnden Lenkungssonderabgabe

Damit ist jedoch nur geklärt, welche verfassungsrechtlichen Anforderungen an eine lenkende Sonderabgabe zu stellen sind, damit diese als Sonderabgabe zu-

---

456 *Meßerschmidt,* Umweltabgaben als Rechtsproblem, S. 244; *Breuer,* DVBl. 1992, 485 (494).

457 *Henseler,* Das Recht der Abfallbeseitigung, S. 178; *Werner/Zacharias,* DB 1984, 1283 (1285); *Richter,* Zur Verfassungsmäßigkeit von Sonderabgaben, S. 172.

458 *Hendler,* Die Sonderabfallabgabe, S. 76.

459 BVerwGE 74, 308 (311); *Meßerschmidt,* Umweltabgaben als Rechtsproblem, S. 248; *Köck,* Die Sonderabgabe als Instrument des Umweltschutzes, S. 141; *Breuer,* DVBl.1992 485 (493); *P. Kirchhof,* in: Isensee/P. Kirchhof (Hrsg.), Handbuch des Staatsrechts, Bd. IV, § 88, Rn. 246.

lässig erhoben werden darf. Im Rahmen der Erhebung einer erdrosselnden Lenkungssonderabgabe stellen sich jedoch noch weitere Zulässigkeitsfragen, die allerdings zum großen Teil die gleiche Struktur aufweisen wie im Falle der erdrosselnden Steuer.

α) Finanzverfassungsrechtliche Anforderungen an die erdrosselnde Lenkungssonderabgabe

Ebenso wie die erdrosselnde Steuer sieht sich die erdrosselnde Sonderabgabe, wenn sie in der Literatur überhaupt in Erwägung gezogen wird, dem Einwand der verfassungsrechtlichen Unzulässigkeit ausgesetzt.[460] Daß dieser Vorwurf so pauschal auch hinsichtlich der erdrosselnden Steuer nicht zu halten ist, wurde bereits ausführlich erörtert. Hinsichtlich der erdrosselnden Lenkungssonderabgabe stellen sich zudem weniger verfassungsrechtliche Schwierigkeiten als bei der erdrosselnden Steuer.

Die erdrosselnde Lenkungssonderabgabe muß, um zulässig zu sein, freilich die oben dargestellten Anforderungen erfüllen. Darüber hinaus stellen sich jedoch keine speziell auf den erdrosselnden Charakter der Sonderabgabe gerichteten finanzverfassungsrechtlichen Hürden. Das grundsätzliche Problem, das sich hinsichtlich der Ertragsrelevanz der erdrosselnden Steuer stellt, erübrigt sich bei einer erdrosselnden Sonderabgabe, denn die Ertragslosigkeit der Abgabe schadet der verfassungsrechtlichen Zulässigkeit einer Lenkungssonderabgabe gerade nicht.[461] Neben den bereits dargestellten, alle Sonderabgaben betreffenden finanzverfassungsrechtlichen Anforderungen wirft eine erdrosselnde Sonderabgabe somit keine weiteren finanzverfassungsrechtlichen Probleme auf.

β) Kompetenzrechtliche Anforderungen an die erdrosselnde Lenkungssonderabgabe

Auch stellen sich hinsichtlich der erdrosselnden Sonderabgabe keine weiteren kompetenzrechtlichen Probleme: Erdrosselnde Sonderabgaben stützen sich - wie die übrigen Sonderabgaben auch - auf die Sachgesetzgebungskompetenz nach Art. 70 ff GG. Freilich besteht dabei die Möglichkeit, daß der Gesetzgeber mit Hilfe der Sonderabgabe versucht, die finanzverfassungsrechtlichen Anforderungen einer Steuer zu umgehen.[462] Doch ist dies kein auf die erdrosselnde Sonderabgabe begrenztes Problem, sondern betrifft alle Sonderabgaben. Um das Aushöhlen der Finanzverfassung durch den zunehmenden Gebrauch von Sonderabgaben statt von Steuern zu verhindern, hat das Bundesverfassungsgericht

460 *P. Kirchhof*, in: Wendt u.a. (Hrsg.), Festschrift für Friauf, S. 669 (680).
461 BVerfGE 67, 256 (278); BVerfGE 82, 159 (189).
462 *Friauf*, in: Schmölders/Buchholz/Wöhe (Hrsg.), Festschrift für Haubrichs, 103 (105); *ders.*, JA 1980, 261 (262).

die schon mehrfach dargelegten Zulässigkeitsvoraussetzungen aufgestellt; erfüllt eine Abgabe diese Anforderungen, besteht folglich keine Gefahr der Umgehung der Finanzverfassung. Zudem stellt sich das Problem bei der Lenkungssonderabgabe nur in abgeschwächter Form, da diese gerade keine Finanzierungsfunktion aufweisen darf und sich somit nicht unmittelbar mit der Steuer konkurriert.

Neben diesem grundsätzlichen Problem aller Sonderabgaben birgt die Lenkungssonderabgabe jedoch gerade nicht die Schwierigkeit, daß der Steuergesetzgeber über die Steuer regelnd in Sachkompetenzen eindringt. Vielmehr bedient sich der Sachgesetzgeber eines finanzrechtlichen Mittels, um ein von ihm gewünschtes Vorhaben durchzusetzen oder ein mißbilligtes Verhalten zu unterbinden. Da bei der Lenkungssonderabgabe schon die Gefahr eines Übergriffs von der Sach- in die Steuerkompetenz nicht besteht, bedarf es auch keiner Diskussion, ob eine Doppelkompetenz, also die bestehende Sachkompetenz gemäß Art. 70 ff. GG und zusätzlich die Steuerkompetenz nach Art. 105 GG, notwendig sein könnte.[463] Eine erdrosselnde Lenkungssonderabgabe stützt sich somit allein auf den Sachkompetenztitel, der für die jeweilige Belastungswirkung der Lenkungssonderabgabe einschlägig ist.

γ) Grundrechtliche Anforderungen an die erdrosselnde Lenkungssonderabgabe

Eine erdrosselnde Lenkungssonderabgabe ist somit nicht auf Grund von finanzverfassungsrechtlichen Vorgaben unzulässig. Da eine erdrosselnde Lenkungsabgabe vom Gesetzgeber mit der Intention erhoben wird, ein bestimmtes Verhalten wirtschaftlich unmöglich zu machen; also durch die erdrosselnde Lenkungssonderabgabe ein unerwünschtes Verhalten quasi zu verbieten, ist zu prüfen, ob die erdrosselnde Lenkungssonderabgabe gegen Grundrechte der Betroffenen verstößt und ob ein solcher Verstoß zu rechtfertigen ist.

Wie auch hinsichtlich der erdrosselnden Steuer ist bei der Prüfung der erdrosselnden Sonderabgabe zwischen ihrer sachlichen Lenkungsfunktion und ihrer möglichen Finanzfunktion zu differenzieren. Hinsichtlich ihrer Lenkungsfunktion ist vom Gesetzgeber zu beachten, was er mit der erdrosselnden Lenkungssonderabgabe bezweckt. Bedeutete die Unterbindung eines bestimmten Verhaltens durch eine erdrosselnde Sonderabgabe einen verfassungsrechtlich nicht zu rechtfertigenden Eingriff in ein Grundrecht, weil das Verhalten unter besonderem grundrechtlichen Schutz steht, so daß es nur unter qualifizierten Voraussetzungen einschränkbar ist, wäre die erdrosselnde Sonderabgabe unzulässig. Beträfe eine erdrosselnde Lenkungsabgabe dagegen einen Lebensbereich, der

463 *Jarass*, Nichtsteuerliche Abgaben und lenkende Steuern unter dem Grundgesetz, S. 60.

auch durch ein ordnungsrechtliches Gebot oder Verbot geregelt werden könnte, ist sie grundsätzlich zulässig. Der eigentlichen Prüfung vorgelagert muß somit die Frage beantwortet werden, welches Verhalten durch die Abgabe „verboten" oder zumindest weitgehend reduziert werden soll. Nur wenn dieses Verhalten nicht unter einem besonderen verfassungsrechtlichen Schutz steht, also das das Verhalten schützende Grundrecht einschränkbar ist, kann die Abgabe verfassungsrechtlich zulässig sein.

Allerdings kann eine erdrosselnde Lenkungssonderabgabe auch hinsichtlich eines Sachverhalts, der grundsätzlich durch ein Verbot oder Gebot geregelt werden könnte, einen Eingriff in die Freiheitsgrundrechte oder in das Gleichheitsgrundrecht nach Art. 3 Abs. 1 GG bedeuten, so daß für jede erdrosselnde Lenkungssonderabgabe geprüft werden muß, welches Grundrecht betroffen und ob ein möglicher Eingriff gerechtfertigt sein könnte. Wie auch die erdrosselnde Steuer können erdrosselnde Lenkungssonderabgaben insbesondere in die Freiheitsgrundrechte des Art. 14 Abs. 1 GG, Art. 12 Abs. 1 GG und Art. 2 Abs. 1 GG eingreifen. Hinsichtlich eines möglichen Eingriffs in diese Grundrechte stellen sich die gleichen Probleme wie bei den erdrosselnden Steuern.

In Bezug auf einen möglichen Eingriff in Art. 14 Abs. 1 GG ist freilich zunächst zu prüfen, ob der Schutzbereich des Art. 14 Abs. 1 GG einschlägig ist. Anders als das Bundesverfassungsgericht[464] legt diese Arbeit jedoch zugrunde, daß der Schutzbereich von Art. 14 Abs. 1 GG grundsätzlich auch vor der Auferlegung von Geldleistungspflichten schützt. Eine erdrosselnde Sonderabgabe stellt eine intensive und gezielte Belastung des einzelnen Abgabenschuldners dar, durch die bewußt in den wirtschaftlichen Freiraum des Bürgers eingriffen wird. Durch diese erdrosselnde Lenkungssonderabgabe wird folglich in den Schutzbereich des Grundrechts auf Eigentum eingegriffen, wobei dieser Eingriff als Inhalts- und Schrankenbestimmung zu klassifizieren ist. Allerdings könnte dieser Eingriff verfassungsrechtlich gerechtfertigt sein, wenn er verhältnismäßig ist. Bei der Prüfung der Verhältnismäßigkeit ist bei einer erdrosselnden Lenkungssonderabgabe zu beachten, daß diese den Abgabenschuldnern nur dann auferlegt werden kann, wenn sie eine besondere Handlungsverantwortung für den zu regelnden Sachverhalt trifft. Die finanzverfassungsrechtliche Zulässigkeit hat somit zu einem gewissen Maße eine Indizwirkung für die umfassende Verhältnismäßigkeitsprüfung.

---

464 Siehe dazu oben und die ständige Rechtsprechung seit BVerfGE 4, 7 (17); BVerfGE 6, 290 (298); BVerfGE 8, 274 (330); BVerfGE 10, 89 (116); BVerfGE 14, 105 (120); BVerfGE 19, 119 (128).

Eine erdrosselnde Lenkungssonderabgabe kann auch dann verfassungsrechtlich zulässig sein, wenn den betroffenen Abgabenschuldnern möglicherweise keine andere Wahl bleibt, als sich dem ökonomischen Druck zu beugen. Sie stellt dann zwar einen Eingriff in Art. 14 Abs. 1 GG dar, der aber verfassungsrechtlich gerechtfertigt ist, wenn die Abgabenschuldner eine besondere Verantwortung trifft, die Abgabe einen legitimen Zweck verfolgt und zwischen dem Eingriff in die wirtschaftliche Freiheit und dem mit der erdrosselnden Lenkungssonderabgabe verfolgten Ziel ein angemessenes Verhältnis besteht.

Ebenso wird regelmäßig Art. 12 Abs. 1 GG von einer erdrosselnden Lenkungssonderabgabe betroffen sein, da dieser vor Eingriffen in die Berufsfreiheit schützt. Eine erdrosselnde Lenkungssonderabgabe, die als ökonomisches Instrument gezielt eine bestimmte berufliche Entfaltung der Betroffenen zu unterbinden sucht, stellt einen unmittelbaren Eingriff in Art. 12 Abs. 1 GG dar.[465] Hinsichtlich eines möglichen Eingriffs in die Berufsfreiheit ist zunächst festzustellen, auf welcher Stufe die Lenkungssonderabgabe in den Schutzbereich des Grundrechts eingreift. Eine erdrosselnde Abgabe kann je nach Intention und Höhe als Berufsausübungsregel in das Grundrecht der Berufsfreiheit eingreifen, aber auch als objektive Zulassungsvoraussetzung. Stellt eine erdrosselnde Lenkungssonderabgabe eine objektive Zulassungsvoraussetzung dar, könnte diese gerechtfertigt sein, wenn durch die erdrosselnden Lenkungssonderabgabe ein überragendes Rechtsgut, das der Berufsfreiheit entgegensteht, geschützt werden soll. Dabei muß aber bedacht werden, daß ein so überragendes Rechtsgut, das einen schwerwiegenden Eingriff in die Berufsfreiheit auf der Stufe der objektiven Zulassungsvoraussetzungen rechtfertigt, absoluten Schutzes bedarf. Dieser Schutz kann von einer erdrosselnden Lenkungsabgabe trotz ihrer hohen Lenkungswirkung und - im Vergleich zu „normalen" Lenkungsabgabe - hohen Zielgenauigkeit einer erdrosselnden Abgabe nicht geleistet werden. Ein Eingriff auf der Ebene der Berufsausübungsregel kann dagegen durch sachgerechte Gründe, die für den Eingriff in die Berufsfreiheit sprechen, gerechtfertigt werden. Somit ist hinsichtlich des Eingriffs in die Berufsfreiheit zu differenzieren, auf welcher Stufe die erdrosselnde Sonderabgabe in das Grundrecht eingreift. Nur hinsichtlich eines Eingriffs auf der Stufe der Berufsausübungsregel ist eine Rechtfertigung durch sachgerechte Gründe möglich.

Da diese Arbeit entgegen der Auffassung des Bundesverfassungsgerichts davon ausgeht, daß Art. 14 Abs. 1 GG auch vor der Auferlegung von öffentlichen Geldleistungen schützt, bedarf es einer Prüfung des Art. 2 Abs. 1 GG jedenfalls nicht hinsichtlich der wirtschaftlichen Betätigung des betroffenen Abgabenschuldners. Eine erdrosselnde Sonderabgabe kann freilich auch in den Schutzbereich des Art. 2 Abs. 1 GG eingreifen; ein solcher Eingriff wird jedoch in der

465 *Pieroth/Schlink*, Grundrechte, Rn. 894.

Regel durch sachgerechte Gründe zu rechtfertigen sein; ist das nicht der Fall, wird die erdrosselnde Lenkungssonderabgabe bereits verfassungswidrig in den Schutzbereich eines spezielleren Grundrechts eingreifen.

Schließlich könnte die Auferlegung einer erdrosselnden Lenkungssonderabgabe gegen das Gleichheitsgrundrecht aus Art. 3 Abs.1 GG verstoßen, da den Abgabeschuldnern durch die Lenkungssonderabgabe eine zusätzliche Belastung auferlegt wird, wodurch diese das Prinzip der Lastengleichheit aller Bürger durchbricht.[466] Allerdings wurde diese besondere Belastung der Sonderabgabenschuldner bereits bei der Prüfung der oben dargestellten Zulässigkeitsvoraussetzungen berücksichtigt. Das Zulässigkeitskriterium der besonderen Gruppenverantwortung, welche jeder der Abgabenschuldner einer Lenkungssonderabgabe aufweisen muß, dient zur Rechtfertigung der besonderen, über die generelle steuerliche Belastung hinausgehende, finanzielle Inanspruchnahme. Die besondere Handlungsverantwortung für den mit der erdrosselnden Lenkungssonderabgabe verfolgten Zweck rechtfertigt somit die besondere Belastung. Zudem kann durch die gegen Art. 3 Abs. 1 GG verstoßende Sonderabgabe eine zusätzliche Belastung derjenigen vermieden werden, die keine besondere Verantwortung hinsichtlich des Zwecks der Abgabe trifft, so daß die Erhebung einer erdrosselnden Lenkungssonderabgabe der Erhebung einer erdrosselnden Steuer aufgrund von Gerechtigkeitserwägungen vorzuziehen ist.[467] Diese auf eine nicht erdrosselnde Lenkungsabgabe ausgerichtete Argumentation ist auf die erdrosselnden Lenkungssonderabgabe übertragbar, wenn der Abgabenschuldner die besondere Handlungsverantwortung innehat und die Abgabe in einem angemessenen Verhältnis zu dem angestrebten Ziel steht. Letztlich ist auch hier zu fragen, ob das Verhalten auch verboten werden könnte; ist das der Fall, steht auch der erdrosselnden Lenkungssonderabgabe kein Grundrecht entgegen.

c) Zusammenfassung

Grundsätzlich ist der Erlaß einer erdrosselnden Sonderabgabe möglich, jedoch nur in der besonderen Erscheinungsform der Lenkungssonderabgabe. Die anderen Erscheinungsformen der Sonderabgabe können dagegen nicht als erdrosselnde Abgaben erhoben werden, da sie dann die vom Bundesverfassungsgericht vorgegebenen Zulässigkeitsvoraussetzungen nicht erfüllen. Zudem widerspräche es z.B. dem Sinn einer Finanzierungssonderabgabe, sie in erdrosselnder Höhe zu erheben, da die Finanzierungssonderabgabe einen besonders hohen Ertrag möglichst dauerhaft erwirtschaften soll.

---

466 *P. Kirchhof*, in: Isensee/P. Kirchhof (Hrsg.), Handbuch des Staatsrechts, Bd. IV, § 88, Rn. 223.

467 So auch *Tipke*, Die Steuerrechtsordnung, Bd. III, S. 1073.

Die erdrosselnde Lenkungssonderabgabe kann dagegen erhoben werden, wenn sie die von Rechtsprechung und Literatur vorgegebenen Zulässigkeitskriterien erfüllt, auf die Kompetenzgrundlage des Art. 70 ff GG zu stützen ist sowie nicht gegen Grundrechte verstößt, ohne daß der Verstoß gerechtfertigt werden könnte.

Innerhalb dieser freilich engen Grenzen vermag die Lenkungssonderabgabe ein Verhalten auf ökonomischem Wege zu unterbinden. Gerade weil sie nur von homogenen Gruppen erhoben werden darf, die eine bestimmte Verantwortung für den Sachverhalt tragen, ist sie ein „gerechteres" Mittel als die erdrosselnde Steuer, da sie tatsächlich nur diejenigen belastet, die eine besondere Verantwortung trifft. Gleichzeitig bietet die erdrosselnde Lenkungssonderabgabe, wie auch die erdrosselnde Steuer, dem Abgabenschuldner ein „Mehr" an Freiheit, da er zwischen Befolgung des Verhaltensbefehls oder Entrichtung der Abgabe frei wählen kann. Der erdrosselnden Steuer gegenüber hat die erdrosselnde Lenkungssonderabgabe den Vorteil, daß sie auch dann erhoben werden kann, wenn die erdrosselnde Steuer wegen fehlender Ertragsrelevanz unzulässig ist. Denn während die erdrosselnde Steuer zu ihrer Zulässigkeit Ertragsrelevanz aufweisen muß, muß erdrosselnde Lenkungsabgabe dies nicht.

2. Erdrosselnde Vorzugslasten

Die Gebühr und der Beitrag, die unter dem Begriff Vorzugslasten zusammengefaßt werden,[468] bilden eine eigene Gruppe öffentlicher Abgaben. Anders als die Sonderabgaben, die als eigene Abgabenform erst durch die Rechtsprechung des Bundesverfassungsgerichts und deren Rezeption durch die Literatur Konturen gewonnen haben, sind Gebühr und Beitrag traditionelle Abgabenformen, deren finanzwissenschaftliche Erforschung bis ins 19. Jahrhundert zurückreicht.[469]

a) Gebühren

Das Grundgesetz definiert den Begriff der Gebühr nicht.[470] Daraus wird zum Teil gefolgert, daß die Verfassung einen allgemeinverbindlichen Gebührenbe-

---

468 So BVerfGE 55, 274 (297); *Kloepfer,* AöR 97 (1972), 233 (234); *Sacksofsky,* Umweltschutz durch nicht-steuerliche Abgaben, S. 52; *P. Kirchhof,* in: Isensee/P. Kirchhof (Hrsg.), Handbuch des Staatsrechts, Bd. IV, § 88, Rn. 32.

469 Siehe dazu *Hansmeyer/Fürst,* Die Gebühren, S. 9ff.; *Vogel,* in: Faller/P. Kirchhof/Träger (Hrsg.), Festschrift für Geiger, S. 518 (521ff.). Zwar kannte schon der Kameralist *von Justi* Einnahmen, die den Gebühren ähneln, doch die tatsächliche Systematik hat *Rau,* Grundsätze der Finanzwissenschaft, herausgearbeitet und damit die Grundlage der heutigen Diskussion geschaffen.

470 Allerdings erwähnt es in Art. 74 Nr. 22 GG und Art. 80 Abs. 2 GG die Gebühr, so daß die Verfassung zumindest von der Existenz von Gebühren ausgeht.

griff nicht kennt.[471] Gebühren werden definiert als öffentlich-rechtliche Geldleistungen, die aus Anlaß individuell zurechenbarer, öffentlicher Leistungen dem Gebührenschuldner auferlegt werden und dazu bestimmt sind, in Anknüpfung an diese Leistung deren Kosten ganz oder teilweise zu decken.[472] Dabei muß der Ertrag der Gebühr der juristischen Person zufließen, welche die Kosten für die der Gebühr korrespondierenden Leistung trägt, da es gerade eine der Funktionen der Gebühr ist, den Kostenaufwand zu decken, den die leistende juristische Person erlitten hat.[473] Der Kostenbezug, also die Gebührenerhebung mit dem Ziel, spezielle Kosten der individuell zurechenbaren öffentlichen Leistung ganz oder teilweise zu decken, unterscheidet die Gebühr von der Steuer.[474] Gebühren treten in unterschiedlichen Erscheinungsformen auf: Anerkannt sind sie in der Form von Verwaltungs- und Benutzungsgebühren.[475] Darüber hinaus werden zwei andere Gebührentypen diskutiert, die Verleihungsgebühr[476] und die Ressourcennutzungebühr.[477]

---

471 *Kloepfer,* AöR 97 (1972), 233 (239); *F. Kirchhof,* Die Höhe der Gebühr, S. 14; *Beckmann,* Verfassungsfragen im Grenzbereich zwischen Steuern und besonderen Abgaben, S. 37; a.A. *Wendt,* Die Gebühr als Lenkungsmittel, S. 25, der nur so weit gehen will, daß es keine ausdrücklichen Anhaltspunkte für eine verfassungsrechtliche Begrifflichkeit im Grundgesetz gebe.

472 BVerfGE 50, 217 (226); BVerfGE 20, 257 (269). So aber auch BVerwGE 5, 136 (141); BVerwGE 12, 162 (165); BVerwGE 22, 299 (305); BVerwGE 95, 188 (200); *F. Kirchhof,* Die Höhe der Gebühr, S. 23; *Wilke,* Gebührenrecht und Grundgesetz, S. 16; die Gegenleistungsabhängigkeit wird zum Teil auch als Prinzip der speziellen Entgeltlichkeit bezeichnet, *Hendler,* DÖV 1999, 749 (751); *Pietzcker,* DVBl. 1987, 774 (775).

473 *Wilke,* Gebührenrecht und Grundgesetz, S. 53.

474 BVerfGE 20, 257 (269); BVerfGE 50, 217 (226); BVerfGE 95, 188 (200).

475 In einigen Kommunalabgabengesetzen erfolgt sogar die Definition der Gebühr über die Addition von Einzeldefinitionen für Verwaltungs- und Benutzungsgebühr; so z.B. § 4 KAG M-V, Gebühren sind Geldleistungen, die als Gegenleistung für eine besondere Leistung - Amtshandlungen oder sonstige Tätigkeit - der Verwaltung (Verwaltungsgebühren) oder für die Inanspruchnahme öffentlicher Einrichtungen und Anlagen (Benutzungsgebühren) erhoben werden.

476 Verleihungsgebühren sind allerdings als eigenständige Gebührenform umstritten. Dagegen: *Friauf,* in: Festschrift der juristischen Fakultät zur 600-Jahr-Feier der Universität zu Köln, S. 679 (693); *P. Kirchhof,* in: Isensee/P. Kirchhof (Hrsg.), Handbuch des Staatsrechts, Bd. IV, § 88, Rn. 187; *Jarass,* DÖV 1989, 1013 (1019), der die Verleihungsgebühren als Sonderabgaben einstuft; *Balmes,* Verfassungsmäßigkeit und rechtliche Systematisierung von Umweltsteuern, S. 56; *Manssen,* in: Breuer/Kloepfer /Marburger/Schroeder, Jb. des Umwelt- und Technikrechts 1996, S. 140; *Morgenthaler,* SächsVBl. 1994, 99; *Sander,* DVBl. 1990, 23.

477 *Murswiek,* NuR 1994, 170 (174); *ders.,* NVwZ 1996, 418 (419); *S. Meyer,* Gebühren für die Nutzung von Umweltressourcen, S. 125; *dies.,* in Sacksofsky/Wieland (Hrsg.), Vom Steuerstaat zum Gebührenstaat, S. 144 (151).

(1) Belastungszweck der Gebühren

Anders als die Steuern oder die Sonderabgaben verfolgt die Gebühr bestimmte Gebührenzwecke und wird nicht gegenleistungsfrei erhoben. Zunächst knüpft die Erhebung einer Gebühr an eine Leistung des Abgabengläubigers, also der Verwaltung, an. Dabei begründet allein die individuelle Inanspruchnahme einer Amtshandlung oder einer öffentlichen Einrichtung durch den Gebührenschuldner die Gebührenschuld, da nur dieser spezielle Gebührenschuldner eine Leistung erhalten hat und durch die Gebühr die mit der Leistung verbundenen Kosten der Verwaltung ausgeglichen werden sollen.[478] Der Gebührenschuldner muß folglich eine Finanzierungsverantwortlichkeit innehaben, die durch die Leistung der Verwaltung begründet wurde. Dabei muß dem Gebührenschuldner nicht zwingend ein Vermögensvorteil entstanden sein: Es reicht, daß er die Leistung der Verwaltung verursacht hat oder auf sonstige Weise die Kostenverantwortung für die Leistung trägt.[479] Daraus ergibt sich, daß Gebühren immer zwei Zwecke verfolgen, zum einen den Ersatz der Kosten für die Verwaltung,[480] zum anderen die Vorteilsabschöpfung bei dem Gebührenschuldner.[481] Neben den beiden klassischen Gebührenzwecken, der Vorteilsabschöpfung und Kostendeckung, können Gebühren nach der h.M auch erhoben werden, um das Verhalten des Gebührenschuldners zu lenken, also um Lenkungszwecke zu verfolgen.[482] Allerdings steht die Entscheidung, ob mit einer Gebühr auch Lenkungszwecke verfolgt werden sollen, nicht im Belieben der Verwaltung, sondern muß dem Gebührengesetzgeber überlassen bleiben.[483] Eine lenkende Gebühr kann jedoch nicht erhoben werden, wenn gar kein Gebührentatbestand vorliegt. Das heißt, daß der Lenkungszweck zwar zu dem Einnahmezweck hinzutreten kann, nicht aber als alleiniger Rechtfertigungsgrund für die Erhebung einer Gebühr dienen darf.[484]

---

478 *Wilke,* Gebührenrecht und Grundgesetz, S. 105; *Vogel,* in: Faller/P. Kirchhof/Träger (Hrsg.), Festschrift für Geiger, S. 518 (524).

479 *Birk,* Steuerrecht, 2. Aufl., § 4, Rn. 10; *Vogel,* in: Isensee/P. Kirchhof (Hrsg.), Handbuch des Staatsrechts, Bd. IV, § 87, Rn. 46; *Jarass,* Nichtsteuerliche Abgaben und lenkende Steuern unter dem Grundgesetz, S. 29.

480 BVerfGE 50, 217 (226); BVerfGE 97, 332 (345).

481 BVerfGE 93, 319 (344); *Sacksofsky,* Umweltschutz durch nicht-steuerliche Abgaben, S. 104.

482 BVerfG, DVBl. 2003, 993; BVerfGE 50, 217 (226); *Kloepfer,* AöR 97 (1972), 232ff.; *Heimlich,* Die Verleihungsgebühr als Umweltabgabe, S. 207; *F. Kirchhof,* DÖV 1992, 237; *Breuer/Faßbender,* WiVerw 1995, 27ff.; *Arndt,* WiVerw 1990, 1 (23).

483 BVerfGE 50, 217 (266).

484 *P. Kirchhof,* in: Isensee/P. Kirchhof (Hrsg.), Handbuch des Staatsrechts, Bd. IV, § 88, Rn. 207.

Anders als Steuern und Sonderabgaben tragen die Gebühren ihren Rechtfertigungsgrund somit in sich: Sie müssen immer an eine Leistung der öffentlichen Hand anknüpfen, da sie die Kosten der Verwaltung decken und den gewonnenen Vorteil beim Gebührenschuldner ausgleichen sollen. Eine Lenkung ist zwar grundsätzlich möglich, aber nur, wenn sie an eine staatliche Leistung, also den Belastungsgrund, angebunden ist.

(2) Gebührenbemessung

Die Gebührenbemessung richtet sich nach verschiedenen von Rechtsprechung und Literatur entwickelten Grundsätzen, die sich z. T. auch widersprechen können. So liegt es im Interesse des Gebührenschuldners, die Gebührenbelastung so gering wie möglich zu gestalten, während die Verwaltung ein Interesse an einem möglichst hohen Gebührenaufkommen hat.

aa) Kostendeckungsgrundsatz

Das Kostendeckungsprinzip,[485] das verlangt, daß sich die Höhe der Gebühr nach dem tatsächlichen staatlichen Aufwand richtet, kann für die Gebühr sowohl eine Höchst- wie auch eine Mindestgrenze angeben. Das Kostendeckungsprinzip legt eine Mindestgrenze fest, wenn es als Kostendeckungsgebot[486] verstanden wird und somit bestimmt, daß die Gebühr zumindest die Kosten der Verwaltung für die Erbringung der Leistung decken muß. In dieser Ausgestaltung entfaltet das Kostendeckungsprinzip keine individualschützende Wirkung, wird aber trotzdem in einigen Gesetzen zumindest als Sollvorschrift genannt.[487] Individualschützende Wirkung entfaltet das Prinzip dagegen als Kostenüberschreitungsverbot, das ebenfalls in vielen Gesetzen genannt wird[488] und verhindern soll, daß durch eine Gebühr allgemeine Einnahmen erzielt werden, die nicht dem Aufwand der öffentlichen Hand entsprechen.[489] Ob das Kostendeckungsprinzip auch dann Gültigkeit entfaltet, wenn es nicht ausdrücklich im dem der Gebühr zugrunde liegenden Gesetz genannt wird, ist umstritten.[490] Das

---

485 BVerfGE 50, 217 (226); BVerfGE 97, 332 (345); BVerfG DVBl. 2003, 993 (995); *F. Kirchhof,* Die Höhe der Gebühr, S. 93ff.; *ders.*, Grundriß des Abgabenrechts, 2. Aufl., Rn. 177ff; *Wilke,* Gebührenrecht und Grundgesetz, S. 265ff.

486 Siehe dazu *Leisner,* in: Conrad u.a. (Hrsg.), Gedächtnisschrift für Hans Peters, S. 730 (737); *Zimmermann,* VerwArch 62 (1971), 16ff.

487 z. B. § 6 Abs. 1 S. 2 KAG M-V; § 6 Abs. 1 Hess. KAG; Art. 8 Abs. 2 S. 1 Bay. KAG.

488 z. B. § 4 Abs. 4 und § 6 Abs. 1 S. 3 KAG M-V; § 5 Abs. 1 S. 2 Nds. KAG; § 5 Abs. 4 und § 6 Abs. 1 S. 3 KAG NW.

489 BVerfGE 12, 162 (165).

490 Dafür *Leisner,* in: Conrad u.a. (Hrsg.), Gedächtnisschrift für Hans Peters, S. 730 (735); *Bachof,* Verfassungsrecht, Verwaltungsrecht, Verfahrensrecht in der Rechtsprechung des Bundesverwaltungsgerichts, Bd. 1, S. 90; *Rupp,* Verfassungsrechtliche Aspekte der Postgebühren und des Wettbewerbs der Deutschen Bundespost mit den Kreditinstituten,

Bundesverwaltungsgericht sieht das Kostendeckungsprinzip nicht als der Gebühr wesensimmanent an und lehnt es ab, den Gesetzgeber an das Kostendeckungsprinzip zu binden.[491]

bb) Äquivalenzprinzip

Das Äquivalenzprinzip, das nach dem Bundesverwaltungsgericht Ausdruck des Verhältnismäßigkeitsprinzips ist,[492] fordert ein angemessenes Verhältnis zwischen dem Wert der Leistung und der Gebührenhöhe. Wie auch das Kostendeckungsprinzip ist das Äquivalenzprinzip in die Gebühren- und Kommunalabgabengesetze aufgenommen worden.[493] Dabei kann das Äquivalenzprinzip auf zwei Arten ausgelegt werden: Zum einen kann es als reines Verbot eines Mißverhältnisses zwischen Gebührenhöhe und Leistung verstanden werden, zum anderen - in seiner positiven Ausformung - verlangt es ein angemessenes Verhältnis zwischen Gebühr und Leistung. Das Bundesverwaltungsgericht versteht das Äquivalenzprinzip in seiner positiven Variante und fordert grundsätzlich ein angemessenes Verhältnis zwischen Gebühr und Leistung. Durch dieses positive Verständnis des Äquivalenzprinzips verbleibt nur ein sehr geringer Spielraum für die Gebührenbemessung. Diesen hat das Bundesverwaltungsgericht freilich wieder relativiert, da es lediglich gröbliche Verletzungen des Äquivalenzprinzips sanktioniert.[494] Dadurch wird die strenge Kontrolldichte der positiven Ausformung des Äquivalenzprinzips wieder auf das Maß des Mißverhältnisses zurückgenommen.[495] Es dient somit nicht dazu, der Gebührenbemessung eine genaue Grenze zu weisen, sondern nur der Verhinderung offensichtlich willkürlicher Fälle.[496]

S. 23; *Stephan*, Jura 1970, 867 (870); *Ehle*, DÖV 1962, 45; *Suhr*, BB 1968, 612 (613); *Arndt*, WiVerw 1990, 1 (21ff.); *ders.*, Grundzüge des Allgemeinen Steuerrechts, S. 11; *Kreft*, DVBl. 1977, 369 (375). Dagegen *Jarass*, Nichtsteuerliche Abgaben und lenkende Steuern unter dem Grundgesetz, S. 33.

491 BVerwGE 12, 162 (167); BVerwGE 13, 214 (222); BVerwGE 26, 305 (314).

492 Seit BVerwGE 26, 305 (309) ständige Rechtsprechung, vgl. BVerwGE 79, 90 (91); BVerwGE 80, 36 (39). In frühen Entscheidungen hat das Bundesverwaltungsgericht das Äquivalenzprinzip dagegen noch als dem Wesen der Gebühr immanent angesehen, so BVerwGE 12, 162 (166).

493 § 3 Abs. 1 VwKostG M-V; § 6 Abs. 3 S. 1 KAG M-V; § 5 Abs. 3 Nds. VKG; § 2 Abs. 1 GebG BW; § 8 Abs. 2 KAG BW.

494 BVerfGE 85, 337 (346), unter Berufung auf BVerfGE 50, 217 (227); BVerfGE 80, 103 (107).

495 BVerwGE 12, 162 (166); BVerwGE 26, 305 (309).

496 Siehe zum Äquivalenzprinzip als Willkürverbot auch *Bettermann*, Legislative ohne Posthoheit, S. 50ff.

cc) Weitere Bemessungsgrundsätze

Bei der Gebührenbemessung sind zudem allgemeine Grundsätze zu beachten. So darf eine Gebühr nicht die Ausübung eines Grundrechts verhindern.[497] Da die Gebühr grundsätzlich kostenbezogen erhoben wird, ist der Gebührengesetzgeber nicht an den Leistungsfähigkeitsgrundsatz gebunden.[498] Trotzdem darf die Gebühr nicht so ausgestaltet werden, daß die Leistung, für deren Inanspruchnahme die Gebühr erhoben wird, nur noch Leistungsfähigen vorbehalten bleibt. Von der Zahlungsfähigkeit des Gebührenschuldners ist die Höhe der Gebühr nur insoweit abhängig, als die Gebühr kein Hindernis für rechtsstaatlich gebotene oder nach dem Gleichheitssatz allen zugängliche Leistungen sein darf.

dd) Zusammenfassung

Der Gebührengesetzgeber kann somit bei der Gebührenerhebung und der Gebührenbemessung unterschiedliche Zwecke verfolgen: Die Gebühr kann erhoben werden, um den von der Verwaltung betriebenen Kostenaufwand zu decken, um die dem Gebührenschuldner zugeflossenen Vorteile abzuschöpfen oder zum Zwecke der Verhaltenslenkung. Bei der Bestimmung der Gebührenhöhe sind die Grundsätze der Gebührenbemessung zu beachten, wobei diese aber keine festen Grenzen vorgeben. Allerdings ist die Gebührenbemessung nicht mehr verfassungsrechtlich zulässig, wenn sie in einem groben Mißverhältnis zu den verfolgten legitimen Gebührenzwecken steht und kein sachlicher Zusammenhang mehr zwischen der Gebührenhöhe und dem Zweck der Gebühr besteht.[499]

(3) Verfassungsmäßigkeit einer erdrosselnden Gebühr

Obwohl Gebühren bereits häufig wegen ihrer Höhe für unverhältnismäßig und unangemessen gehalten wurden[500] und sie auch schon dem Vorwurf der

---

497 *P. Kirchhof,* in: Isensee/P. Kirchhof (Hrsg.), Handbuch des Staatsrechts, Bd. IV, § 88, Rn. 204.

498 BVerfGE 28, 66 (87); BVerfGE 50 217 (230).

499 BVerfGE 83, 363 (392); BVerwGE 109, 272 (274); BVerwG NVwZ-RR 2000, 533 (535); BVerwG DVBl. 2002, 60 (65).

500 So zum Beispiel die Studiengebühren für Studenten, die die Regelstudienzeit um vier Semester überschreiten, wobei das BVerwG die Höhe als angemessen und verhältnismäßig angesehen hat, BVerwGE 115, 33 (44) oder auch die Diskussion um die Gebühren nach § 10 UIG, die zum Teil „erstaunliche Höhen erklommen" wie *Theuer* es formuliert: *Theuer,* NVwZ 1996, 326 (332) oder nach *Schrader* „prohibitiv wirkende Kostenforderungen der öffentlichen Hand": *Schrader,* ZUR 1994, 221 (225); *Wegener,* ZUR 2001, 93 (99); *Schomerus, in:* Schomerus/Schrader, HK-UIG, 2. Aufl., § 10, Rn. 7; *Thuriaux*, UIG, 1995, § 10, Rn. 22; *Fluck/Theuer,* UIR, 1997, § 10, Rn. 35.

Erdrosselung ausgesetzt waren,[501] wurde noch keine Gebühr wegen des Vorwurfs der Erdrosselung für verfassungswidrig erklärt. Eine erdrosselnde Gebühr wäre aber nach bisher herrschender Ansicht wegen ihrer Formenmißbräuchlichkeit[502] und ihrer Unverhältnismäßigkeit verfassungswidrig.[503]

aa) Belastungszweck einer erdrosselnden Gebühr

Allerdings stellt sich die Frage, ob die Gebühr - wie auch die Steuer und die Sonderabgabe - ein zulässiges Mittel ist, um eine Inanspruchnahme einer Leistung der öffentlichen Hand durch ihre extreme Höhe zu unterbinden. Nach dem hier zugrunde gelegten Begriff der Erdrosselung ist eine erdrosselnde Gebühr eine Gebühr, die so hoch ist, daß sie verbotsgleiche Wirkung entfaltet und gerade mit dem Ziel erhoben wird, die Inanspruchnahme der Leistung, an die der Gebührentatbestand anknüpft, zu unterbinden.

Anders als eine Sonderabgabe oder eine Steuer kann sie jedoch nur dann erhoben werden, wenn ihr eine Leistung der Verwaltung gegenübersteht, weil Wesensmerkmal der Gebühr ihr Entgeltcharakter ist.[504] Der Lenkungszweck kann nur die Gebührenbemessung beeinflussen, nicht aber die Gebühr als solche rechtfertigen.[505] Auch eine erdrosselnde Gebühr müßte daher an eine Gegenleistung der Verwaltung anknüpfen, auch wenn ihre Intention die vollständige Unterbindung der Inanspruchnahme der Leistung ist. Ist eine solche, der erdrosselnden Gebühr gegenüberstehende Leistung der Verwaltung gegeben, müßte sich die Bemessung der erdrosselnden Gebühr nach den legitimen Zwecken der Gebührenerhebung, also der Kostendeckung, der Vorteilsabschöpfung oder der Lenkung und dem Äquivalenzprinzip, richten. Der Belastungszweck einer er-

---

501 BVerwGE 12, 162 (170); BVerwGE 13, 214 (222); BVerwGE 26, 305 (311); BGH DVBl. 1986, 1055 (1057).

502 *F. Kirchhof,* Gebührenflexibilität der Deutschen Bundespost, S. 105; *ders.*, Die Höhe der Gebühr, S. 133; *Selmer/Brodersen/Nicolaysen,* Straßenbenutzungsabgaben für den Schwerverkehr, S. 61; *Kloepfer,* AöR 97 (1972), 232 (256); *Stephan,* Jura 1970, 867 (876).

503 BVerwGE 12, 162 (170); BVerwGE 13, 214 (222); BVerwGE 26, 305 (311); BGH DVBl. 1986, 1055 (1057); *F. Kirchhof,* Die Höhe der Gebühr, S. 133; *Leisner,* in: Gedächtnisschrift für Hans Peters, S. 730 (732, 742); *Kloepfer,* AöR 97 (1972), 233 (255); *Lottermoser,* Die Fortentwicklung des Abfallbeseitigungsrechts zu einem Recht der Abfallwirtschaft; S. 110; *Breuer/Faßbender,* WiVerw 1995, 1 (34).

504 BVerwGE 2, 246 (247); BVerwGE 5, 136 (141); BVerwGE 12, 162 (165); BVerwGE 13, 214 (219); BVerfGE 50, 217 (226); BVerfGE 95, 188 (200); *Tipke,* Die Steuerrechtsordnung, Bd. III, S. 1067; *Bohley,* Gebühren und Beiträge, S. 11; *Wilke,* Gebührenrecht und Grundgesetz, S. 20; *Wendt,* Die Gebühr als Lenkungsmittel, S. 11; *Patzig,* DÖV 1981, 729 (735).

505 *Kloepfer,* AöR 97 (1972), 232 (246); *P. Kirchhof,* in: Isensee/P. Kirchhof (Hrsg.), Handbuch des Staatsrechts, Bd. IV, § 88, Rn. 207.

drosselnden Gebühr wäre dabei weder die Vorteilsabschöpfung beim Gebührenschuldner noch die Kostendeckung, sondern ausschließlich die extreme Lenkung bis hin zu einer verbotsgleichen Wirkung.[506] Grundsätzlich läge damit ein legitimer Belastungszweck für eine erdrosselnde Wirkung vor.

bb) Grenzen der erdrosselnden Gebühr

α) Äquivalenzprinzip

Allerdings könnte einer erdrosselnden Gebühr das Äquivalenzprinzip entgegenstehen. Einige Autoren halten lenkende Gebühren im allgemeinen wegen Verstoßes gegen das Äquivalenzprinzip für verfassungswidrig gehalten, obwohl dem Äquivalenzprinzip kein Verfassungsrang zukommt. Das Äquivalenzprinzips sei auf lenkende und (und damit auch auf erdrosselnde) Gebühren anzuwenden,[507] weil das Äquivalenzprinzip von großer Bedeutung sei und andernfalls die Gebühr losgelöst von der tatsächlich erbrachten Leistung erhoben werden könne; sie sei dann nicht mehr von einer Steuer zu unterscheiden.[508] Dem wird entgegengehalten, daß das Äquivalenzprinzip (und auch der Kostendeckungsgrundsatz) nicht anzuwenden seien, weil beide Prinzipien der Zweckoffenheit der lenkenden Gebühr zuwiderliefen und die Höhe einer lenkenden Gebühr durch den Lenkungszweck bestimmt werde.[509] Letztlich kommt diesem Streit jedoch keine große Bedeutung zu, denn die Befürworter der Anwendung des Äquivalenz- und Kostendeckungsprinzips sehen in diesen nur eine äußere Begrenzung der Höhe der lenkenden Gebühr, nicht jedoch eine starre Grenze.[510] Ebenso erkennen die Vertreter der Ansicht, daß es zur Bestimmung der Gebührenhöhe allein auf den Zweck der Gebühr ankomme, an, daß der Gebührenhöhe Grenzen gesetzt sind.[511]

Diese Grenzen ergeben sich aus dem allgemeinen Gleichheitsgrundsatz des Art. 3 Abs. 1 GG und dem Prinzip der Systemgerechtigkeit.

---

506 Für Lenkungsgebühren *F. Kirchhof*, Die Höhe der Gebühr, S. 61ff.; *ders.*, Gebührenflexibilität der Deutschen Bundespost, S. 33; *Arndt*, WiVerw 1990, 1 (33).

507 *Leisner*, in: Conrad u.a. (Hrsg.), Gedächtnisschrift für Hans Peters, S. 730 (735); *Bachof*, Verfassungsrecht, Verwaltungsrecht, Verfahrensrecht in der Rechtsprechung des Bundesverwaltungsgerichts, Bd. 1, S. 90; *Rupp*, Verfassungsrechtliche Aspekte der Postgebühren und des Wettbewerbs der Deutschen Bundespost mit den Kreditinstituten, S. 23; *Stephan*, Jura 1970, 867 (870); *Ehle*, DÖV 1962, 45; *Suhr*, BB 1968, 610 (613); *Kreft*, DVBl. 1977, 369 (375).

508 *P. Kirchhof*, in: Isensee/ P. Kirchhof, Handbuch des Staatsrechts, Bd. IV, Rn. 207.

509 *Breuer/Faßbender*, WiVerw 1995, 1 (27); *Arndt*, WiVerw 1990, 1 (33); *F. Kirchhof*, Die Höhe der Gebühr, S. 77.

510 *P. Kirchhof*, in: Isensee/P. Kirchhof, Handbuch des Staatsrechts, Bd. IV, Rn. 207.

511 *Breuer/Faßbender*, WiVerw 1995, 1 (27ff.); *Arndt*, WiVerw 1990, 1 (33); *Kloepfer*, AöR 97 (1972), 232 (261).

β) Erdrosselnde Gebühren und Art. 3 Abs. 1 GG

Nach dem Bundesverfassungsgericht sind einer lenkenden Gebühr Grenzen gesetzt, die sich aus dem allgemeinen Gleichheitssatz des Art. 3 Abs. 1 GG ergeben: „Der Gleichheitsgrundsatz gebietet, bei gleichartig beschaffenen Leistungen, die rechnerisch und finanziell in Leistungseinheiten erfaßt werden können, die Gebührensätze in den Grenzen der Praktikabilität und Wirtschaftlichkeit so zu wählen und zu staffeln, daß sie den unterschiedlichen Ausmaßen der erbrachten Leistung Rechnung tragen, damit die verhältnismäßige Gleichheit unter den Gebührenschuldnern gewahrt bleibt".[512] Hiermit ist die Gleichbehandlung der Gebührenpflichtigen untereinander gemeint, die durch eine lenkende Gebühr gestört sein könnte. Eine Staffelung der Gebührenhöhe aus sozialen Gründen ist jedoch unstreitig anerkannt (z.B. die Bestimmung der Kindergartengebühren nach Einkommen der Eltern).[513] Eine anderweitige Staffelung muß dagegen aufgrund einer besonderen Verantwortlichkeit der belasteten Gebührenschuldner für die Erreichung des Gebührenziels gerechtfertigt sein.[514] Allerdings ist eine mögliche Ungleichbehandlung durch eine Staffelung bei einer erdrosselnden Gebühr nicht zu erwarten. Im Falle der erdrosselnden Gebühr wird die Gebühr so exorbitant hoch gesetzt, daß die Nachfrage aller potentiellen Gebührenschuldner nach der Leistung der Verwaltung vollständig eingedämmt werden soll; eine Staffelung widerspräche der Intention einer erdrosselnden Gebühr.

Des weiteren darf eine Gebühr nicht völlig unabhängig von den Kosten der gebührenpflichtigen Leistung festgesetzt werden.[515] Auf diesem Prinzip wurzelt das „Verbot der Kommerzialisierung der Verwaltung", da andernfalls der Steuerstaat ad absurdum geführt würde.[516] Ohne eine zumindest lockere Bindung der Gebühr an die Leistung könnte der Staat zumindest einen Teil seiner Ausgaben über den „Verkauf" seiner Leistungen finanzieren und die Gebührenschuldner trügen ungleich mehr zur Finanzierung der Staatsaufgaben bei als die Nichtgebührenpflichtigen.[517] Eine erdrosselnde Gebühr soll nun aber weder losgelöst von der eigentlichen staatlichen Leistung erhoben werden, noch soll sie zur Einnahmeerzielung dienen. Ziel einer erdrosselnden Gebühr ist es gerade nicht, daß die Gebühr tatsächlich entrichtet und die staatliche Leistung in Anspruch

512 BVerfGE 50, 217 (227).

513 BVerfGE 80, 103 (107); BVerfGE 97, 332 (346).

514 *Breuer/Faßbender,* WiVerw 1995, 1 (28); *Abel-Lorenz/Brönneke/Schiller,* Abfallvermeidung, Handlungspotentiale der Kommunen, rechtliche Möglichkeiten und Grenzen, S. 167.

515 BVerfGE 50, 217 (227).

516 *Krüger,* DVBl. 1955, 518 (520); *Patzig,* DÖV 1981, 729 (735); *P. Kirchhof,* in: Hansmeyer (Hrsg.), Staatsfinanzierung im Wandel, S. 33 (53); *ders.,* Jura 1983, 512.

517 *F. Kirchhof,* Gebührenflexibilität der Deutschen Bundespost, S. 50.

genommen wird, sondern die Inanspruchnahme der Leistung soll durch die Höhe der Gebühr verhindert werden. Die Gefahr, daß die erdrosselnde Gebühr zur Finanzierung des Staates mißbraucht wird, besteht somit nicht.

Darüber hinaus meint die Formulierung des Bundesverfassungsgerichts, daß die Gebühr „nicht völlig unabhängig von den Kosten der staatlichen Leistung" festgesetzt werden dürfe, aber nicht allein, daß die Gebühr nicht zur staatlichen Einnahmenerzielung unabhängig von der Leistung erhoben werden soll. Vielmehr soll ein Verstoß gegen das Gleichheitsgrundrecht des Art. 3 Abs. 1 GG auch dann vorliegen, wenn die Verknüpfung zwischen den tatsächlichen Kosten der staatlichen Leistung und den dafür auferlegten Gebühren „sich unter keinem vernünftigen Gesichtspunkt als sachgerecht erweist".[518] Der zugrundegelegte Gebührenmaßstab muß sich nach diesem Erfordernis einer zweckbezogenen Verknüpfung unter vernünftigen und sachlich einleuchtenden Gesichtspunkten rechtfertigen lassen.[519] Zunächst erscheint die sachliche Verknüpfung zwischen der Höhe einer erdrosselnden Gebühr und der öffentlichen Leistung, an welche die Gebühr regelmäßig geknüpft sein muß, als nicht gegeben, weil eine erdrosselnde Gebühr nur dann verbotsgleiche Wirkung entfalten kann, wenn ihre Höhe von dem tatsächlichen Kostenaufwand und dem tatsächlichen Äquivalent, das der Gebührenpflichtige als Gegenleistung erhält, losgelöst ist. Allerdings kommt es bei einer erdrosselnden Gebühr gerade nicht nur auf das Verhältnis der Leistung der Verwaltung zur Gebührenhöhe an, sondern ebenso auf den sachlichen Zusammenhang zwischen dem Gebührenzweck und der Höhe der Gebühr.[520] Dieser Zusammenhang ist auch bei einer erdrosselnden Gebühr gegeben; Zweck der erdrosselnden Gebühr ist es, die nachfrage nach der mit der überhöhten Gebühr belegten Leistung der Verwaltung vollständig zu unterbinden. Es herrscht ein sachlicher Zusammenhang zwischen dem Ziel, ein Verhalten weitestgehend zu unterbinden, und einer sehr hohen Gebühr, die aufgrund ihrer Höhe verbotsgleiche Wirkung erzeugt. Eine erdrosselnde Gebühr verstößt somit nicht gegen den Gleichheitssatz nach Art. 3 Abs. 1 GG.

γ) Erdrosselnde Gebühr und Systemgerechtigkeit

Trotzdem ist fraglich, ob eine solche erdrosselnde Gebühr verfassungsrechtlich zulässig erhoben werden darf. Weiteres Zulässigkeitskriterium eines Gebührentatbestands wie eines jeden anderen staatlichen Akts ist der rechtsstaatliche

518 BVerfGE 50, 217 (228); BVerfG DVBl. 2003, 993 (995); ähnlich zum Äquivalenzprinzip BVerfGE 83, 363 (392); BVerwGE 109, 272 (274).
519 BVerfGE 97, 332 (345); BVerfGE 83, 363 (392); BVerwGE 109, 272 (274).
520 BVerfG DVBl. 2003, 993 (995).

Grundsatz der Normenklarheit[521] und der Systemgerechtigkeit staatlichen Handelns.[522]

Gegen das Gebot der Systemgerechtigkeit verstößt der Gesetzgeber, wenn er widersprüchlich handelt.[523] Die mit dem Gebührengesetz verfolgten Zwecke dürfen nicht widersprüchlich sein und sich in ihrer Wirkung nicht aufheben. Nach dem Gebot der Normenklarheit muß der Bürger klar erkennen können, für welche öffentliche Leistung die Gebühr erhoben wird und welche Zwecke der Gesetzgeber mit der Gebührenbemessung verfolgt. Zunächst scheint diese Voraussetzung bei einer erdrosselnden Gebühr erfüllt zu sein, denn der Gebührentatbestand muß an eine bestimmte Leistung anknüpfen und im Gebührengesetz kann der verbotsgleiche Zweck festgelegt werden. Bei dieser Betrachtungsweise wird aber der Entgeltcharakter der Gebühr außer acht gelassen. Der Gesetzgeber kann eine Gebühr – anders als eine Steuer oder eine Sonderabgabe - nur dann erheben, wenn dieser eine staatliche Leistung gegenübersteht. Hinsichtlich der staatlichen Leistungen ist dabei zu differenzieren zwischen den Leistungen, zu deren Inanspruchnahme der Gebührenschuldner gesetzlich verpflichtet ist, und den Leistungen, die er freiwillig in Anspruch nehmen kann.

Muß der Gebührenschuldner eine Leistung der Verwaltung in Anspruch nehmen, weil er gesetzlich dazu verpflichtet ist,[524] verstößt eine erdrosselnde Steuer gegen die Normenklarheit und die Systemgerechtigkeit. Das folgt aus dem widersprüchlichen Verhaltensbefehl, den ein solches Gebührengesetz enthält. Zweck des erdrosselnden Gebührengesetzes ist es zum einen, das Verhalten durch die Höhe der Gebühr zu verbieten. Zum anderen verpflichtet es den Gebührenschuldner, die staatliche Leistung in Anspruch zu nehmen. Der Zweck

---

521 BVerfGE 21, 73 (79); BVerfGE 45, 400 (420); BVerfGE 52, 1 (41); BVerfGE 63, 312 (324); BVerfGE 65, 1 (44);BVerfGE 78, 214 (226).

522 BVerfGE 21, 54 (68); BVerfGE 76, 1 (73); BVerfGE 79, 127 (158); *Degenhart,* Systemgerechtigkeit und Selbstbindung des Gesetzgebers als Verfassungspostulat; *Haass,* KJ 2002, 104; *Battis,* in: Stödter/Thieme (Hrsg.), Festschrift für Ipsen, S. 11; *Gubelt,* in: von Münch/Kunig (Hrsg.), Grundgesetzkommentar, Art. 3, Rn. 30; *Zippelius,* VVDStRL 47 (1989), 7 (30).

523 *Degenhart,* Systemgerechtigkeit und Selbstbindung des Gesetzgebers als Verfassungspostulat, S. 4; *Lange,* Die Verwaltung, 4 (1971), 259 (274); *Zeidler,* DVBl. 1971, 565 (572); *Schwarze,* DVBl.1974, 893 (897).

524 Z.B. nach § 1 Abs. 1 PersAuswG (Ausweispflicht) und § 1 Abs. 6 (Gebührenpflicht für die Ausweiserteilung) oder nach dem KrW/AbfG und den nachfolgenden Landesabfallgesetzen, die die Verpflichtung der Abfallerzeuger aussprechen, ihre Abfälle, soweit sie nicht selbst zur Abfallverwertung in der Lage sind, den öffentlich-rechtlichen Entsorgungsträgern anzudienen, woraufhin der öffentlich-rechtliche Entsorgungsträger für die Entsorgungsleistung Gebühren erhebt, § 13 Abs. 1 KrW/AbfG und die landesrechtliche Verpflichtung nach z.B. § 8 KrW-/AbfG Berlin; § 12 Nds. AbfG; § 9 HAKA; § 9 BbAbfG.

des Gebührengesetzes einerseits und die staatliche Verpflichtung anderseits sind gegensätzlich und widersprechen sich. In einem solchen Gebührengesetz ist für den gebührenpflichtigen Bürger nicht erkennbar, was der Staat tatsächlich von ihm verlangt und wie er sich zu verhalten hat, so daß in einem solchen Gebührengesetz ein Verstoß gegen den aus Art. 20 Abs. 1 GG abgeleiteten rechtstaatlichen Grundsatz der Normenklarheit zu sehen ist. Darüber hinaus verstößt eine solche widersprüchliche Regelung gegen das Prinzip der Systemgerechtigkeit (auch Prinzip der Folgerichtigkeit), das aus Art. 3 Abs. 1 GG abgeleitet wird.[525] In den Fällen, in denen der Staat den Bürger zur Inanspruchnahme der Leistung verpflichtet, setzt er sich zu diesem Befehl in Widerspruch, wenn er die Erlangung der Leistung mit einer erdrosselnden Gebühr belegt. Das zeigt sich zum Beispiel an der in § 1 Abs. 1 PersAuswG[526] statuierten Pflicht zum Besitz eines Personalausweises, der die Bürger nicht mehr nachkommen könnten, wenn ihnen gleichzeitig die Möglichkeit der Erlangung eines solchen Personalausweises durch eine erdrosselnde Gebühr unmöglich gemacht würde.

Es ist weiter zu bedenken, daß ein mit der erdrosselnden Gebühr belegtes Verhalten oft nicht vollständig unterbunden werden kann. So wird es z.B. immer Abfall geben, der entsorgt werden muß und zu dessen Andienung an die öffentlich-rechtlichen Entsorgungsträger die Bürger verpflichtet sind, wofür die Entsorgungsträger sodann zur Gebührenerhebung befugt sind.[527] Wird eine geregelte öffentliche Entsorgung durch erdrosselnde Gebühren verhindert, führt das nicht zum Verschwinden des Abfalls als solchen, sondern nur zu wilder Entsorgung. An diesen Beispielen zeigt sich, daß die Einführung von erdrosselnden Gebühren für staatliche Leistungen, zu deren Inanspruchnahme die Bürger verpflichtet sind, nicht nur verfassungsrechtlich unzulässig ist, sondern auch kein sinnvolles Lenkungsinstrument darstellt.

---

525 Das Prinzip der Systemgerechtigkeit kann nur eingreifen, wenn der Widerspruch von derselben Instanz hervorgerufen wurde, da Art. 3 Abs. 1 GG jeden Träger öffentlicher Gewalt nur in seinem Zuständigkeitsbereich bindet: BVerfGE 21, 54 (68); BVerfGE 76, 1 (73); BVerfGE 79, 127 (158); *Gubelt,* in:von Münch/Kunig (Hrsg.), Grundgesetzkommentar, Bd. 1, Art. 3, Rn. 30; *Starck,* in: von Mangoldt/Klein/Starck (Hrsg.), Bonner Kommentar zum GG, Art. 3, Rn. 44.

526 In der Fassung vom 21.04.1986, BGBl. I S. 548; zuletzt geändert durch Gesetz vom 25.03.2002, BGBl. I S. 1186.

527 Die Verpflichtung zur Andienung des Abfalls folgt aus den z.B. aus den § 13 Abs. 1 KrW/AbfG und den landesrechtlichen Vorschriften nach z.B. § 8 KrW-/AbfG Berlin; § 12 Nds.AbfG; § 9 HAKA; § 9 BbAbfG.

Nun gibt es Gebühren, die nicht aufgrund einer öffentlich-rechtlichen Pflicht, Leistungen der Verwaltung in Anspruch zu nehmen, erhoben werden.[528] Da diese Gebührentatbestände nicht an Leistungen anknüpfen, die von den Bürgern in Anspruch genommen werden müssen, könnten sie durch eine Gebühr „verboten“ werden. Jedenfalls könnte die Erdrosselung durch eine Gebühr dann zulässig sein, wenn es dem Gesetzgeber grundsätzlich gestattet wäre, auch ein ordnungsrechtliches Verbot zu erlassen. Allerdings besteht auch bei einer Gebühr, die auf Grund der freiwilligen Inanspruchnahme einer staatlichen Leistung erhoben wird, ein Unterschied im Vergleich zu den zuvor erörterten erdrosselnden Steuern und Sonderabgaben. Dieser Unterschied besteht in der Abhängigkeit der Gebühr von einer staatlichen Leistung, während Steuern und Sonderabgaben gegenleistungsfrei erhoben werden. Durch die dem Gebührenschuldner gewährte staatliche Leistung wird sein Verhalten überhaupt erst ermöglicht. Mit der Leistungsgewährung billigt der Gesetzgeber die Inanspruchnahme der Leistung und damit auch das Verhalten des Gebührenschuldners. Will er das mit der Wahrnehmung des Leistungsangebots verbundene Verhalten des Gebührenschuldners einschränken, kann der Gesetzgeber über die Höhe der Gebühr das Verhalten der Gebührenschuldner zwar lenken, es aber nicht vollständig zurückdrängen. Eine vollständige Zurückdrängung der Annahme der Leistung – also gleich einem Verbot – ist dagegen mit Hilfe einer erdrosselnden Gebühr nicht möglich, weil diese gegen das Gebot der Systemgerechtigkeit verstößt. Obwohl die Inanspruchnahme nicht aufgrund einer staatlichen Verpflichtung erfolgt, setzte sich der Gesetzgeber bei der freiwilligen Leistungsannahme in Widerspruch zu sich selbst, wenn er eine Gebühr mit erdrosselndem Charakter ausstattete. Der Widerspruch liegt bei einer freiwilligen Inanspruchnahme in der grundsätzlichen Billigung des Verhaltens des Gebührenschuldners, das durch die Bereitstellung der Leistung sogar gefördert wird. Will der Gesetzgeber die Wahrnehmung eines Leistungsangebots der öffentlichen Hand unterbinden, so darf er die Leistung nicht mehr anbieten. Solange der Staat selbst die Leistung anbietet, fördert er ihre Inanspruchnahme und darf sie somit auch nicht im Wege einer erdrosselnden Gebühr „verbieten“.

Daß ein solches Vorgehen verfassungsrechtlich nicht zulässig ist, wird durch das Beispiel der Gebühren für die Inanspruchnahme von Umweltinformationen nach § 10 UIG deutlich. Nach Erlaß des UIG[529] wurden sehr hohe Gebühren verlangt, die zum Teil als prohibitiv angesehen wurden.[530] Dürfte der Staat

---

528 So z.B. die Gebühr nach § 10 UIG, da niemand verpflichtet ist, sich Informationen über die Umwelt einzuholen, oder die Ressourcennutzungsgebühr, z.B. für die Entnahme von Grundwasser, nach § 1 HmbGrundWaG.

529 In der Fassung vom 08. Juli 1994, BGBl. I S. 1490.

530 *Theuer*, NVwZ 1996, 326 (332); *Schrader*, ZUR 1994, 221 (225); *Wegener*, ZUR 2001, 93 (99); *Schomerus, in:* Schomerus/Schrader, HK-UIG, 2. Aufl., § 10, Rn. 7; *Wegener*,

erdrosselnde Gebühren für den Zugang zu Umweltdaten verfassungsrechtlich zulässig verlangen, könnte er Bürger von einem staatlich im UIG gesicherten Anspruch auf Information fernhalten und ihnen den Zugang zu Umweltinformationen verbieten. Daß ein solches Vorgehen verfassungsrechtlich unzulässig ist, spiegelt sich auch in der Entscheidung des EuGH zur deutschen Umsetzung der UIRL wieder.[531] Der EuGH beanstandete die deutsche Regelung, nach welcher Gebühren auch dann zu erheben waren, wenn der Informationsantrag abgelehnt wurde. In Bezug auf die Angemessenheit der Kosten hielt der EuGH den im deutschen Recht geltenden Grundsatz der Verhältnismäßigkeit und die vergleichsweise hohe Gebührenflexibilität für ausreichend, um prohibitive Gebühren zu verhindern.[532] Das Bundesverwaltungsgericht hielt eine Gebühr von 410, 50 DM für die Übersendung von 12 Photokopien für angemessen, weil die Informationssuchenden die erhaltenen Informationen gewerblich nutzen wollten.[533] Trotz dieser differenzierenden, den Zugang zur Umweltinformation auch für nicht wirtschaftlich handelnde Bürger wahrenden Rechtsprechung hat der Gesetzgeber den § 10 Abs. 1 S. 2 UIG neu gefaßt, um den Zugang zu Umweltinformationen für alle Bürger sicherzustellen. Der neugefaßte § 10 Abs. 1 S. 2 UIG bestimmt nunmehr, daß die Gebühren auch bei Berücksichtigung des Verwaltungsaufwands so bemessen werden, daß der Informationszugang wirksam in Anspruch genommen werden kann.[534]

(4) Zusammenfassung

Anders als eine erdrosselnde Steuer oder eine erdrosselnde Sonderabgabe sind erdrosselnde Gebühren verfassungsrechtlich nicht zulässig, weil sie gegen das Prinzip der Systemgerechtigkeit und das rechtsstaatliche Gebot der Normenklarheit verstoßen. Bei Erlaß einer erdrosselnden Gebühr widerspräche der Gesetzgeber sich selbst, da er eine Leistung anböte, deren Inanspruchnahme aber gleichzeitig im Wege der Erdrosselung unmöglich machte. Eine erdrosselnde Gebühr ist somit aufgrund ihrer eigenen Struktur, insbesondere aufgrund der Verknüpfung von Leistung und Gebührenentrichtung, verfassungsrechtlich unzulässig.

ZUR 2001, 93 (99); *Thuriaux*, UIG, 1995, § 10, Rn. 22; *Fluck/Theuer*, UIR, 1997, § 10, Rn. 35; *Rossi*, UPR 2000, 175 (181).

531 EUGH, NVwZ 1999, 1209.

532 EUGH, NVwZ 1999, 1209.

533 BVerwG NVwZ 2000, 913 (915).

534 BT-Drs. 14/4599, S. 163; zuvor hatte das Bundesverwaltungsgericht bezüglich der Kosten einer Umweltinformation zwischen solchen Gebührenpflichtigen, die die Umweltinformation wirtschaftlich nutzen, und solchen, die rein private Interessen verfolgen, differenziert. BVerwGE 108, 369. Diese Entscheidung hielt der Gesetzgeber jedoch nicht für praktikabel, vgl. BVerwG NVwZ 2000, 913 (915).

b) Beiträge

(1) Begriff des Beitrags und Abgrenzung zur Gebühr

Beiträge sind, wie die Gebühren, Vorteilsabschöpfungsabgaben und mit den Gebühren eng „verwandt". Einen verfassungsrechtlichen Beitragsbegriff gibt es ebensowenig wie einen verfassungsrechtlichen Gebührenbegriff, wobei das Grundgesetz zwar die Gebühr, nicht aber den Beitrag erwähnt. Gebühr und Beitrag lassen sich nicht mit tatbestandlicher Striktheit unterscheiden.[535] Ob sich der Gesetzgeber für eine Gebühr oder einen Beitrag entscheidet, hängt letztlich auch immer davon ab, wie er die Abgabe erheben will und welchen Aufwand die Ermittlung des Leistungsempfängers bedeutet. Der Gesetzgeber wird sich für den Beitrag entscheiden, wenn der individuelle Leistungsempfänger nicht zu ermitteln ist, dafür aber eine Gruppe potentieller Leistungsempfänger. Umgedreht wird der Gesetzgeber eine Gebühr erheben, wenn er einen Leistungsempfänger individualisieren kann.

Beiträge sind öffentlich-rechtliche Geldleistungspflichten, die für das Angebot einer Leistung erhoben werden. Anders als bei der Gebühr wird also nicht notwendigerweise von der Verwaltung eine Leistung erbracht, sondern lediglich angeboten. Ob diese Leistung tatsächlich in Anspruch genommen wird, ist nicht entscheidend, sondern allein die *Möglichkeit* der Nutzung.[536] Beiträge werden zur Kostendeckung der Errichtung und Unterhaltung von öffentlichen Einrichtungen, deren Nutzer nicht individuell bestimmt werden, von denjenigen erhoben, denen die Einrichtung potentiell Nutzen bringen könnte. Allerdings kommt eine Beitragserhebung nur in Betracht, wenn der Kreis der potentiell Begünstigten von vornherein abgrenzbar ist.

Das zentrale Anwendungsgebiet der Beiträge ist die Beteiligung der Beitragsschuldner an den Kosten einer öffentlichen Einrichtung, von der sie profitieren, wie z.B. die Erschließungsbeiträge nach § 127ff. BauGB. Unerheblich ist es dabei, ob der Beitragsschuldner beabsichtigt, von der Einrichtung Gebrauch zu machen.[537] Beiträge können aber auch in Form von Verbandslasten erhoben werden, die die Beitragspflicht an die Mitgliedschaft in einem öffentlichen Verband knüpfen.[538] Öffentliche Zwangsverbände begünstigen die beitragspflichtigen Mitglieder durch ihre Tätigkeit in ihrem Status. Dabei dienen die Zwangsverbände zum einen als selbständige, sachnahe und fachkundige

---

535 *Hennecke,* Öffentliches Finanzwesen, Finanzverfassung, 2. Aufl., Rn. 415.

536 BVerfGE 92, 91 (115); BVerfGE 93, 319 (346).

537 BVerfGE 9, 291 (297); BVerwGE 25, 147 (149); *Kloepfer/Malorny,* JA 1976, 41 (43).

538 So *Hennecke,* Öffentliches Finanzwesen, Finanzverfassung, 2. Aufl., Rn. 415; *Kloepfer/Malorny,* JA 1976, 41 (43); a.A. *P. Kirchhof,* in: Isensee/P. Kirchhof (Hrsg.), Handbuch des Staatsrechts, Bd. IV, § 88, Rn. 217.

Einheiten der Regelung und Überwachung der beruflichen Tätigkeit ihrer Mitglieder (z.B. Handwerkskammern), zum anderen fungieren sie als Lastengemeinschaften zur Erfüllung gemeinsamer Aufgaben (z.B. Deichverbände). Das verfassungsrechtliche Problem ist der Beitragszahlung vorgelagert und besteht in der Zwangsmitgliedschaft in den Verbänden, mit welcher die Beitragspflicht einhergeht, wobei diese Frage hier nicht weiter problematisiert werden soll.[539]

Die Beitragsbemessung richtet sich, ebenso wie die Gebührenbemessung, nach dem Gedanken des Ausgleichs der potentiellen Inanspruchnahme der zur Verfügung gestellten Einrichtung. Dabei dienen der Kostendeckungsgrundsatz und das Äquivalenzprinzip als mögliche, wenngleich nicht starre Begrenzungsbarrieren.[540] Ebenso wie bei der Gebühr leitet das Bundesverfassungsgericht die Kompetenz des Gesetzgebers zur Einführung von Beiträgen aus den allgemeinen Sachzuständigkeiten der Art. 70 ff. GG ab.[541]

Verfassungsrechtlich problematisch kann der Beitrag sein, wenn die individuelle Finanzierungsverantwortung nur schwer zu bestimmen ist und sich der Beitrag in seiner Gestalt mehr der Steuer nähert, da die Gruppe der Beitragspflichtigen nur noch stark typisierend bestimmt werden kann. So kann der Beitrag zu einem „Mittelding zwischen Gebühr und Steuer“ werden.[542] Ebenfalls schwierig kann die Abgrenzung zur Sonderabgabe sein, da beide Abgabeformen an die besondere Finanzierungsverantwortung einer bestimmten Gruppe anknüpfen.[543] Allerdings unterscheidet sich der Beitrag von der Sonderabgabe, da dieser eine allgemeine Staatsaufgabe finanziert, während die Sonderabgabe eine gruppenspezifische Aufgabe finanziert und demnach auch nicht in den allgemeinen Haushalt einfließt.

(2) Verfassungsrechtliche Zulässigkeit von erdrosselnden Beiträgen

Der Beitrag folgt hinsichtlich der Bemessung seiner Höhe denselben Grundsätzen wie die Gebühr, ergeht aufgrund derselben kompetenzrechtlichen Regelung und ist an eine öffentliche Gegenleistung, zumindest die Vorhaltung dieser Gegenleistung, geknüpft. Anders als die Gebühr wird der Beitrag nicht von individuellen Leistungsempfängern erhoben, sondern von den unbestimmten Nutzern des von der öffentlichen Hand vorgehaltenen Angebots einer öffentlichen Einrichtung. Fraglich ist nun aber, ob ein Beitrag auch als erdrosselnder Beitrag

---

539 BVerwG, DVBl. 1999, 1041 (1042).

540 *F. Kirchhof,* in: Isensee/P. Kirchhof (Hrsg.), Handbuch des Staatsrechts, Bd. IV, § 93, Rn. 16.

541 BVerfGE 4, 7 (13); BVerfGE 8, 274 (317); BVerfGE 18, 315 (328); BVerfGE 29, 402 (409); BVerfGE 37, 1 (16).

542 *Jellinek,* Verwaltungsrecht, S. 391.

543 Zur Parallele von Gebühr zu Sonderabgabe siehe auch BVerfGE 55, 274 (306).

erhoben werden kann, d.h. seine Höhe müßte so bemessen sein, daß der Beitrag verbotsgleiche Wirkung entfaltete und die Beitragspflichtigen davon abhielte, die für den Beitrag vorgehaltene Gegenleistung in Anspruch zu nehmen.

Ein erdrosselnder Beitrag ist ebenso wie die erdrosselnde Gebühr verfassungsrechtlich unzulässig, weil er gegen das Gebot der Systemgerechtigkeit verstößt und dem Zwecke der Beitragserhebung zuwiderläuft. Wie auch bei der Einführung einer erdrosselnden Gebühr verhielte sich der Beitragsgesetzgeber widersprüchlich, erließe er einen erdrosselnden Beitrag. Er unterhielte eine öffentliche Einrichtung, durch die den Bürgern eine Leistung offeriert würde, versuchte aber die Nutzung dieser Einrichtung über die verbotsgleiche Wirkung eines erdrosselnden Beitrags unmöglich zu machen. Will der Gesetzgeber die Inanspruchnahme der öffentlichen Einrichtung verhindern, braucht er sie nicht anzubieten oder er kann sie schließen; will er dagegen, daß sie genutzt wird, darf ein Beitrag keine erdrosselnde Wirkung entfalten.

Auch hinsichtlich der Verbandslasten, die aufgrund einer Zwangsmitgliedschaft in dem jeweiligen Verband erhoben werden, verstieße der Beitragsgesetzgeber gegen das Prinzip der Systemgerechtigkeit, wenn er die Beiträge erdrosselnd ausgestaltete. Er darf die Mitglieder nicht gesetzlich zur Zwangsmitgliedschaft verpflichten und gleichzeitig eben diese Mitgliedschaft durch die Festsetzung von erdrosselnden Beiträgen unmöglich machen. Darüber hinaus widerspräche ein erdrosselnder Beitrag auch dem Zweck der Beitragserhebung. Durch den Beitrag soll eine öffentliche Einrichtung finanziert werden; ohne den Beitrag könnte die betreffende Einrichtung nicht finanziert werden und müßte aufgegeben oder über allgemeine Haushaltsmittel finanziert werden. Demnach liefe ein erdrosselnder Beitrag auch dem eigentlichen Sinn der Beitragserhebung zuwider.

(3) Zusammenfassung

Der Beitrag eignet sich, wie auch die Gebühr, nicht für den Einsatz als Instrument mit verbotsgleicher Wirkung. Ein erdrosselnder Beitrag ist wegen des Verstoßes gegen das Gebot der Systemgerechtigkeit verfassungswidrig. Zudem wäre der Einsatz eines erdrosselnden Beitrags aber auch nicht sinnvoll, weil die Erdrosselung dem Sinn der Beitragserhebung zuwiderliefe.

3. Neue Abgabenformen

Neben den bisher behandelten klassischen Abgabeformen werden in jüngerer Zeit vermehrt öffentliche Geldleistungen erhoben, die sich nicht ohne weiteres unter die bisher bekannten Abgabearten fassen lassen. Prominente Beispiele für solche Geldleistungen sind z.B. die Lizenzentgelte (oder auch Verleihungsgebühren),[544] die Lizenzgebühren[545] oder die Versteigerungserlöse aus der UMTS-Lizenzversteigerung.[546] Auch bezüglich der neuen Abgabeformen stellt sich die Frage, ob diese mit erdrosselnder Wirkung erhoben werden können. Das gilt insbesondere vor dem Hintergrund der überraschend hohen Versteigerungserlöse für die UMTS-Lizenzen, die unter anderem zu einer massiven Kritik am Verfahren geführt haben.[547] Die oben genannten Beispiele neuer Abgaben sind zwar unterschiedlich ausgestaltet, haben aber einen gemeinsamen Anknüpfungspunkt: Alle diese Abgabeformen knüpfen an die Vergabe knapper Güter an.

a) Abgaben für die Nutzung knapper Güter der Allgemeinheit

(1) Lizenzentgelte

Anders als Steuern, Vorzugslasten und inzwischen auch Sonderabgaben sind Lizenzentgelte weder abschließend anerkannt, noch haben sie sich unter der Bezeichnung Lizenzentgelte etablieren können. Erhoben wurde bisher eine Abgabe, die als Lizenzentgelt bezeichnet wurde: Das Lizenzentgelt mußte in Nordrhein - Westfalen für die Sonderabfallentsorgung nach den §§ 10 ff. LAbfG NW entrichtet werden.[548] Für die „Nutzung" einer landesrechtlich geforderten Lizenz für die Entsorgung des Sonderabfalls wurde das Lizenzentgelt gezahlt. Allerdings hat das Bundesverfassungsgericht § 10 LAbfG NW, der die Lizenzpflicht festlegte, aufgrund fehlender Gesetzgebungskompetenz des Landes Nordrhein-Westfalen für verfassungswidrig und damit für nichtig erklärt.[549] Zur Zulässigkeit von Lizenzentgelten im allgemeinen hat sich das Bundesverfassungsgericht aufgrund der fehlenden Gesetzgebungskompetenz nicht geäußert. Im Schrifttum

---

544 Die im nordrhein-westfälischen Landesabfallgesetz geregelte Abgabe, die dort als Lizenzentgelt bezeichnet wurde, wurde in der Literatur vielfach als Verleihungsgebühr eingestuft, so *Kloepfer/ Follmann,* DÖV 1988, 573; *Schumacher,* NJW 2000, 3096.

545 Z.B. nach § 16 TKG für die Vergabe von Lizenzen für Sprachtelefondienst- und Festnetzlizenzen.

546 Nach § 11 TKG.

547 *Degenhart,* K&R 2001, 32; *Koenig,* K&R 2001, 41; *Gramlich,* CR 2000, 101; *Varadinek,* CR 2001, 17; *Arndt,* K&R 2001, 23; *Klöck,* RTkom 2000, 280.

548 Nordrhein-westfälisches Landesabfallgesetz vom 21.06.1988, GVBl. S. 250.

549 BVerfGE 102, 99 ff.

ist das Lizenzentgelt zum überwiegenden Teil als Gebühr eingeordnet worden.[550]

(2) Verleihungs- und Ressourcennutzungsgebühr

Die Verleihungsgebühr wird für die Einräumung eines subjektiven öffentlichen Rechts erhoben, wobei es allein auf die Verschaffung des Rechts ankommt, die tatsächliche Ausübung des Rechts durch den Bewerber ist dabei irrelevant.[551] Belastungsgrund dieser neuen Abgaben ist somit die Abschöpfung wirtschaftlicher Vorteile, die der Abgabenschuldner aus der Nutzung eines knappen Gutes der Allgemeinheit, wie z.B. bei der Entnahme von Wasser zur wirtschaftlichen Nutzung, schöpft.[552] Insofern ähnelt sie tatsächlich den Lizenzentgelten, die zum Teil auch als Verleihungsgebühr eingestuft wurden.

Allerdings ist auch die Zulässigkeit der Verleihungsgebühr als eigenständiger Abgabentyp umstritten.[553] Zum Teil wird vertreten, daß die Verleihungsgebühr gar keine Gebühr sein könne, da es sich bei der Erhebung einer Gebühr grundsätzlich um einen Ausgleich öffentlichen Aufwands handeln müsse. Bei der Verleihungsgebühr gehe es aber nicht um die Kompensation eines öffentlichen Aufwandes, sondern nur um die Verleihung eines Rechts. Rechte würden aber nach Berechtigung, nicht nach Zahlungsbereitschaft zugeteilt. Daher gefährde die Verleihungsgebühr die Gleichheit aller vor dem Gesetz, und die Gebühr sei kaum noch von der Steuer zu unterscheiden.[554] Die Befürworter der Verleihungsgebühr führen dagegen an, daß die Verleihungsgebühr für die Leistung des Staates erhoben werde, den Gebührenschuldnern ein bestimmtes Recht zu

550 Siehe u.a. *Kloepfer/Follmann*, DÖV 1988, 573 (581); *Salzwedel*, Rechtsgutachterliche Stellungnahme zum Nordrhein-Westfalen-Modell, der von Lizenzgebühr spricht; *ders*, NVwZ 1989, 820 (823); *Schumacher*, NJW 2000, 3096; *Degenhart*, K&R 2001, 32 (38).

551 *F. Kirchhof*, Die Höhe der Gebühr, S. 29; *ders.*, DVBl. 1987, 554; *ders.*, NVwZ 1987, 1031 (1035); *Tipke/Kruse*, Kommentar zur AO und FGO, Band I, § 3 AO, Rn. 24/25; *Vogel*, in: Herzog u.a. (Hrsg.), Evangelisches Staatslexikon, Bd. 1, Sp. 10ff.; *Drömann*, Nichtsteuerliche Abgaben im Steuerstaat; *Arndt*, WiVerw 1990, 1 (25).

552 *Kloepfer*, Umweltrecht, 2. Aufl., § 5, Rn. 258.

553 Dagegen: *Friauf*, in: Festschrift der juristischen Fakultät zur 600-Jahr-Feier der Universität zu Köln, S. 679 (693); *P. Kirchhof*, in: Isensee/P. Kirchhof (Hrsg.), Handbuch des Staatsrechts, Bd. IV, § 88, Rn. 187; *Jarass*, DÖV 1989, 1013 (1019), der die Verleihungsgebühren als Sonderabgaben einstuft; *Balmes*, Verfassungsmäßigkeit und rechtliche Systematisierung von Umweltsteuern, S. 56; *Manssen*, in: Breuer/Kloepfer/Marburger/Schroeder, Jb. des Umwelt und Technikrechts 1996, S. 140; *Morgenthaler*, SächsVBl. 1994, 99; *Sander*, DVBl. 1990, 23.

554 *Friauf*, in: Festschrift der juristischen Fakultät zur 600-Jahr-Feier der Universität zu Köln, S. 679 (693); *P. Kirchhof*, in: Isensee/P. Kirchhof (Hrsg.), Handbuch des Staatsrechts, Bd. IV, § 88, Rn. 187.

verleihen, welches andere Bürger gerade nicht innehätten.[555] Im übrigen spreche für die Zulässigkeit der Verleihungsgebühr ihre Wirksamkeit im Bereich der Umweltabgaben, da sie den Gebrauch der Umwelt mit einer Gebühr belasten könne. Dabei berge die Verleihungsgebühr anders als die Sonderabgaben, die ähnlich wirken könnten, nicht die Gefahr in sich, eine apokryphe Finanzverfassung zu schaffen.[556]

Die Verleihungsgebühr wird in Teilen der Literatur als Ressourcennutzungsgebühr bezeichnet;[557] andere Autoren sehen die Ressourcennutzungsgebühr auch als eigenständige neue Abgabenform an.[558] Die Ressourcennutzungsgebühr wird für die Nutzung eines Rechtes oder Gutes erhoben, wobei sie - im Gegensatz zur Verleihungsgebühr - nur erhoben wird, wenn die Inanspruchnahme des Rechts tatsächlich erfolgt, wie z.B. bei den baden-württembergischen und hessischen Wasserentnahmeentgelten (sog. Wasserpfennig). Das Bundesverfassungsgericht hat jedoch in der Entscheidung zum baden-württembergischen und hessischen Wasserentnahmeentgelt[559] von einer Einordnung dieser Entgelte in die bestehenden Abgabenformen abgesehen. Es hat klargestellt, daß es für die verfassungsrechtliche Zulässigkeit einer nichtsteuerlichen Abgabe nicht auf die begriffliche Zuordnung ankomme, sondern allein auf die Vereinbarkeit der Abgabe mit den Anforderungen der bundesstaatlichen Finanzverfassung.[560] Die Zulässigkeit einer Abgabe sei nicht davon abhängig, ob sie sich den gebräuchlichen Begriffen etwa der Gebühr oder des Beitrags einfüge, da Fragen der Systematisierung keine Verfassungsfragen seien.[561] Für das Wasserentnahmeentgelt hat das Bundesverfassungsgericht die verfassungsrechtliche Zulässigkeit bejaht, weil sich das Wasserentnahmeentgelt an die Anforderungen halte, die sich aus der Begrenzungs- und Schutzfunktion der bun-

555 *F. Kirchhof*, DVBl. 1987, 554 (558).

556 *F. Kirchhof*, DVBl. 1987, 554 (561).

557 *Schuhmacher*, NJW 2000, 3096 (3998); *Siekmann*, in: Sachs (Hrsg.), Kommentar zum Grundgesetz, Vor Art. 104 a, Rn. 72.

558 *Murswiek*, NuR 1994, 170 (174); *ders.*, NVwZ 1996, 418 (419); *S. Meyer*, Gebühren für die Nutzung von Umweltressourcen, S. 125; *dies.*, in Sacksofsky/Wieland (Hrsg.), Vom Steuerstaat zum Gebührenstaat, S. 144 (151).

559 BVerfGE 93, 319; vor der Entscheidung wurde das Wasserentnahmeentgelt überwiegend als Ressourcennutzungsgebühr eingeordnet: *Murswiek*, NuR 1994, 170 (174); *ders.*, NVwZ 1996, 418 (419); *S. Meyer*, Gebühren für die Nutzung von Umweltressourcen, S. 125; *dies.*, in: Sacksofsky/Wieland (Hrsg.), Vom Steuerstaat zum Gebührenstaat, S. 144 (151); für die Charakterisierung als eine „normale“ Nutzungsgebühr: *Hendler*, NuR 1989, 24. Die Einordnung als Verleihungsgebühr wurde abgelehnt, da es sich um eine tatsächliche Nutzung handele, nicht um eine Rechtsverleihung: *F. Kirchhof*, NVwZ 1987, 1031 (1035); *Heimlich*, Die Verleihungsgebühr als Umweltabgabe, S. 323; *Wieland*, Die Konzessionsabgaben, S. 33.

560 BVerfGE 93, 319 (345).

561 BVerfGE 93, 319 (345).

desstaatlichen Finanzverfassung ergeben.[562] Von der voraussetzungslos auferlegten Steuer unterscheide sich eine solche Abgabe zum einen durch die mit ihr bezweckte Vorteilsabschöpfung,[563] zum anderen durch die Lenkung.[564]

(3) *Verfassungsrechtliche Zulässigkeit von erdrosselnden Abgaben auf knappe Güter*

Unabhängig von ihrer Bezeichnung als Lizenzentgelt, Verleihungs- oder Ressourcennutzungsgebühr sind die Abgaben, die für die Nutzung knapper Güter der Allgemeinheit erhoben werden, wie klassische Gebühren gegenleistungsabhängig; sie werden für eine privilegierende Rechtsübertragung erhoben. Ihre Bemessung erfolgt nach der Möglichkeit der Nutzungseröffnung, also nach dem Wert der öffentlichen Leistung.[565] Fraglich ist nun aber, ob eine solche Abgabe auch mit erdrosselnder Wirkung erhoben werden kann. Eine erdrosselnde Verleihungs- oder Ressourcennutzungsgebühr oder ein erdrosselndes Lizenzentgelt müßten so bemessen sein, daß die Abgabe verbotsgleiche Wirkung entfaltete. Sinn und Zweck dieser erdrosselnden Verleihungs- oder Ressourcennutzungsgebühr bzw. des erdrosselnden Lizenzentgeltes wäre es, zu verhindern, daß jemand die privilegierende Rechtsübertragung in Anspruch nimmt. Allerdings wäre eine erdrosselnde Abgabe auf knappe Güter der Allgemeinheit, sei es als erdrosselnde Verleihungs- oder Ressourcennutzungsgebühr oder als erdrosselndes Lizenzentgelt verfassungsrechtlich unzulässig. Insofern gleicht sie der klassischen Gebühr; zwar knüpft eine solche Abgabe anders als die Gebühr nicht an ein Verwaltungshandeln an, doch wird auch sie für eine Gegenleistung des Staates, nämlich die privilegierende Rechtsübertragung, erhoben. Erst nach der vom Staat vorgenommenen Rechtsübertragung ist der Abgabenschuldner befugt, das von ihm gebrauchte Gut der Allgemeinheit (wie z.B. Wasser oder saubere Luft) zu nutzen. Grundsätzlich ist zwar vorstellbar, daß der Gesetzgeber die Nutzung von bestimmten Umweltgütern vollständig untersagt (wie z.B. den Handel mit Tieren, die unter Artenschutz stehen). Doch ist ein solches Vorgehen bei lebensnotwendigen Gütern wie dem Wasser jedenfalls nicht uneingeschränkt möglich. Darüber hinaus erfüllte eine erdrosselnde Verleihungs- oder Ressourcennutzungsgebühr oder ein erdrosselndes Lizenzentgelt nicht mehr die vom Bundesverfassungsgericht für diese Abgaben entwickelten Vorgaben. Um erdrosselnd zu sein, müßte die Höhe der erdrosselnden Abgabe den Gegenwert des verliehenen Rechts zur Inanspruchnahme eines Allgemeinguts übersteigen, so daß das Gegenseitigkeitsverhältnis nicht mehr bestünde. Die Abgabe verlöre ihren Bezug zum Wert des Nutzungsrechts, und die Abgabe würde insoweit

562 BVerfGE 93, 319, Leitsatz.
563 BVerfGE 93, 319 (346).
564 BVerfGE 93, 319 (339).
565 BVerfGE 93, 319 (347).

voraussetzungslos erhoben. Damit gliche sie dann der Steuer und wäre verfassungswidrig.[566]

Schließlich setzte sich der Gesetzgeber, wie auch bei einer erdrosselnden Gebühr oder einem erdrosselnden Beitrag, in Widerspruch zu sich selbst, wenn er die Inanspruchnahme des von ihm zugeteilten Gutes der Allgemeinheit durch eine erdrosselnde Verleihungs- oder Ressourcennutzungsgebühr oder ein erdrosselndes Lizenzentgelt unmöglich machte. Er verstieße gegen das Gebot der Systemgerechtigkeit. Zwar böte er anders als bei der klassischen Gebühr keine Leistung an oder unterhielte anders als beim Beitrag keine Einrichtung, doch stellte er die Nutzung eines knappen Gutes der Allgemeinheit unter den Vorbehalt der Zahlung der Gebühr. Damit signalisierte er dem Gebührenschuldner zwar, daß das Gut nur beschränkt in Anspruch genommen werden dürfe, weil es nur begrenzt zur Verfügung steht. Gleichzeitig ließe er aber grundsätzlich die Nutzung zu. Durch die Erhebung einer erdrosselnden Verleihungs- oder Ressourcennutzungsgebühr bezweckte der Gesetzgeber, die Nutzung des knappen Gutes der Allgemeinheit über die verbotsgleiche Wirkung einer solchen erdrosselnden Abgabe unmöglich zu machen; die Ressourcennutzungsgebühr würde so zu einer „Ressourcennutzungsausschlußgebühr". Will der Gesetzgeber die Nutzung verhindern, muß er sie durch ein ausdrückliches Verbot untersagen. Gestattet er grundsätzlich die Nutzung eines Allgemeingutes, darf eine dafür erhobene Abgabe keine erdrosselnde Wirkung entfalten.

b) Sonderfall der Versteigerungserlöse der UMTS-Lizenzen

Eine besondere öffentliche Geldleistungspflicht stellen die Versteigerungserlöse für die UMTS-Lizenzen dar. Um was für eine Abgabeform es sich bei diesen Versteigerungserlösen handelt, ist umstritten. Im Schrifttum wird überwiegend die Ansicht vertreten, es handele sich bei den Versteigerungserlösen um Gebühren, seien es „klassische" Gebühren oder Verleihungsgebühren.[567] Andere bezeichnen die Versteigerungserlöse allgemeiner als nichtsteuerliche öffentliche Abgaben[568] oder lassen ihre Rechtsnatur gänzlich offen.[569] Vorliegend kann und

---

566 BVerfGE 93, 319 (347).

567 *Kloepfer,* InformationsR 2002, 485 (487); *Schuhmacher,* NJW 2000, 3096 (3098); *Degenhart,* K&R 2001, 32 (38), der sie als verfassungswidrige Verleihungsgebühren ansieht; *Grzeszick,* DVBl. 1997, 878 (883); *Kämmerer,* NVwZ 2002, 161 (162); *Hidien,* UR 2002, 165 (167); *Leist,* DVBl. 2002, 902; *Ritgen,* AöR 127 (2002), 351 (384); *Becker,* DÖV 2003, 177 (178); *ders.,* Die Verwaltung 35 (2002), 1 (12).

568 *Breuer,* in: Geis (Hrsg.), Festschrift für Maurer, 25 (41); *Piepenbrock/Müller,* in: Piepenbrock/Schuster (Hrsg.), UMTS-Lizenzvergabe, S. 14 (45); *Hufeld,* JZ 2002, 872 (876); *Schwarz,* RTkom 2001, 141 (145).

569 BVerfGE 105, 185; *Varadinek,* CR 2001, 17; *Faber,* GewArch 2002, 264 (267); *Storr,* K & R 2002, 67 (74).

muß diese Frage und auch die nach der allgemeinen Verfassungsmäßigkeit des Versteigerungsverfahrens nicht beantwortet werden. Es ist einzig die Frage zu klären, ob die Versteigerungserlöse erdrosselnden Charakter im Sinne dieser Untersuchung aufweisen, was in Anbetracht ihrer Höhe zumindest nicht ausgeschlossen erscheint: Die Versteigerungserlöse beliefen sich auf eine Gesamtsumme von 99, 3682 Mrd. DM, wobei die sechs erfolgreichen Bieter für ihre Lizenzen zwischen 16, 4 und 16, 7 Mrd. DM zahlten.[570]

Allerdings entfalten die Versteigerungserlöse nach dem der Arbeit zugrunde liegenden Erdrosselungsbegriff - trotz ihrer Höhe - keine erdrosselnde Wirkung. Erdrosselung liegt dann vor, wenn mit der Abgabe ein bestimmtes Verhalten unterbunden werden soll. Die Versteigerung der UMTS-Lizenzen sollte aber gerade nicht zu der Nichtinanspruchnahme der Lizenzen führen, sondern zu der Vergabe von knappen öffentlichen Gütern im Wege des Höchstgebotsverfahrens. In der Begründung des Telekommunikationsgesetzes heißt es dazu, das Versteigerungsverfahren sei „ein geeignetes und rechtsstaatlich zuverlässiges Auswahlverfahren, mit dem ein wesentlicher Regulierungszweck, nämlich die Effizienz der Frequenznutzung, realisiert werden könne“.[571] Darüber hinaus solle mit dem Versteigerungsverfahren der richtige Knappheitspreis der Frequenzen ermittelt werden.[572] Eine Erdrosselung im Sinne einer verbotsgleichen Wirkung war vom Gesetzgeber somit nicht intendiert, eher wohl der erhebliche Zugewinn für den öffentlichen Haushalt angestrebt. Eine Geldleistung, die durch ein Versteigerungsverfahren erhoben wird, in ihrer Endhöhe also offen ist, eignet sich grundsätzlich nicht als bewußtes Instrument zur Unterbindung von Verhalten, da die Mitbietenden durch ihr Verhalten den „Preis“ selbst mitbestimmen können. Der Gesetzgeber kann bei der Regelung eines Versteigerungsverfahrens nicht wissen, welcher Erlös bei der späteren Versteigerung erzielt werden wird. Zudem ist ein Versteigerungsverfahren von Beginn an darauf ausgelegt, daß ein Zuschlag erteilt wird, das zu versteigernde Recht, die Lizenz oder das Gut also auch erworben wird. Gerade das ist beim Einsatz einer erdrosselnden Abgabe nicht bezweckt. Die Tatsache, daß die sechs Mitbieter, die schließlich die Lizenzen erworben haben, bei der Versteigerung der UMTS-Lizenzen sehr hohe Summen boten, war eine unternehmerische Entscheidung, die freiwillig erfolgte. Zwar mag das UMTS-Versteigerungsverfahren verfassungsrechtlich zweifelhaft sein; erdrosselnd im Sinne des hier zugrundegelegten Erdrosselungsbegriffs war es aber nicht.

---

570 *Schuhmacher*, NJW 2000, 3096; Lizenzen haben ersteigert: E-Plus Hutchinson, Group 3 G, Mannesmann Mobilfunk, MobilCom Multimedia, T-Mobile, VIAG Interkom.

571 BT-Drs. 13/3609, S. 39.

572 BT-Drs. 13/4438, S. 32.

c) Zusammenfassung

Die neuen Abgabeformen ähneln in ihrer Struktur den klassischen Vorzugslasten, weil sie für die Einräumung eines subjektiven öffentlichen Rechts erhoben werden. Ihre Erhebung erfolgt wie bei den Vorzugslasten nicht gegenleistungsfrei. Aus diesem Grunde ist eine erdrosselnde neue Abgabe unzulässig, weil die Erdrosselung bei Abgaben, die nicht gegenleistungsfrei erhoben werden, dem Sinn der Abgabenerhebung zuwiderliefe. Auch verstießen erdrosselnde neue Abgaben gegen das Gebot der Systemgerechtigkeit.

Die Erlöse aus der UMTS-Versteigerung waren zwar erstaunlich hoch, in seiner Wirkung war das Verfahren trotzdem nicht erdrosselnd. Eine Erdrosselung hat den Sinn, die Inanspruchnahme der Leistung oder des Gutes zu verhindern. Das Versteigerungsverfahren diente dazu, für ein knappes Gut die höchsten Erlöse zu erzielen, nicht aber die Inanspruchnahme und Nutzung der Lizenzen zu verhindern.

V. Ergebnisse der Untersuchung

1. Eine Abgabe mit erdrosselnder, verbotsgleicher Wirkung kann sinnvoll als flankierendes Instrument der Verhaltenssteuerung eingesetzt werden. Eine erdrosselnde Abgabe birgt die Vorteile einer lenkenden Abgabe in sich; sie verbietet das Verhalten nicht ausdrücklich wie ein ordnungsrechtliches Gebot oder Verbot, sie ist ökonomisch sinnvoll, flexibel und kalkulierbar. Gleichzeitig kann eine erdrosselnde Abgabe die Wirkung einer lenkenden Abgabe potenzieren.

2. Erdrosselung liegt vor, wenn das mit der Abgabe belastete Verhalten durch die Höhe der Abgabe für die Abgabepflichtigen generell wirtschaftlich unmöglich gemacht wird. Dabei muß die verbotsgleiche Wirkung durch die Abgabe bezweckt sein; eine zufällige verbotsgleiche Wirkung reicht nicht aus. Für den Tatbestand der Erdrosselung kommt es nicht auf die Ertragsrelevanz an; es ist gleichgültig, ob die Abgabe noch Ertrag erzielt.

3. Erdrosselung ist nicht bei allen Abgabeformen verfassungsrechtlich zulässig, sondern nur bei Abgaben, die gegenleistungsfrei erhoben werden, also bei Steuern und Sonderabgaben.

4. Eine erdrosselnde Steuer kann nicht mit dem allgemeinen Hinweis auf das grundsätzliche Verbot erdrosselnder Abgaben für unzulässig erklärt werden. Vielmehr bedarf es einer umfassenden verfassungsrechtlichen Prüfung des einzelnen Steuergesetzes. Sie ist zulässig, wenn der durch sie erfolgende Eingriff in Art. 14 Abs. 1 GG, Art. 12 Abs. 1, Art. 3 Abs. 1 GG verfassungsrechtlich gerechtfertigt ist, und das Steuergesetz alle rechts- und bundesstaatlichen Vorgaben erfüllt.

5. Eine erdrosselnde Steuer ist unzulässig, wenn sie die Merkmale des verfassungsrechtlichen Steuerbegriffs nicht erfüllt. Eine erdrosselnde Steuer, die kein Ertragsaufkommen mehr erzielt, ist deshalb verfassungswidrig. Eine erdrosselnde Steuer mit Ertragsrelevanz erfüllt dagegen die verfassungsrechtlichen Voraussetzungen des Steuerbegriffs und kann verfassungsrechtlich zulässig sein, wenn sie auch die oben genannten grundrechtlichen, rechts- und bundesstaatlichen Vorgaben erfüllt.

6. Eine erdrosselnde Sonderabgabe ist nicht generell zulässig, sondern nur in Form der Lenkungssonderabgabe. Die anderen Erscheinungsformen (z.B. Finanzierungssonderabgabe, Ausgleichsabgabe) können nicht als erdrosselnde Abgaben ausgestaltet werden, weil in diesen Fällen die verfassungs-

rechtlichen Zulässigkeitsvoraussetzungen für Sonderabgaben nicht erfüllt würden. Im übrigen liefe eine Erdrosselung dem Zweck der anderen Erscheinungsformen der Sonderabgabe zuwider.

7. Eine erdrosselnde Lenkungssonderabgabe ist dagegen innerhalb der Grenzen, die das Bundesverfassungsgericht für diese Abgabenform aufgestellt hat, zulässig. Sie birgt gegenüber der erdrosselnden Steuer zwei Vorteile: Sie kann unabhängig von einem möglichen Ertragsaufkommen erhoben werden, da das Ertragsaufkommen gerade kein konstituierendes Merkmal der Lenkungssonderabgabe ist, und sie ist ein gerechteres Mittel, da sie nur innerhalb einer Gruppe erhoben werden darf, die eine besondere Verantwortung trägt.

8. Erdrosselnde Vorzugslasten sind nicht zulässig, da sie gegen das Prinzip der Systemgerechtigkeit verstießen. Eine erdrosselnde Vorzugslast wäre widersprüchlich, da von der öffentlichen Hand eine Leistung angeboten würde, deren Inanspruchnahme aber gleichzeitig im Wege der Erdrosselung unmöglich gemacht würde. Eine erdrosselnde Vorzugslast ist somit aufgrund ihrer eigenen Struktur, insbesondere aufgrund der Verknüpfung von Leistung und Abgabenpflicht, nicht mit erdrosselnder Wirkung möglich.

9. Neue Abgabeformen, wie die Ressourcennutzungsgebühr, ähneln ihrer Struktur nach den klassischen Vorzugslasten; auch sie werden für eine staatlichen Leistung erhoben. Eine erdrosselnde neue Abgabe ist deshalb wegen eines Verstoßes gegen die Systemgerechtigkeit ebenfalls nicht möglich.

VI. Literaturverzeichnis

Abel-Lorenz, Eckart/Brönneke, Tobias/Schiller, Thomas, Abfallvermeidung, Handlungspotentiale der Kommunen, rechtliche Möglichkeiten und Grenzen, Taunusstein, 1994.

Alternativkommentar zum Grundgesetz. Erschienen in der Reihe Alternativkommentare, Gesamtherausgeber Rudolf Wassermann.
Band 2 : Art. 38 – 146, Neuwied, 2. Aufl., 1989.
Zit. als: *Bearbeiter*, in: Alternativkommentar zum GG, Bd., Art., Rn.

Arndt, Hans-Wolfgang, Steuerliche Leistungsfähigkeit und Verfassungsrecht, in: Damrau, Jürgen (Hrsg.), Festschrift für Otto Mühl, Stuttgart, 1981, S. 17.

Arndt, Hans-Wolfgang, Steuern, Sonderabgaben und Zwangsanleihen - zur Abgabenerfindungskompetenz des Bundesgesetzgebers, Köln, 1983.

Arndt, Hans-Wolfgang, Grundzüge des allgemeinen Steuerrechts, München, 1988.

Arndt, Hans-Wolfgang, Gleichheit im Steuerrecht, NVwZ 1988, 787.

Arndt, Hans-Wolfgang, Lenkung durch Steuern und sonstige Abgaben auf dem Gebiet des Wirtschaftsverwaltungsrechts, WiVerw 1990, 1.

Arndt, Hans-Wolfgang, Versteigerung der UMTS-Lizenzen - Ein Plädoyer für die verfassungsrechtliche Unzulässigkeit, K&R 2001, 23.

Arndt, Hans-Wolfgang/Schumacher, Andreas, Einkommensbesteuerung, AöR 118 (1993), 515.

Arndt, Hans-Wolfgang, Energiesteuer und Grundrechte, ZRP 1996, 176.

Arndt, Hans-Wolfgang/Schumacher, Andreas, Die verfassungsrechtlich zulässige Höhe der Steuerlast - Ein Fingerzeig des BVerfG an den Gesetzgeber, NJW 1995, 2603.

Arndt, Hans-Wolfgang/Heins, Bernd/Hillebrand,Bernhard/Meyer, Eric Christian/Pfaffenberger, Wolfgang/Ströbele, Wolfgang, Ökosteuern auf dem Prüfstand der Nachhaltigkeit, Berlin, 1998.

von Arnim, Hans Herbert, Gemeinwohl und Gruppeninteressen. Die Durchsetzungsschwäche allgemeiner Interessen in einer pluralistischen Demokratie. Ein Beitrag zu verfassungsrechtlichen Grundfragen der Wirtschaftsordnung, Frankfurt/Main, 1977.

von Arnim, Hans Herbert, Besteuerung und Eigentum, VVDStRL 39 (1981), 286.

Bachof, Otto, Verfassungsrecht, Verwaltungsrecht, Verfahrensrecht in der Rechtsprechung des Bundesverwaltungsgerichts, Tübingen, 1963.

Bachof, Otto, Die Freiheit des Berufs, in: Bettermann, August/Neumann, Franz/Nipperday, Hans Carl (Hrsg.), Die Grundrechte. Handbuch der Theorie und Praxis der Grundrechte, Band III, Berlin, 1967.

Badura, Peter, Verwaltungsrecht im liberalen und sozialen Rechtsstaat, Tübingen, 1966.

Baldus, Manfred, Die Einheit der Rechtsordnung: Bedeutungen einer juristischen Formel in Rechtstheorie, Zivil- und Staatsrechtswissenschaft im 19. und 20. Jahrhundert, Berlin, 1995.

Barais, Peter/Elsner, Thomas, Anforderungen an Lenkungsstuern und Beurteilung der „ökologischen Steurreform" aus ökonomischer Sicht, DVBl. 2000, 1176.

Battis, Ulrich, Systemgerechtigkeit, in: Stödter, Rolf/Thieme, Werner, Hamburg, Deutschland, Europa, Festschrift für Hans Peter Ipsen, S. 11.

Baumol, William J./Oates, Wallace E., The Use of Standards an Prices for Protection of the Environment (1971), abgedruckt in Oates (Hrsg.), The Economics of the Environment, Vermont, 1994, 161.

Becker, Florian, Stattliche staatliche Versteigerungserlöse: Anlaß zur Reform der Finanzverfassung?, DÖV 2003, 177.

Becker, Florian, Die Versteigerung der UMTS-Lizenzen: Eine neuartige Form der Allokation von Rechten, Die Verwaltung 35 (2002), 1.

Beckmann, Hartmunt, Verfassungsrechtsfragen im Grenzbereich zwischen Steuern und besonderen Abgaben, Köln, 1976.

Bettermann, Karl August, Legislative ohne Posthoheit. Beiträge zu Art. 80 GG. Rechtsgutachten über die Verfassungsmäßigkeit des § 14 Postverwaltungsgesetz, Frankfurt/Main, 1967.

Birk, Dieter, Steuerrecht I, München, 2. Aufl., 1994.

Birk, Dieter, Besteuerung und Eigentumsgarantie, StuW 1980, 361.

Birk, Dieter, Steuerrecht als Mittel des Umweltschutzes, NuR 1985, 90.

Birk, Dieter, Das Leistungsfähigkeitsprinzip als Maßstab der Steuernormen. Ein Beitrag zu den Grundfragen des Verhältnisses Steuerrecht und Verfassungsrecht, Köln, 1983.

Bleckmann, Albert, Zum materiellrechtlichen Gehalt der Kompetenzbestimmungen des Grundgesetzes, DÖV 1983, 129.

Böckenförde, Werner, Der allgemeine Gleichheitssatz und die Aufgabe des Richters, Berlin, 1959.

Böckenförde, Ernst-Wolfgang, Entstehung und Wandel des Rechtsstaatsbegriffs, in: Ehmke, Horst/Schmid, Carlo/Scharoun, Hans (Hrsg.), Festschrift für Adolf Arndt zum 65. Geburtstag, Frankfurt/Main, 1969, S. 53.

Bodenmeim Dieter G., Der Zweck der Steuer, Berlin, 1979.

Bohley, Peter, Gebühren und Beiträge, in: Fritz Neuwerk (Hrsg.), Handbuch der Finanzwissenschaft, Band 2, Kapitel 1, Tübingen, 1980.

Bonner Kommentar zum Grundgesetz. Herausgegeben von: *von Mangoldt, Hermann/Klein, Friedrich/Starck, Christian.*
Band 1 : Art. 1 - 20, München, 4. Aufl., 1999.
Band 2 : Art. 21 – 78, München, 4. Aufl., 2000.
Band 3 : Art. 79 – 146, München, 4. Auf., 2001.
Band 3 : Art. 79 – 146, (Zweitbearbeitung 1972), München, 2. Aufl., 1972.
Zit. als: *Bearbeiter,* in: von Mangoldt/Klein/Starck (Hrsg.), Bonner Kommentar zum GG, Art., Rn.

Breuer, Rüdiger, Freiheit des Berufs, in: Isensee, Josef/Kirchhof, Paul, Handbuch des Staatsrechts der Bundesrepublik Deutschland, Band VI – Freiheitsrechte, Heidelberg, 2. Aufl., 2001, § 147.

Breuer, Rüdiger, Umweltrechtliche und wirtschaftslenkende Abgaben im europäischen Binnenmarkt, DVBl. 1992, 485.

Breuer, Rüdiger, Faßbender, Kurt, Kommunale Abfallgebühren und Sortierreste des Dualen Systems der Entsorgung, WiVerw 1995, 1.

Brodersen, Carsten, Nichtfiskalische Abgaben und Finanzverfassung. Zur Abgrenzung nichtfiskalischer Abgaben von Steuern, in: Vogel, Klaus (Hrsg.), Verfassung, Verwaltung, Finanzen, Festschrift für Gerhard Wacke, Köln, 1972, S. 103.

Brünneck, Alexander von, Die Eigentumsgarantie des Grundgesetzes, Baden-Baden, 1984.

Brünneck, Alexander von, Eigentumsschutz der Renten - Eine Bilanz nach 10 Jahren, JZ 1990, 992.

Bühler, Otmar, Steuerrecht, Wiesbaden, 2. Aufl., 1953.

Bull, Hans-Peter, Vom Eigentums- zum Vermögensschutz - ein Irrweg, NJW 1996, 281.

Caesar, Rolf, „Pfennigabgaben" - fiskalisch motivierte Steuertarnung und Rückfall in die Fondswirtschaft, Finanzarchiv n. F. 38 (1980), 385.

Cansier, Dieter, Umweltökonomie, Stuttgart, 2. Aufl. 1996.

Coase, Ronald H., The Problem of Social Cost, in: Journal of Law & Economics 3, 1960, 1.

Coase, Ronald H., Das Problem der sozialen Kosten, in: Assmann, Hans-Dieter/Kirchner, Christian/Schanze, Erich, Ökonomische Analyse des Rechts, S. 129.

Crezelius, Georg, Steuerrecht, München, 2. Aufl. 1994.

Dechsling, Rainer, Das Verhältnismäßigkeitsgebot - Eine Bestandsaufnahme der Literatur zur Verhältnismäßigkeit staatlichen Handelns, München, 1989.

Dahmen, Alois, Kommunale Benutzungsgebühren. Wende hinsichtlich der Wirksamkeit und Verständnis der betriebswirtschaftlichen Grundsätze, KStZ 1994, 21.

Degenhart, Christoph, Systemgerechtigkeit und Selbstbindung des Gesetzgebers als Verfassungspostulat, München, 1976.

Degenhart, Christoph, Versteigerung der UMTS-Lizenzen: Telekommunikationsrecht und Telekommunikationsverfassungsrecht, K&R 2001, 32.

Degenhart, Christoph, Gesetzgebung im Rechtsstaat, DÖV 1981, 477.

Dreier, Horst (Hrsg.), Kommentar zum Grundgesetz.
Band 1 : Art. 1 - 19, Tübingen, 1996.
Band 2 : Art. 20 – 82, Tübingen, 1998.
Band 3 : Art. 83 – 146, Tübingen, 2000.
Zit. als: *Bearbeiter*, in: Dreier (Hrsg.), Grundgesetz Kommentar, Bd, Art., Rn.

Drömann, Dietrich, Nichtsteuerliche Abgaben im Steuerstaat. Ein Beitrag zur dogmatischen Bewältigung von Verleihungsabgaben, Berlin, 1999.

Eckhoff, Rolf, Rechtsanwendungsgleichheit im Steuerrecht, Zur Verantwortung des Gesetzgebers für einen gleichmäßigen Vollzug des Einkommenssteuerrechts, Köln, 1999.

Eichhorn, Peter, Kosten und Ausgaben in der öffentlichen Verwaltung. Das neue Kommunalabgabenrecht aus der Sicht der Betriebswirtschaft, VerwArch 62 (1971), 37.

Ehle, Dietrich, Die verfassungsrechtliche Bedeutung des Kostendeckungsprinzips im Gebührenrecht, DÖV 1962, 45.

Endres, Alfred, Umwelt- und Ressourcenökonomik, Darmstadt, 1985.

Eucken, Walter, Grundsätze der Wirtschaftspolitik, Tübingen, 6. Aufl. 1990.

Faber, Markus, Die Verteilung knapper öffentlicher Güter durch Höchstgebot - Eine verfassungsrechtliche Untersuchung unter Berücksichtigung der UMTS-Versteigerung, GewArch 2002, 264.

Fabio, Udo di, Das Kooperationsprinzip – ein allgemeiner Rechtsgrundsatz des Umweltrechts, NVwZ 1999, 1153.

Feess, Eberhard, Umweltökonomie und Umweltpolitik, München, 2. Aufl., 1997.

Flume, Werner, Steuerwesen und Rechtsordnung, in: Rechtsprobleme in Staat und Kirche, Festschrift für Rudolf Smend, Göttingen 1952, S. 59.

Flume, Werner, Die Beschlüsse des Bundesverfassungsgerichts zu den Einheitswerten in Hinsicht auf die Vermögen- und Erbschaftssteuer, DB 1995, 1779.

Forsthoff, Ernst, Begriff und Wesen des sozialen Rechtsstaats, VVDStRL 12 (1954), 8.

Forsthoff, Ernst, Eigentumsschutz öffentlich-rechtlicher Rechtsstellungen, NJW 1955,1249.

Franke, Siegfried F., Ökonomische und politische Beurteilung von Ökosteuern, StuW 1990, 217.

Franzius, Claudio, Die Herausbildung der Instrumente indirekter Verhaltenssteuerung im Umweltrecht der Bundesrepublik Deutschland, Berlin 2000.

Franzius, Claudio, Bundesverfassungsgericht und indirekte Steuerung im Umweltrecht, AöR 126 (2001), 403.

Frenz, Walter, Das Verursacherprinzip im öffentlichen Recht, Berlin,1997.

Frenz, Walter, Das Prinzip widerspruchsfreier Normgebung und seine Folgen, DÖV 1999, 41.

Frey, Bruno, Umweltökonomie, Göttingen, 3. Aufl. 1992.

Friauf, Karl-Heinz, Verfassungsrechtliche Grenzen der Wirtschaftslenkung und Sozialgestaltung durch Steuergesetze, Tübingen, 1966.

Friauf, Karl-Heinz, Öffentlicher Haushalt und Wirtschaft, VVDStRL 27 (1969), 1.

Friauf, Karl-Heinz, Öffentliche Sonderlasten und die Gleichheit der Steuerbürger, in: Festschrift für Hermann Jahrreiß zum 80. Geburtstag, Köln, Berlin, Bonn, 1974, S. 45.

Friauf, Karl-Heinz, Zur Zulässigkeit von außersteuerlichen Sonderabgaben, in: Schmölders, Günter/Wöhe Günther/Buchholz, Erwin (Hrsg.), Der Bürger als Objekt der staatlichen Finanzpolitik - Festschrift für Willy Haubrichs zum 65. Geburtstag, Bad Wörishofen, 1979, S. 103.

Friauf, Karl-Heinz, Eigentumsgarantie und Steuerrecht, DÖV 1980, 480.

Friauf, Karl-Heinz, Zur Zulässigkeit von Sonderabgaben, JA 1981, 261.

Friauf, Karl-Heinz, Steuergleichheit, Steuergerechtigkeit und Dispositionssicherheit als Prämissen einer rechtsstaatlichen Einkommensbesteuerung, StuW 1985, 30.

Friauf, Karl-Heinz, „Verleihungsgebühren" als Finanzierungsmittel öffentlicher Abgaben, in: Festschrift der Rechtswissenschaftlichen Fakultät zur 600-Jahr-Feier der Universität zu Köln, Köln, 1988, S.679.

Friedrich, Klaus, der Begriff der Ertragshoheit im Finanzverfassungsrecht, DÖV 1976, 761.

Führ, Martin, Widerspruchsfreies Recht im uniformen Bundesstaat? Zum Abfallsonderabgaben - Urteil des Bundesverfassungsgerichts, KJ 1998, 503.

Gaddum, Johann Wilhelm, Die Verteilung der Steuern nach Art. 106 GG, BayVBl. 1977, 585.

Gawel, Erik, Gebührenrecht und betriebswirtschaftliche Grundsätze, VerwArch 86 (1995), 69.

Gawel, Erik, Das Steuerstaatsgebot des Grundgesetzes, Der Staat 2000, 209.

Gawel, Erik, Umweltabgaben zwischen Steuer und Gebührenrecht, NuR 2000, 668.

Gentz, Manfred, Zur Verhältnismäßigkeit von Grundrechtseingriffen, NJW 1968, 1600.

Gosch, Dietmar, Juristische Beurteilung von Ökosteuern, StuW 1990, 201.

Grabitz, Eberhard, Der Grundsatz der Verhältnismäßigkeit in der Rechtsprechung, AöR 98 (1973), 568.

Gramlich, Ludwig, Versteigerung von UMTS-Lizenzen und -frequenzen aus verfassungs- und EG-rechtlicher Perspektive, CR 2000, 101.

Gramm, Christof, Vom Steuerstaat zum gebührenfinanzierten Dienstleistungsstaat, Der Staat 1997, 267.

Grawert, Rolf; Verwaltungsabkommen zwischen Bund und Ländern, Berlin, 1967.

Grzeszick, Bernd, Versteigerung knapper Telekommunikationslizenzen, DVBl. 1997, 878.

Grochtmann, Ansgar, Art. 14 - Rechtsfragen der Eigentumsdogmatik, Münster, 2000.

Haass, Jörg, Neue Systemgerechtigkeit?, KJ 2002, 104.

Häberle Peter, Grundrechte im Leistungsstaat, VVDStRL 30 (1972), 43.

Haller, Heinz, Finanzwirtschaftliche Stabilisierungspolitik, in: Neumark, Fritz (Hrsg.), Handbuch der Finanzwissenschaft Band III, Tübingen, 1981, S. 359.

Hamann, Wolfram, BVerwG: Kampfhundesteuer ist rechtmäßig, NVwZ 2000, 894.

Hansjürgens, Bernd, Umweltabgaben im Steuersystem. Zu den Möglichkeiten einer Einführung von Umweltabgaben in das Steuer- und Abgabensystem der Bundesrepublik Deutschland, Baden-Baden, 1992.

Hansmeyer, Karl-Heinrich mit *Caesar, Rudolf, Koths, Daniel, Siedenberg,* Steuern auf spezielle Güter, in: Fritz Neuwerk (Hrsg.), Handbuch der Finanzwissenschaft, Tübingen 1980, Band 2, Kapitel 5.

Häuser, Karl, Abriß der geschichtlichen Entwicklung der öffentlichen Finanzwirtschaft, in: Neumark, Fritz (Hrsg.), Handbuch der Finanzwissenschaft, Band I: Öffentliche Finanzwirtschaft und Finanzwissenschaft, Tübingen, 1977, S. 382.

Hedtkamp, Günter, Krise des Steuerstaats ?, in: Hansmeyer, Karl-Heinrich (Hrsg.), Staatsfinanzierung im Wandel, Köln, 1983.

Heimlich, Jörn, Die Verleihungsgebühr als Umweltabgabe. Zugleich ein Beitrag zur Dogmatik des allgemeinen Gebührenrechts, Berlin, 1996.

Hellriegel, Matthias, Mediation im Umweltrecht, Berlin, 2002.

Hendler, Reinhard, Umweltabgaben und Steuerstaatsdoktrin, AöR 115 (1990), 577.

Hendler, Reinhard, Gebühren statt Steuerstaat?, DÖV 1999, 749.

Hendler, Reinhard/Heimlich, Jörn, Lenkung durch Abgaben, ZRP 2000, 325.

Henneke Hans Günter, Zwischen Bückeburg und Maastricht - Der Verfassungsrahmen für die Finanzpolitik in Niedersachsen, ZG 1998, 1.

Henneke Hans Günter, Öffentliches Finanzwesen - Finanzverfassung, Heidelberg, 2. Aufl., 2000.

Henseler, Paul, Das Recht der Abwasserbeseitigung, Köln, 1983.

Henseler, Paul, Begriffsmerkmale und Legitimation von Sonderabgaben, Baden-Baden, 1984.

Henseler, Paul, Das Urteil zur Invesitionshilfeabgabe in seiner Bedeutung für die Dogmatik des Abgabenrechts, NVwZ 1985, 398.

Henseler, Paul, Die Künstlersozialabgabe im System öffentlicher Abgaben, NJW 1987, 3104.

Herzog, Roman, in: Bund der Steuerzahler (Hrsg.), VI. Deutscher Steuerzahlerkongreß, Wiesbaden, 1991.

Hesse, Konrad, Der Gleichheitsgrundsatz im Staatsrecht, AöR 77 (1951), 167.

Hesse, Konrad, Der Gleichheitssatz in der neueren deutschen Verfassungsentwicklung, AöR 109 (1984), 174.

Hesse, Konrad, Der allgemeine Gleichheitssatz in der neueren Rechtsprechung des Bundesverfassungsgerichts zur Rechtssetzungsgleichheit, in: Badura/Scholz (Hrsg.), Wege und Verfahren des Verfassungslebens, Festschrift für Lerche zum 65.Geburtstag, München, 1993.

Hettlage, Karl M., Die Finanzverfassung im Rahmen der Staatsverfassung, VVDStRL 14 (1966), 1.

Hettlage, Karl M., Wirtschaftsordnung und Steuerpolitik, StbJb 1965/66, 55.

Heun, Werner, Die Sonderabgabe als verfassungsrechtlicher Abgabentypus. Zur Sonderabgabenrechtsprechung des BVerfG, DVBl. 1990, 666.

Hey, Johanna, Rechtliche Zulässigkeit von Umweltabgaben unter dem Vorbehalt ihrer ökologischen und ökonomischen Wirksamkeit, StuW 1998, 32.

von der Heydt, Dorothee, Die verfassungsrechtliche Beurteilung der Wirtschaftslenkung durch die Steuergesetzgebung, 1968.

von der Heydte, Freiherr Friedrich August, Grundgesetz und konfiskatorische Steuern: Randnotizen zum Problem der „offenen Flanke“ der Eigentumsgarantie, in: Wilhelm Kruse (Hrsg.), Festschrift für Heinz Paulick, Köln, 1973, Seite.

Hidien, Jürgen W., Europarechtliche Mehrwertsteuerpflicht der öffentlichen Hand- War die UMTS- Versteigerung eine mehrwertsteuerpflichtige Tätigkeit des Bundes; UR 2002, 165.

Hirschberg, Lothar, Der Grundsatz der Verhältnismäßigkeit, Göttingen, 1981.

Höfling, Wolfgang, Verfassungsfragen einer ökologischen Steuerreform, StuW 1992, 242.

Hufeld, Ulrich, Die Versteigerung der UMTS-Lizenzen, JZ 2002, 872.

Huster, Stefan, Rechte und Ziele - Zur Dogmatik des allgemeinen Gleichheitssatzes, Berlin, 1993.

Ipsen, Hans-Peter, Gesetzliche Bevorratungspflicht Privater, AöR 90 (1965), 363.

Imboden, Max, Die verfassungsrechtliche Gewährleistung des Privateigentums als Schranke der Besteuerung, in: Archiv für Schweizerisches Abgabenrecht 29 (1960), 2.

Isensee, Josef, Subsidiaritätsprinzip und Verfassungsrecht, Berlin, 1968.

Isensee, Josef, Der Fiskalbeamte ein Fiskalprivileg, DÖV 1970, 397.

Isensee, Josef, Steuerstaat als Staatsform, in: Thieme, Werner/Stödter, Rolf (Hrsg.), Hamburg, Deutschland, Europa, Festschrift für Hans Peter Ipsen, Tübingen, 1977, S. 409.

Isensee, Josef, Vom Beruf unserer Zeit für Steuervereinfachung, StuW 1994, 1.

Isensee, Josef, Gemeinwohl und Bürgersinn im Steuerstaat des Grundgesetzes, in: Maurer, Hartmut (Hrsg.), Das akzeptierte Grundgesetz. Festschrift für Günter Dürig zum 70. Geburtstag, München, 1990, S. 33.

Isensee, Josef, Idee und Gestalt des Föderalismus im Grundgesetz, in: Isensee, Josef/ Kirchhof, Paul, Handbuch des Staatsrechts der Bundesrepublik Deutschland, Band IV – Finanzverfassung - Bundesstaatliche Ordnung, Heidelberg, 2. Aufl. 1999, § 98.

Jachmann, Monika, Sozialstaatliche Steuergesetzgebung im Spannungsverhältnis zwischen Gleichheit und Freiheit, StuW 1996, 97.

Jachmann, Monika, Verfassungsrechtliche Grenzen der Besteuerung - Sozialstaatliche Steuergesetzgebung im Spannungsverhältnis zwischen Gleichheit und Freiheit, Aachen, 1996.

Jachmann, Monika, Steuerrechtfertigung aus der Gemeinwohlverantwortung, DStZ 2001, 225.

Jakob, Wolfgang, Rechtsgutachten zu den Möglichkeiten der Vereinfachung der Bewertung des Grundbesitzes sowie Untersuchung einer befristeten Anwendung von differenzierten Zuschlägen zu den Einheitswerten, BMF-Schriftenreihe, Band 48, Bonn, 1993.

Jakobs, Michael, Der Grundsatz der Verhältnismäßigkeit, Köln, 1985.

Jarass, Hans-D, Verfassungsrechtliche Grenzen für die Erhebung nichtsteuerlicher Abgaben, DÖV 1989, 1013.

Jarass, Hans D, Folgerungen aus der neueren Rechtsprechung des BVerfG zu Art. 3, NJW 1997, 2545.

Jarass, Hans-D, Folgerungen aus der neueren Rechtsprechung des BVerfG für die Prüfung von Verstößen gegen Art. 3 Abs. 1 GG, NJW 1997, 2545.

Jarass, Hans D, Nichtsteuerliche Abgaben und lenkende Steuern unter dem Grundgesetz, Köln, 1999.

Jarass, Hans-D, die Widerspruchsfreiheit der Rechtsordnung als verfassungsrechtliche Vorgabe, AöR 126 (2001), 588.

Jarass, Hans D/Pieroth; Bodo, Kommentar zum Grundgesetz, München, 6. Aufl., 2002.

von Justi, Johann Heinrich Gottlob, System des Finanzwesens, nach vernünftigen aus dem Endzweck der bürgerlichen Gesellschaften und aus der Natur aller Quellen der Einkünfte des Staates hergeleitete Grundsätze und Regeln, 1766.

Kämmerer, Jörn Axel, Gemeingüter unter dem Hammer? Die Versteigerung von Lizenzen für die Nutzung knapper Ressourcen im Lichte des Verfassungs- und Gemeinschaftsrechts, NVwZ 2002, 101.

Keynes Maynard, General Theory of Employment, Interest and Money, London, 1936.

Kieser, Timo, Sonderabgaben als Steuern, Frankfurt/Main, 2000.

Kim, Sung-Soo; Rechtfertigung von Sonderabgaben. Ein Beitrag zum Sonderabgabenrecht nach deutschem und koreanischen Recht, Berlin, 1990.

Kirchhof, Ferdinand, Die Höhe der Gebühr, Berlin, 1981.

Kirchhof, Ferdinand, Gebührenflexibilität der Deutschen Bundespost, Baden-Baden, 1981.

Kirchhof, Ferdinand, Die Verleihungsgebühr als dritter Abgabentyp. Zugleich ein Beitrag zu ihrer Eignung als Umweltabgabe, DVBl. 1987, 554.

Kirchhof, Ferdinand, Der baden - württembergische „Wasserpfennig“; NVwZ 1987, 1031.

Kirchhof Ferdinand, Vom Steuerstaat zum Abgabenstaat, Die Verwaltung 1988, 137.

Kirchhof, Ferdinand, Die Tauglichkeit von Abgaben zur Lenkung des Verhaltens, DVBl. 2000, 1166.

Kirchhof, Ferdinand, Grundriß des Abgabenrechts, Heidelberg, 2. Aufl., 2001.

Kirchhof Paul, Besteuerungsgewalt und Grundgesetz, Frankfurt/Main, 1973.

Kirchhof, Paul, Rechtsmaßstäbe finanzstaatlichen Handelns, JZ 1979, 153.

Kirchhof, Paul, Besteuerung und Eigentum, VVDStRL 39 (1981), 213.

Kirchhof Paul, Die Finanzierung des Leistungsstaates, JURA 1983, 505.

Kirchhof, Paul, Die verfassungswidrige Investitionsabgabe im System öffentlicher Abgaben, ZIP 1984, 1423.

Kirchhof, Paul, Steuergleichheit, StuW 1984, 297.

Kirchhof, Paul, Der verfassungsrechtliche Auftrag zur Besteuerung nach der Leistungsfähigkeit, StuW 1985, 310.

Kirchhof, Paul, Staatliche Einnahmen, in: Isensee, Josef/ Kirchhof, Paul, Handbuch des Staatsrechts der Bundesrepublik Deutschland, Band IV - Finanzverfassung - Bundesstaatliche Ordnung, Heidelberg, 2. Aufl., 1999, § 88.

Kirchhof, Paul, Verfassungsrechtliche Grenzen von Umweltabgaben, in: Paul Kirchhof (Hrsg.), Umweltschutz im Abgaben und Steuerrecht, Veröffentlichungen der Deutschen Steuerjuristischen Gesellschaft DStJG 15 (1993), S. 3.

Kirchhof, Paul, Die Sonderabgaben, in: Rudolf Wendt u.a. (Hrsg.), Staat, Wirtschaft und Steuern, Festschrift für Karl-Heinrich Friauf zum 65. Geburtstag; Heidelberg, Müller 1996, S. 659.

Kirchhof Paul, Karlsruher Entwurf zur Reform des Einkommensteuergesetzes, Heidelberg, 2001.

Kischel, Uwe, Systembindung des Gesetzgebers und Gleichheitssatz, AöR 124 (1999), 189.

Klein, Alexander, Das neue Steuerverfassungsrecht - Eine Chance für den Steuerzahler?!, BB 1996, 1807.

Klein, Franz, Zur Verfassungsmäßigkeit von Sonderabgaben - ihre Abgrenzung zu den Steuern, DStR 1981, 275.

Klein, Franz, Zur Verfassungsmäßigkeit der Künstlersozialabgabe nach dem Entwurf des Künstlersozialversicherungsgesetzes, DB 1981, 370.

Klein, Friedrich, Eigentumsgarantie und Besteuerung, StuW 1966, 436.

Klöck, Oliver, Rechtliche Probleme der Versteigerung der UMTS-Lizenzen, RTkom 2000, 280.

Kloepfer, Michael, Die lenkende Gebühr, AöR 97 (1972), 233.

Kloepfer, Michael, Gleichheit als Verfassungsfrage, Berlin, 1980.

Kloepfer Michael, Die Verantwortlichkeit für Altlasten im Öffentlichen Recht - dargestellt am Problem der Deponiesanierung, in: Umwelt- und Technikrecht (UTR), Band 1, 1986, 17.

Kloepfer, Michael, Grundrechtsfragen der Umweltabgaben, Umweltpolitik mit hoheitlichen Zwangsabgaben, in: Mackscheidt, K./Ewringmann, D./Gawel, E. (Hrsg.), Festschrift für Karl-Heinrich Hansmeyer, Berlin, 1994.

Kloepfer, Michael, Die verfassungsrechtliche Zulässigkeit der baden-württembergischen Sonderabfallabgabe. Rechtsgutachten zum Landesabfallabgabengesetz (LAbfAG) des Landes Baden-Württemberg vom 6. März 1991. Erstattet im Auftrag der BASF AG, November 1991.

Kloepfer Michael, Umweltrecht, München, 3. Aufl., 2004.

Kloepfer, Michael/Bröcker, Klaus T, Das Gebot der Widerspruchsfreiheit als Schranke, DÖV 2001, 1.

Kloepfer, Michael/Follmann, Werner, Lizenzentgelt und Verfassungsrecht, DÖV1988, 573.

Kloepfer, Michael/Malorny, Michael, Grundzüge der Finanzverfassung, JA 1976, 46.

Kloepfer/Reinert, Umweltprobleme als Verteilungsprobleme in rechtlicher Sicht, in: *Kloepfer/Gethmann/Reinert (Hrsg.),* Verteilungsgerechtigkeit im Umweltstaat, Berlin, 1995, S. 25 ff.

Kloepfer, Michael/Schulte, Martin, Zuständigkeitsgrenzen bei der Einführung landesrechtlicher Abfall (Sonder)abgaben, UPR 1992, 201.

Kluth, Winfried, Die verfassungsrechtlichen Anforderungen an die Erhebung von Sonderabgaben, JA 1996, 260.

Kluth, Winfried, Verfassungs- und abgabenrechtliche Rahmenbedingungen der Ressourcenbewirtschaftung, NuR 1997, 105.

Knies Wolfgang, Steuerzweck und Steuerbegriff, München, 1976.

Köck, Wolfgang, Die Sonderabgabe als Instrument des Umweltschutzes, Düsseldorf, 1981.

Köck, Wolfgang, Der „Wasserpfennig" und das Abgabenrecht, UPR 1991, 7.

Köck, Wolfgang, Umweltsteuern als Verfassungsproblem, JZ 1991, 692.

Köck, Wolfgang, Umweltabgaben – Quo Vadis ?, JZ 1993, 59.

Konrad, Karlheinz, Verfassungsfragen kommunaler Verpackungssteuersatzungen, BB 1995, 1109.

Konrad, Karlheinz, Umweltlenkungsabgaben und abfallrechtliches Kooperationsprinzip, DÖV 1999, 12.

Kreft, Gerhard, Neue Wege im Gebührenrecht, DVBl. 1977, 369.

Krems, Burkhardt, Grundfragen der Gesetzgebung erörtert anhand neuerer Gesetzgebungsvorhaben insbesondere des Bergschadensrechts, Berlin, 1979.

Krüger, Herbert, Mißbrauch und Verwirkung von Grundrechten, DVBL. 1953, 97.

Krüger, Herbert, Die Auflage als Instrument der Wirtschaftsverwaltung (Teil 3), DVBl. 1955, 518.

Kruse, Heinrich Wilhelm, Steuerspezifische Gründe und Grenzen der Gesetzgebung, DStJG 5 (1982), S. 77.

Kruse, Heinrich Wilhelm, Über die Gleichmäßigkeit der Besteuerung, StuW 1990, 322.

Kruse, Heinrich Wilhelm, Einkommenssteuer und Leistungsfähigkeit des Steuerpflichtigen, in: Wendt, Rudolf/Höfling, Wolfram/Karpen, Ulrich/ Oldiges, Martin (Hrsg.), Staat, Wirtschaft, Steuern. Festschrift für Karl Heinrich Friauf zum 65. Geburtstag, Heidelberg 1996, S. 793.

Lachmayer, Friedrich, Zur Theorie der Gesetzgebung, DÖV 1977, 33.

Lang, Joachim, Verwirklichung von Umweltschutzzwecken im Steuerrecht, in: Paul Kirchhof (Hrsg.), Umweltschutz im Abgaben und Steuerrecht, Veröffentlichungen der Deutschen Steuerjuristischen Gesellschaft, DStJG 15 (1993) S. 115.

Lange, Klaus, Systemwidrigkeit, Die Verwaltung 4 (1971), 259.

Larenz, Carl, Canaris, Claus-Wilhelm, Methodenlehre der Rechtswissenschaft, München, 3. Aufl., 1995.

Lecheler, Helmut, Der Kohlepfennig-Beschluß und seine Konsequenzen, NJW 1995, 933

Leibholz, Gerhard, Die Gleichheit vor dem Gesetz, München, 2.Aufl., 1959.

Leibholz, Gerhard, Diskussionsbeitrag, in: Link, Christoph (Hrsg.), Der Gleichheitssatz im modernen Verfassungsstaat, Baden-Baden, 1982, S. 106.

Leisner Walter, Von der Verfassungsmäßigkeit der Gesetze zur Gesetzmäßigkeit der Verfassung, Tübingen, 1964.

Leisner, Walter, Die Gesetzmäßigkeit der Verfassung, JZ 1964, 201.

Leisner, Verwaltungspreis und Verwaltungssteuer. Betrachtungen zu den Gebührengrundsätzen, in: Conrad u.a. (Hrsg.), Gedächtnisschrift für Hans Peters, Berlin, 1967, S. 730.

Leisner, Walter, Steuer- und Eigentumswende - die Einheitswert - Beschlüsse des Bundesverfassungsgerichts, NJW 1995, 2591.

Leist, Alexander, Keine Beteiligung der Länder an UMTS-Versteigerungserlösen, DVBl. 2002, 903.

Lerche, Peter, Übermaß und Verfassungsrecht, Nachdruck der Erstausgabe von 1961, Goldbach, 1999.

Lerche, Peter, Rechtsprobleme der wirtschaftslenkenden Verwaltung, DÖV 1961, 486.

Link, Christoph (Hrsg.), Der Gleichheitssatz im modernen Verfassungsstaat, Baden-Baden, 1982.

Lottermoser, Susanne, Die Fortentwicklung des Abfallbeseitigungsrechts zu einem Recht der Abfallwirtschaft, Köln, 1991.

Lübbe-Wolff, Gertrude, Instrumente des Umweltrechts- Leistungsfähigkeit und Leistungsgrenzen, NVwZ 2001, 481

Lücke, Jörg, Die Berufsfreiheit - eine Rückbesinnung auf den Text des Art. 12 .Abs. 1 GG, Heidelberg, 1994.

Maaß, Rainald, Die neuere Rechtsprechung des BVerfG zum allgemeinen Gleichheitssatz - ein Neuansatz ?, NVwZ 1987, 14.

Mankiw, N. Gregory, Grundzüge der Volkswirtschaftslehre, Stuttgart, 1999.

Manssen, Gerrit, Finanzverfassungsrechtliche Aspekte der Einführung einer sog. Nahverkehrsabgabe, DÖV 1996, 12.

Manssen, Gerrit, Verfassungsrechtliche Rahmenbedingungen einer ökologischen Steuerreform:, in: Breuer, Rüdiger/Kloepfer, Michael/Marburger, Peter/Schröder, Meinhard (Hrsg.), Jahrbuch des Umwelt- und Technikrechts 1996, S. 137.

Manssen, Gerrit, Staatsrecht – Grundrechte, München, 2. Aufl., 2002.

Martens, Joachim; Grundrecht auf Steuergerechtigkeit?, KritV 1987, 39.

Martini, Peter, Art. 3 Abs. 1 GG als Prinzip absoluter Rechtsgleichheit, Köln, 1997.

Marshall, Principles of Economics, London, 8 th Edition 1920.

Martens Wolfgang, Grundrechte im Leistungsstaat, VVDStRL 30 (1972), 7.

Maunz, Theodor/Dürig, Günter (Hrsg.), Kommentar zum Grundgesetz, München, Stand: 40. Lieferung, Juni 2004. Zit. als: *Bearbeiter*, in: Maunz/Dürig, Kommentar zum Grundgesetz, Art., Rn.

Mayer, Theodor, Geschichte der Finanzwirtschaft vom Mittelalter bis zum Ende des 18. Jahrhunderts, in: Neumark, Fritz (Hrsg.), Handbuch der Finanzwissenschaft, Band I, Tübingen, 2. Aufl., 1953, S. 236.

Mayer, Otto, Deutsches Verwaltungsrecht, Bd. 1, Berlin, 1914.

Meessen, Karl Matthias, Das Grundrecht der Berufsfreiheit, JuS 1982, 397.

Meßerschmidt, Klaus, Umweltabgaben als Rechtsproblem, Berlin, 1986.

Meßerschmidt Klaus, Umweltabgaben im Gefüge der Finanzverfassung, in: Breuer/Kloepfer/Marburger/Schröder (Hrsg.), Jahrbuch des Umwelt- und Technikrechts, UTR 3, 1987, 83.

Meyer, Susanne, Gebühren für die Nutzung von Umweltressourcen. Unzulässiger Preis für Freiheitsausübung oder zulässiges Bewirtschaftungsinstrument, Berlin, 1995.

Meyer, Susanne, Ressourcennutzungsgebühren als Entgelterhebung für Freiheitsgebrauch, in: Sacksofsky, Ute/Wieland, Joachim, Vom Steuerstaat zum Gebührenstaat, Baden-Baden, 2000, S. 144.

Morgenthaler, Gerd, Umweltschutz im Abgaben- und Steuerrecht - Resümee, in: Paul Kirchhof (Hrsg.), Umweltschutz im Abgaben und Steuerrecht, Veröffentlichungen der Deutschen Steuerjuristischen Gesellschaft, DStJG 15 1993, S. 197.

Morgenthaler, Gerd, Umweltabgaben im Steuerstaat, SächsVBl. 1994, 97.

Müller, Georg, Der Gleichheitssatz, VVDStRL 47 (1989), S.37.

von Münch, Ingo/Kunig, Philip (Hrsg.), Grundgesetzkommentar.
Band 1 : Art. 1 - 19, München, 5. Aufl. 2000.
Band 2 : Art. 20 – 69, München, 5. Aufl., 2001.
Band 3 : Art. 70 – 146, München, 3 Aufl., 1996.
Zit. als: *Bearbeiter,* in: von Münch/Kunig (Hrsg.), Grundgesetzkommentar, Bd., Art., Rn.

Murswiek, Dietrich, Die Ressourcennutzungsgebühr. Zur rechtlichen Problematik des Umweltschutzes durch Abgaben, NuR 1994, 170.

Murswiek, Dietrich, Ein Schritt in Richtung auf ein ökologisches Recht. Zum „Wasserpfennig"-Beschluß des BVerfG, NVwZ 1996, 417.

Mußgnug, Reinhard, Verfassungsrechtlicher und gesetzlicher Schutz vor konfiskatorischen Steuern, JZ 1991, 993.

Mußgnung, Reinhard, Die zweckgebundene öffentliche Abgabe, in: Schnur, Roman (Hrsg.), Festschrift für Ernst Forsthoff zum 70. Geburtstag, München, 2. Aufl., 1974, S. 259.

Ondracek, Dieter, Zum Gleichmaß der Besteuerung, in: Kley, Max Dietrich/Sünner, Eckart/Willemsen, Arnold, (Hrsg.), Festschrift für Wolfgang Ritter, Köln, 1997, S. 227.

Ossenbühl, Fritz, Gesetz und Recht – Die Rechtsquellen im demokratischen Rechtsstaat, in: Isensee, Josef/Kirchhof, Paul, Handbuch des Staatsrechts der Bundesrepublik Deutschland, Band III – Das Handeln des Staates, Bd. IV, Heidelberg, 2. Aufl. 1996, § 61.

Ossenbühl, Fritz, Abwägung im Verfassungsrecht, DVbl. 1995, 904.

Ossenbühl, Fritz/DiFabio., Udo, Verfassungsrechtliche Grenzen einer Erhöhung der Tabaksteuer, StuW 1988, 349.

Osterloh, Lerke, Verfassungsfragen zur Künstlersozialabgabe, NJW 1982, 1617.

Osterloh, Lerke, Zur Zulässigkeit von Sonderabgaben - BVerfGE 55, 274, JuS 1982, 421.

Osterloh, Lerke, „Öko-Steuern" und verfassungsrechtlicher Steuerbegriff, NVwZ 1991, 823.

Papier, Hans-Jürgen, Die Beeinträchtigungen der Eigentums- und Berufsfreiheit durch Steuern vom Einkommen und Vermögen, Der Staat 11 (1972), 483.

Papier, Hans-Jürgen, Die finanzrechtlichen Gesetzesvorbehalte und das grundgesetzliche Demokratieprinzip, 1973.

Papier, Hans-Jürgen, Besteuerung und Eigentum, DVBl. 1980, 787.

Papier, Hans-Jürgen, Art. 12 GG – Freiheit des Berufs und Grundrecht auf Arbeit, DVBl. 1984, 801.

Papier, Hans-Jürgen, Entwicklung der Rechtsprechung zur Eigentumsgarantie des Art. 14 GG, NWVBl. 1990, 397.

Patzig, Werner, Steuern - Gebühren - Beiträge und „Sonderabgaben", DÖV 1981, 729.

Paulick, Heinz, Die Verfassungsrechtlichen Bindungen des Gesetzgebers beim Erlaß von Steuergesetzen, ZgStw 109 (1953), 483.

Peine, Franz-Josef, Systemgerechtigkeit: Selbstbindung des Gesetzgebers als Maßstab der Normenkontrolle, Baden-Baden, 1985.

Pestalozza, Christian, Der Garantiegehalt der Kompetenznorm, Der Staat 11 (1972), 161.

Pestalozza, Christian, „Formenmißbrauch" des Staates, München, 1973.

Pieroth, Bodo, Materiale Rechtsfolgen grundgesetzlicher Kompetenz- und Organisationsnormen, AöR 114 (1989), 422.

Pieroth, Bodo, Rechtsgrundlage der kommunalen Steuer auf Verpackungsmüll, WiVerw 1996, 65.

Pietzcker, Jost, Abgrenzungsprobleme zwischen Benutzungsgebühr, Sonderabgabe und Steuer, DVBl. 1987, 774.

Pietzcker, Jost, Zuständigkeitsordnung und Kollisionsrecht im Bundesstaat, in: Isensee/P. Kirchhof (Hrsg.), Handbuch des Staatsrechts, Heidelberg, 2. Aufl. 1999, Bd. IV, § 99.

Pigou, Arthur C., A Study in Public Finance, London, 3 rd Edition 1952.

Pigou, Arthur C., The Ecomics of Welfare, London, 4 th Edition 1938.

Plott, Charles R., Externalities and Corrective Taxes, in: Econometrica Vol. 33, 1966, 64.

Pohmer/Jurke, Zu Geschichte und Bedeutung des Leistungsfähigkeitsprinzips unter besonderer Berücksichtigung der Beiträge im Finanzarchiv und der Entwicklung der deutschen Einkommensbesteuerung, FinArch 42 (1984), 445.

Poschmann, Lore, Die Ordnungssteuern, Finanzarchiv n. F. 13 (1951/1952), 615.

Raber, Hans Georg, Wassernutzungsentgelte und das Grundgesetz, NVwZ 1997, 219.

Raecke, Jürgen, Das Kostendeckungsprinzip. Möglichkeiten und Grenzen seiner Anwendung bei Verwaltungsgebühren, Köln, 1971.

Rau, Karl Heinrich, Lehrbuch der politischen Ökonomie, Dritter Band, Erste Hälfte, Grundsätze der Finanzwissenschaft, Erste Abtheilung, Heidelberg, 1832.

Recknagel, Henning, Gesetzgeberisches Ermessen - Eine Untersuchung zur Stellung des Bundesgesetzgebers, Köln, 1975.

Richter, Wolfgang, Zur Verfassungsmäßigkeit von Sonderabgaben, Baden-Baden 1977.

Ritgen, Klaus, Versteigerung von Funkfrequenzen und Vergabe von Telekommunikationslizenzen - Verfassungsfragen einer effizienzorientierten Verteilungslenkung, AöR 127 (2002), 351.

Rittenbruch, Klaus, Makroökonomie, München, 11. Aufl., 2000.

Robbers, Gerhard, Der Gleichheitssatz, DVBl 1988, 749.

Rodi, Michael, Umweltsteuern. Das Steuerrecht als Instrument der Umweltpolitik, Baden-Baden, 1993.

Rodi, Michael, Bundesstaatliche Kompetenzausübungsschranken für Lenkungssteuern, StuW 1999, 105.

Röger, Ralf, Umweltinformationsgesetz Kommentar, Köln, 1995.

Rose, Gerd, „In der Nähe einer hälftigen Teilung" - Erste quantifizierende Überlegungen zur Vermögensteuer - Entscheidung des BVerfG vom 22. 6. 1996, DB 1995, 1879.

Rossi, Matthias, Das Umweltinformationsgesetz in der Rechtsprechung - ein Überblick, UPR 2000, 175.

Rottländer, Franz, Haushaltspolitische Bedeutung und Verfassungsmäßigkeit von Sonderabgaben, Baden-Baden, 1988.

Rozek, Jochen, Die Unterscheidung von Eigentumsbindung und Enteignung, Tübingen, 1998.

Rupp, Hans Heinrich, Zur Problematik öffentlich-rechtlicher Machtpotenzierung durch Funktionskombination, NJW 1968, 569.

Rupp, Hans Heinrich, Die Stellung des Studenten in der Universität, VVDStRL 27 (1969), 113.

Rupp, Hans Heinrich, Verfassungsrechtliche Aspekte der Postgebühren und des Wettbewerbs der Deutschen Bundespost mit den Kreditinstituten, Köln, 1971.

Sachs, Michael (Hrsg.), Grundgesetz Kommentar, München, 3. Aufl., 2003.

Sackofsky, Ute, Das Grundrecht auf Gleichberechtigung. Eine rechtsdogmatische Untersuchung zu Art. 3 Abs. 2 des Grundgesetzes, Baden-Baden, 2. Aufl., 1996.

Sackofsky, Ute, Verfolgung ökologischer und anderer Öffentlicher Zwecke durch Instrumente des Abgabenrechts, NJW 2000, 2619.

Sackofsky, Ute, Umweltschutz durch Abgaben, Tübingen, 2000.

Sander, Eberhard, Der „Wasserpfennig" - eine Abgabe mit oder ohne staatliche Gegenleistung, DVBl. 1990, 18.

Schaefer, Horst, Der verfassungsrechtliche Steuerbegriff, Frankfurt/Main, 1997.

Schäuble, Wolfgang, Abgaben als Lenkungsinstrumente, in: Schmidt-Leithoff, Christian/Schmiedel, Burkhard (Hrsg.), Beiträge zum Handels- und Wirtschaftsrecht, Festschrift für Fritz Rittner, München, 1991, S. 521.

Schemmel, Lothar, Quasi-Steuern – gegen den Wildwuchs steuerlicher Sonderabgaben, Wiesbaden, 1980.

Schemmel, Lothar, Zur Aufnahme des Leistungsfähigkeitsprinzips und anderer Grenzen für den Steuerstaat in das Grundgesetz, StuW 1995, 39.

Schemmel, Lothar, Lenken mit Steuern und Abgaben - Große Mängel und Gefahren, Heft 92 des Karl-Brauer Instituts des Bundes der Steuerzahler, Wiesbaden, 2000.

Schiller, Gernot, Sonderabgaben mit einer wirtschaftslenkenden Antriebs- und Sanktionsfunktion in der Wirtschafts- und Finanzverfassung des Grundgesetzes, München, 2000.

Schilling, Theodor, Rang und Geltung von Normen in gestuften Rechtsordnungen, Berlin, 1994.

Schlink, Bernhard, Abwägung im Verfassungsrecht, Berlin, 1976.

Schmidt, Dora, Nichtfiskalische Zwecke der Besteuerung, 1926.

Schmidt, Karsten, Die Besteuerung nach der Leistungsfähigkeit, Reflexionen über ein altes Thema, JbFSt 1995/1996, 31.

Schmidt, Peter, Konsumbesteuerung durch Mehrwertsteuer, Zur konsumorientierten Ausgestaltung mehrwertsteuerlicher Erhebungstechnik, Bielefeld, 1999.

Schmidt, Walter, Sonderabgaben in der neueren Rechtsprechung des BVerfG, NVwZ 1991, 36.

Schmidt, Reiner/Diederichsen, Lars, Anmerkung zu BVerfG, Urt. v. 7.5.1998, JZ 1999, S.34, in: JZ 1999, 37.

Schmidt-Assmann, Eberhard, Der öffentlich-rechtliche Schutz des Grundeigentums in der neueren Rechtsentwicklung, DVBl. 1987, 216.

Schmidt-Bleibtreu, Bruno/Klein,Franz (Hrsg.), Kommentar zum Grundgesetz, 9. Aufl., Neuwied, 1999.

Schmidt-Preuß, Matthias, Flexible Instrumente des Umweltschutzes, in: Dolde (Hrsg.) Umweltrecht im Wandel, Festschrift für 25 Jahre GfU, Berlin 2001, 307.

Schmölders, Günter, Wandlungen in Sinn und Wesen der Besteuerung, StuW 1953, Sp. 249.

Schmölders, Günter, Das Verbrauchs- und Aufwandssteuersystem, in: Neumark, Karl (Hrsg.), Handbuch der Finanzwissenschaft, Bd. II, 1956, 635.

Schnapp, Friedrich, Die Verhältnismäßigkeit des Grundrechtseingriffs, JuS 1983, 850.

Schöberle, Horst, Steuerrecht, in: Franz Klein (Hrsg.), Öffentliches Finanzrecht, Kapitel II, Neuwied, 2. Aufl.1993.

Schoch, Friedrich, Der Gleichheitssatz, DVBl. 1988, 863.

Scholler, Heinrich, Die Interpretation des Gleichheitssatzes als Willkürverbot oder als Gebot der Chancengleichheit, Berlin, 1969.

Scholz, Rupert/Josef Aulehner, Verfassungsfragen zur Lenkungsabgabe am Beispiel der „Automatenbesteuerung", BB 1991, 73.

Schomerus, Thomas/Schrader, Christian/Wegener, Bernhard, Umweltinformationsgesetz Handkommentar, Baden-Baden, 2. Aufl. 2003.

Schrader, Christian, Kostenerhebung für den Zugang zu Umweltinformationen, ZUR 1994, 221.

Schrader, Christian, Zum Anspruch auf Umweltinformation, ZUR 1996, 98.

Schrader, Christian, Gebot der Widerspruchsfreiheit, Kooperationsprinzip und die Folgen, Urteilsanmerkung, ZUR 1998, 152.

Schricker, Helmut, Wirtschaftliche Tätigkeit der öffentlichen Hand und unlauterer Wettbewerb, Köln, 2. Aufl., 1987.

Schröder, Meinhard, Lenkungsabgaben im Umweltschutzrecht am Beispiel der Abwasserabgabe, DÖV 1083, 127.

Schumacher, Hermann, Der Begriff der Enteignung, NJW 1951, 53

Schumpeter, Joseph A., Die Krise des Steuerstaates (1918), in: *ders.,* Aufsätze zur Soziologie, Tübingen, 1953.

Schuppert, Gunnar Folke, Verfassungsrechtliche Prüfungsmaßstäbe bei der verfassungsgerichtlichen Überprüfung von Steuergesetzen, in: Fürst/Herzog/Umbach (Hrsg.), Festschrift für Wolfgang Zeidler, Band 1, Berlin und New York, 1987, S. 691.

Schuppert, Gunnar Folke, Nichtsteuerliche Abgaben, intermediäre Finanzgewalten und Verwaltungsorganisation - Nichtsteuerliche Abgaben als abgabenrechtliche Entsprechung einer Binnendifferenzierung von Verwaltung und Staatswirtschaft, in: Becker, Bernd/Bull, Hans-Peter/Seewald, Otfried (Hrsg.), Festschrift für Werner Thieme zum 70.Geburtstag, Köln, Berlin, 1993, S. 227.

Schwalm, Carl, Die Grundsätze der Steuerpolitik im Wechsel der staats- und wirtschaftspolitischen Anschauungen im Zeitalter des Kameralismus bis zur Gegenwart, Frankfurt/Main, 1936.

Schwarz, Kyrell-A., UMTS-Lizenzverseigerungserlöse und die Finanzverfassung des Grundgesetzes, RTkom 2001, 141.

Schwarze, Jürgen, Zum Nutzen einer Systembindung für die Kontrolle der Staatsgewalt, DVBl. 1974, 893.

Seer Roman, Der sog. Halbteilungsgrundsatz als verfassungsrechtliche Obergrenze der Besteuerung, FR 1999, 1280.

Selmer, Peter, Steuerinterventionismus und Verfassungsrecht, Frankfurt/Main, 1972.

Selmer, Peter, Finanzordnung und Grundgesetz Die Rechtsprechung des Bundesverfassungsgerichts in Finanz- und Steuersachen, AöR 101 (1976), 238 (1.Teil) und 399 (2. Teil).

Selmer, Peter, Die UMTS-Versteigerung vor dem BVerfG: Alle Fragen bleiben offen, NVwZ 2003, 1304.

Selmer, Peter/Brodersen, Carsten/Nicolaysen, Gert, Straßenbenutzungsabgaben für den Schwerverkehr. Verfassungs- und europarechtliche Probleme, Baden-Baden, 1989.

Selmer, Peter, Die Hessische Sonderabfallabgabe. Kompetenz-, Finanzverfassungs- und Grundrechtsprobleme. Rechtsgutachten erstattet im Auftrag der Firma Hoechst AGKrW-/AbfG, August 1994.

Selmer, Peter/Brodersen, Carsten, Die Verfolgung ökonomischer, ökologischer und anderer öffentlicher Zwecke durch Instrumente des Abgabenrechts, DVBl. 2000, 1153.

Sendler, Horst, Rechtliche Möglichkeiten einer Einschränkung des Individualverkehrs, DÖV 1974, 217.

Sendler, Horst, Grundrecht auf Widerspruchsfreiheit der Rechtsordnung? – Eine Reise nach Absurdistan, NJW 1998, 2875.

Sendler, Horst, Der Halbteilungsgrundsatz und die Etymologie, NJW 2000, 2481.

Siebert, Horst, Erfolgsbedingungen einer Abgabenlösung (Steuern/Gebühren) in der Umweltpolitik, in: Issing (Hrsg.), Ökonomische Probleme der Umweltschutzpolitik, Berlin, 1976, S. 40.

Siebert, Horst, Ökonomische Theorie der Umwelt, Tübingen, 1978.

Sobota, Katharina, Das Prinzip Rechtsstaat, Tübingen, 1997.

Sodan, Helge, Gesundheitsbehördliche Informationstätigkeit und Grundrechtsschutz, DÖV 1987, 858.

Sodan, Helge, Das Prinzip der Widerspruchsfreiheit der Rechtsordnung, JZ 1999, 864.

Söhn, Hartmut, Umweltsteuern und Finanzverfassung, in: Burmeister (Hrsg.) Verfassungsstaatlichkeit, Festschrift für Klaus Stern, München, 1997, 587.

Spanner, Hans, Die Steuer als Instrument der Wirtschaftslenkung, StuW 1970, 378.

Starck, Christian, Die Bundesstaatlichkeit im Spiegel der Finanzverfassung, StuW 1974, 271.

Starck, Christian, Rechtliche Konsequenzen einer Niederlassungsbeschränkung für Apotheker, VerwArch 71 (1980), 1.

Stelzer, Manfred, Das Wesensgehaltsargument und der Grundsatz der Verhältnismäßigkeit, Wien, 1991.

Stephan, Bodo, Verwaltungsgebühr, verkappte Steuer und der Rechtsstaat, Jura 1970, 867.

Storr, Stefan, Die Versteigerung von Telekommunikationslizenzen - sachgerechtes Verteilungsverfahren oder neue Einnahmequellen für den Staat?, K&R 2002, 67.

Suhr, Dieter, Rechtsstaatlichkeit und Sozialstaatlichkeit, Der Staat 9 (1970), 69.

Suhr, Dieter, Fernsprechgebühren - Luxusabgaben auf die Daseinsvorsorge?, BB 86, 611.

Stern, Klaus, Das Staatsrecht der Bundesrepublik Deutschland, Band II - Staatsorgane, Staatsfunktionen, Finanz- und Haushaltsverfassung, Notstandsverfassung, München, 1980, § 45.

Timm, Herbert, Bemerkungen zur wirtschaftspolitisch orientierten nichtfiskalischen Besteuerung, Finanzarchiv 1968, 87.

Tipke, Klaus, Steuergerechtigkeit in Theorie und Praxis, Köln, 1981.

Tipke, Klaus, Die Steuerrechtsordnung, Band III, Köln, 1993.

Tipke, Klaus, Vom Konglomerat herkömmlicher Steuern zum System gerechter Steuern, Steuerreformen und Gleichheitssatz unter dem Aspekt der Art. 105, 106 GG, BB 1994, 437.

Tipke, Klaus, Vermögens- und Erbschaftssteuer - Gerechtigkeit: Anmerkungen zu den BVerfG - Beschlüssen vom 22. 6.1995, MDR 1995, 1177.

Tipke, Klaus, Die Steuerrechtsordnung, Band I, Köln, 2. Aufl., 2000.

Tipke, Klaus/Kruse, Heinrich Wilhelm, Abgabenordnung – Finanzgerichtsordnung – Kommentar, Band 1 : §§ 1-154 AO, Köln, 16. Aufl., 2002. Zit. als: *Tipke/Kruse,* Kommentar zur AO und FGO, Band I, §, Rn.

Tipke, Klaus/Lang Joachim, Zur Reform der Familienbesteuerung, StuW 1984, 127.

Tipke, Klaus/Lang Joachim, Steuerrecht, Köln, 17. Aufl. 2002.

Theuer, Andreas, Der Zugang zu Umweltinformationen aufgrund des Umweltinformationsgesetzes (UIG), NVwZ 1996.

Thormann, Martin, Abstufungen in der Sozialbindung des Eigentums, Stuttgart, 1996.

Trzaskalik, Christoph, Der instrumentelle Einsatz von Abgaben, StuW 1992, 135.

Trzaskalik, Christoph, Inwieweit ist die Verfolgung ökonomischer, ökologischer und anderer öffentlicher Zwecke durch Instrumente des Abgabenrechts zu empfehlen?, Gutachten für den 63. Deutschen Juristentag, München 2000.

Turiaux, Andre, Umweltinformationsgesetz Kommentar, München, 1995.

Varadinek, Brigitta, Rechtmäßigkeit der UMTS-Lizenzen in Hinblick auf das TKG und Art. 12 GG, CR 2001, 17.

Vogel, Klaus, Steuerrecht und Wirtschaftslenkung. Ein Überblick, in: Jahrbuch der Fachanwälte für Steuerrecht 1968/1969, S. 225.

Vogel, Klaus, Finanzverfassung und politisches Ermessen, Karlsruhe, 1972.

Vogel, Klaus, Die bundesstaatliche Finanzverfassung des GG (Art. 104 a - 108 GG), JA 1980, 577.

Vogel, Klaus, Rechtfertigung von Steuern: Eine vergessene Vorfrage, Der Staat 31 (1986) 481.

Vogel Klaus, Der Sozialstaat als Steuerstaat, in: Randelzhofer, Albrecht/Süß, Werner (Hrsg.), Konsens und Konflikt, Berlin, 1986, S. 133.

Vogel, Klaus, Vorteil und Verantwortlichkeit, in: Faller, Hans/Kirchhof, Paul/Träger, Ernst (Hrsg.), Verantwortlichkeit und Freiheit. Die Verfassung als wertbestimmende Ordnung, Festschrift für Willi Geiger zum 80. Geburtstag, Tübingen, 1989, S. 518.

Vogel, Klaus, Die Finanzverfassung des Staates, in: Isensee, Josef/Kirchhof, Paul, Handbuch des Staatsrechts der Bundesrepublik Deutschland,

Band IV - Finanzverfassung - Bundesstaatliche Ordnung, Heidelberg, 2. Auf., 1999, § 87.

Vogel, Klaus, Zur Auslegung des Art.106 GG, in: Lang, Joachim (Hrsg.), Die Steuerrechtsordnung in der Diskussion - Festschrift für Klaus Tipke, Köln, 1995, S. 93 .

Vogel, Klaus, Anmerkung zu den Einheitswertbeschlüssen des BVerfG, JZ 1996, 43.

Vogel, Klaus/Waldhoff, Christian, Grundlagen des Finanzverfassungsrechts: Sonderausgabe des Bonner Kommentars zum Grundgesetz, Heidelberg, 1999.

Wacke, Gerhard, Das Finanzwesen der Bundesrepublik: die Einwirkungen der Finanzfunktion auf Gesetzgebung, Verwaltung und Rechtsprechung im Bonner Grundgesetz, Tübingen, 1950.

Waldhoff, Christian, Verfassungsrechtliche Vorgaben für die Steuergesetzgebung im Vergleich Deutschland - Schweiz, München, 1997.

Weber, Werner, Die verfassungsrechtlichen Grenzen sozialstaatlicher Forderungen, Der Staat 4 (1965), 409.

Weber-Grellet, Heinrich, Vermögensteuer, Plafondierung, Vereinfachung, BB 1996, 1415.

Weber-Grellet, Heinrich, Lenkungssteuern im Rechtssystem, NJW 2001, 3657.

Wegener, Bernhard W., Freischwimmen für die Informationsfreiheit, Rechtsprechung zum Umweltinformationsgesetz, ZUR 2001, 93.

Weimann, Joachim, Umweltökonomik. Eine theorieorientierte Einführung, Berlin, 3. Aufl., 1995.

Wendt, Rudolf, Die Gebühr als Lenkungsmittel, Hamburg, 1975.

Wendt, Rudolf, Eigentum und Gesetzgebung, Hamburg, 1985.

Wendt, Rudolf, Der Gleichheitssatz, NVwZ 1988, 778.

Wendt, Rudolf, Finanzhoheit und Finanzausgleich, in: Isensee, Josef/Kirchhof, Paul, Handbuch des Staatsrechts der Bundesrepublik Deutschland, Band IV - Finanzverfassung - Bundesstaatliche Ordnung, Bd. IV, Heidelberg, 2. Aufl. 1999, § 104.

Werner;Horst/Zacharias, Erwin, Die Verfassungsmäßigkeit von Sonderabgaben als Finanzierungs-, Ausgleichs- und Lenkungsabgaben, DB 1984, 1283.

Weyreuther, Felix, Gebühren ohne Gegenleistung? Kosten- und Leistungszurechnung bei Gebührengenerationen, UPR 1997, 261.

Wiederin, Ewald, Bundesrecht und Landesrecht - zugleich ein Beitrag zu Strukturproblemen der bundesstaatlichen Kompetenzverteilung in Österreich und Deutschland, Wien, 1995.

Wieland, Joachim, Die Konzessionsabgaben. Zur Belastung wirtschaftsverwaltungsrechtlicher Erlaubnisse mit Abgaben, Berlin, 1995.

Wieland, Joachim, Der Vermögensteuerbeschluß - Wende in der Eigentumsrechtsprechung ?, in: Gugenberger, Bernd/Würtenberger, Thomas (Hrsg.), Hüter der Verfassung oder Lenker der Politik, Baden-Baden, 2000.

Wilke, Dieter, Gebührenrecht und Grundgesetz. Ein Beitrag zum allgemeinen Abgabenrecht, München, 1973.

Wilms, Heiner, Die abgabenrechtliche Qualifizierung des „Kohlepfennigs", NVwZ 1995, 550.

Wicke, Lutz, Umweltökonomie, München, 4. Aufl., 1993.

Zacher, Hans , Zur Vereinbarkeit der Errichtung von Arbeitskammern mit den Grundrechten des Grundgesetzes, RdA 1971, 193.

Zeidler, Wolfgang, Die Verwaltungsrechtsprechung in den Spannungsfeldern unserer Gesellschaft, DVBl.1971, 565.

Zimmermann, Franz, Aktuelle Fragen des Rechts der kommunalen Gebühren und Beiträge, VerwArch 62 (1971), 16.

Zimmermann, Franz, Grundrechtsbindung bei der Finanzierung öffentlicher Sach- und Dienstleistungen durch spezielle Entgelte, DVBl. 1989, 901.

Zippelius, Reinhold, Der Gleichheitssatz, VVDStRL 47 (1989), 7.

Zitzelsberger, Heribert, Die Ökosteuerdiskussion - Eine Zwischenbilanz, DB 1996, 1791.

Peter Lang · Europäischer Verlag der Wissenschaften

Tobias Wiegand

Die abgabenrechtliche Entwicklung im Bereich der Telekommunikation in Deutschland

Ende der Ablieferung und Beginn der Steuerpflicht im Zuge der Privatisierung und Liberalisierung des Telekommunikationsmarktes

Frankfurt am Main, Berlin, Bern, Bruxelles, New York, Oxford, Wien, 2002.
283 S., 5 Tab.
Europäische Hochschulschriften: Reihe 2, Rechtswissenschaft. Bd. 3550
ISBN 3-631-50287-7 · br. € 51.50*

Anlass der Untersuchung ist die Privatisierung der Deutschen Bundespost im Jahre 1995. Die Überführung der seit ihren frühesten Anfängen als exklusives Vorrecht in der Königs-, der Reichs- und zuletzt der Bundesverwaltung geführten postalischen Tätigkeiten in die private Rechtsform der Aktiengesellschaften stellt die umfassendste und weitreichendste Reform in der über 500-jährigen Geschichte des Post- und Telekommunikationswesens dar. Der Autor untersucht die Problematik hinsichtlich der notwendigen Auflösung der besonderen finanziellen Verknüpfung des Bundes mit seinem ehemaligen Sondervermögen. Er kommt dabei zu dem Ergebnis, dass die einzelnen Steuerüberleitungsvorschriften gleichheitswidrig ausgestaltet wurden, sich jedoch aus Gemeinwohlgründen rechtfertigen lassen. Der Übergang zur allgemeinen Steuerpflicht stellt sich für die privatisierte Deutsche Telekom AG als insgesamt vorteilhaft dar.

Aus dem Inhalt: Geschichtliche Entwicklung, Rechtsnatur und Auswirkungen der Postablieferung · Internationale und nationale Liberalisierung der Telekommunikationsmärkte · Besteuerung von Post und Telekommunikation · Abgabenrechtliche Veränderungen im Rahmen der Postreformen

Frankfurt am Main · Berlin · Bern · Bruxelles · New York · Oxford · Wien
Auslieferung: Verlag Peter Lang AG
Moosstr. 1, CH-2542 Pieterlen
Telefax 00 41 (0) 32 / 376 17 27

*inklusive der in Deutschland gültigen Mehrwertsteuer
Preisänderungen vorbehalten

Homepage http://www.peterlang.de

FSC
www.fsc.org
MIX
Papier | Fördert gute Waldnutzung
FSC® C083411

Kolibri 360 GmbH
Ferdinand-Jühlke-Straße 7
99095 Erfurt, Deutschland
produktsicherheit@kolibri360.de

Druck:
CPI Druckdienstleistungen GmbH
im Auftrag der
Kolibri 360 GmbH
Ferdinand-Jühlke-Str. 7
99095 Erfurt